防控 PPP 项目财政支出责任债务风险的制度研究

吴旵兵◎著

中国言实出版社

图书在版编目（CIP）数据

防控 PPP 项目财政支出责任债务风险的制度研究 / 吴昺兵著. -- 北京：中国言实出版社，2022.2
ISBN 978-7-5171-4056-6

Ⅰ. ①防… Ⅱ. ①吴… Ⅲ. ①政府投资－合作－社会资本－财政支出－债务管理－风险管理－研究－中国
Ⅳ. ① F812.4

中国版本图书馆CIP数据核字（2022）第031193号

防控 PPP 项目财政支出责任债务风险的制度研究
责任编辑：罗　慧
责任校对：李　岩

中国言实出版社出版发行
地址：北京市朝阳区北苑路180号加利大厦5号楼105室（100101）
编辑部：北京市海淀区花园路6号院B座6层（100088）
电话：64924853（总编室）　　64924716（发行部）
网址：www.zgyscbs.cn
E-mail: zgyscbs@263.net

经销：新华书店
印刷：北京虎彩文化传播有限公司
版次：2022年4月第1版　　2022年4月第1次印刷
规格：710毫米×1000毫米　1/16　18.5印张
字数：280千字

定价：68.00元
书号：ISBN 978-7-5171-4056-6

Preface | 序 言

　　政府和社会资本合作（Public-Private Partnerships，PPP），是源自新公共管理运动中公共服务的市场化取向改革的概念，其基于"联通全社会内部公共部门、企业部门、专业组织和百姓公众的准公共品优化供给模式"的内在实质，在英国、美国、法国、澳大利亚等众多国家的应用中，已基本完成"到实践中去"和"从实践中来"两阶段的理论基础系统性搭建，并在"理论指导—概念构建—实践探索—制度创新"的路径上逐步深化与升华从而推动着越来越多的实践案例。新公共管理运动起源于宏观经济陷入滞胀困局、国有企业效率低下、社会福利支出庞大、公共债务不断攀升的20世纪70年代的英国，"铁娘子"撒切尔夫人大刀阔斧推进的供给侧改革，采取放松管制、大幅减税、紧缩货币、削减福利等系列举措，较成功地实现了国内经济转型，其中旨在"以竞争求质量"的公共服务供给市场化改革作为核心举措之一，先后催生出合同外包（Contract Out）、市场测试（Marketing Testing）、私人融资计划（Private Financing Initiative，PFI）等形式，将私营部门的资金、技术与管理优势引入公共服务供给领域。以制度机制创新提质增效的理念贯穿其中，一石激起千层浪，在各国引发巨大反响，自由、平等、互利、理性等原则在各具特色的诸国实践中，凝练为政府和社会资本成功合作的准则。

　　我从1990年开始关注、研究PPP模式，主张不能局限于融资视角，而应立足于"公平与效益兼容共生"的制度机制创新特征，首先站在治理模式和管理模式创新的高度，充分认识其在我国市场化改革向纵深推进、城镇化快速发展、人口老龄化压力凸显的多重背景下可发挥的作用。虽然彼时已有诸如深圳沙角 B 电厂等项目，但 PPP 在国内的实践可谓浅尝辄止。中共中央十八届三中全会进行全面深化改革部署，提出"推进国家治理体系和治理能力现代化"的治国理政理念，强调"使市场在资源配置中起决定性作用和更好发挥政府作用"，同年，PPP 模式受到国务院领导和各级政府部门的高度重视。时任财政部部长楼继伟指出，"在当前创新城镇化投融资体制、着力化解地方融资平台债务风险、积极推动企业'走出去'的背景下，推广使用 PPP 模式，不仅是一次微观层面的操作方式升级，更是一次宏观层面的体制机制变革"。此后，PPP 改革在全国自上而下迅速开展，成为全面深化改革、推进和引领发展"新常态"的重要组成部分。

PPP 助推全面改革和高质量发展的逻辑链条：机制的内洽贯通

党的十八届三中全会确立了全面深化改革的总目标是：完善和发展中国特色社会主义制度，推进国家治理体系和治理能力现代化。按现代国家的要求治理中国，需更加注重改革的系统性、整体性、协同性，并由此联通构筑物质基础、影响改革全局的现代市场体系和深化经济体制改革的核心与着力点：让市场在资源配置中起决定性作用和政府更好发挥作用。经济体制改革可进一步聚焦到基本经济制度，因为产权是所有制的核心，要使市场在资源配置中发挥决定性作用，需深化建立现代产权制度的改革，积极发展混合所有制经济。这落脚于微观层面，便是推动政府持有的国有资本和非政府主体持有的社会资本，在法治框架下，以股份制等实现形式为载体进行优势互补、合作共赢。沿着这一改革逻辑由宏观至微观的层层剖析，可发现 PPP 体制机制设计与之内洽贯通。

其一，PPP 项目的运营主体——特殊目的公司（Special Purpose Vehicle，SPV）的股权结构，在天然具有混合所有制特征的同时，又可通过发挥财政"四两拨千斤"的制度设计初衷和相关政策规定约束，不出现国有权"一股独大"倾向。项目将融资、建设、运营等市场风险交由更具管理能力的社会资本，在打破政府垄断公共服务供给传统范式的同时，可激发市场主体的精细化管理能力与创新热情，实现市场机制在公共领域的大胆引入。其二，政府借此深化"放、管、服"改革，将有限精力和资源投入到科学规划决策、优化营商环境、实现职能转型等统筹性强、外溢效应大且只能由政府完成的工作中，不断完善政府与市场的分工，着力打造"有为政府"，更好为"有效市场"保驾护航。其三，PPP 模式本身是"从投融资模式，到管理模式，再到治理模式贯通的新型制度供给"，形成政府、企业、专业机构"1+1+1＞3"的公共服务供给升级效应，通过制度创新释放制度红利，是推进基本公共服务均等化、更好满足人民群众日益增长的多元化公共需求的积极创新，大有益于助力实现既充满活力又和谐有序的经济社会发展目标，不断满足人民群众日益增长的美好生活需要。

PPP 制度创新的正面效应与全面深化改革战略逻辑的自洽相容，证明了 PPP 体制机制的合理性，结合我国广阔的市场需求与激发活力的市场主体，扩大内需追求高质量发展中需求侧与供给侧以内循环为主体的匹配对接，应使人们可期待 PPP 在我国改革发展中大有作为。

PPP 理论创新的牵引器：实践的上下求索

然而历史昭示我们，改革难以一帆风顺，"否定之否定"式的螺旋上升路径更像是必然。柔而固则韧——为提升 PPP 改革的韧性，既要洞悉 PPP 模式的本质与规律，在道路正确的前提下守住初心，也要立足我国复杂多变的制度环境与经济社会情况，提高 PPP 制度机制定制化设计的主体包容性与地区、行业适应性。正确、前瞻的理论研究，可提升对实践的预见性，以利于熨平实践中的波动周期。

PPP 理论变迁的"到实践中去"阶段首先完成于国外，国内学者也对其有所丰富和贡献。公共产品的"非竞争性"和"非排他性"属性的理论阐发，推动了其内涵与外延的研究；在产品分类中除了"公共产品"和"私人产品"这两类可在属性上作泾渭分明区分的种类外，还出现了介乎两者之间的"准公共产品"和两种属性有所混合的"俱乐部产品"与"公共池塘产品"等类别。同时,伴随政府职能的演变(主要表现为公共部门提供的义务教育、基本住房、基本医疗等在微观形态上无"两性"而在宏观形态上有一定"两性"的权益—伦理型公共产品),和市场生产条件的成熟(主要表现为市场有能力参与供给甚至独立供给公路等"两性"明显的产品),"私人产品的公共供给"和"公共产品的私人供给"趋势交织演化,公共产品的供给责任与生产责任可以分离。20 世纪 70 年代后新自由主义影响下里根—撒切尔式的市场化改革取向明显,在此期间兴起的新制度经济学所强调的交易成本分析,致力于降低整个社会的制度交易成本,在公共领域引入竞争比选机制,可有效降低因公共部门的低效率带来的高成本。此外,委托—代理理论也为研究 PPP 项目中政府(委托方)和社会资本(代理方)的关系、项目管理及运行,提供了理论基础,通过研究和解决 PPP 项目中委托—代理契约关系中可能存在的问题,达成降低交易费用和制度运行成本、实现公共产品政府的"供给责任"和市场"生产责任"的整合统一。在中外相关理论成果的共同启发与引导下,PPP 理论体系已具备初步形态。

PPP 模式的全球广泛实践,特别是中国有声有色的实践,又为相关的理论创新扩展新思路,给我们对政府与市场从替代到合作的新型关系的思考以启迪和推动。传统理论范式下"让政府的归政府,让市场的归市场"式思维框架,是一种以某种机制失灵为前提、主张另一种机制发挥更大作用的替代与被替代关系,以此为指导的相关经济社会改革与实践历史,已证明了此种逻辑的积极与进步之处。但此思维框架尚无法涵盖在西方国家出现的"第三部门"和志愿者组织大量介入公共服务领域的现实,难以为"公私合作"创新实践提供充足的理论支持。与此同时,新技术的广泛应用、新业态的层出不穷、新观念的蓬勃发展、新格局的不断拓展,对构建政府与市场的耦合兼容的合作关系不断提出更高要求。因此,在以"和平与发展"为时代主题的当下及未来,政府、市场与志愿部门在一系列重要领域凭借各自比较优势的互补而形成的有效合作,及基于"按经济原则生产,按政府原则分配"的有机分工所带来的可更好兼顾效率与公平的结果导向,将成为重要趋势,推动 PPP 理论体系完成从实践中来的"否定之否定"式的认知升华——政府和市场主体在充分的法治和契约精神与规则伴随下，以合作伙伴关系，高绩效水平地完成一系列举足轻重的项目的建设和运营。

PPP自身高质量发展的应有之义：制度的建立健全

聚焦国内PPP实践，不得不关注的是相关态势以2017年为转折的"高开低走"：在大力防控地方政府债务风险的背景下，PPP的泛化、异化及不规范的财政支出行为引发的政府隐性债务风险，一度将PPP模式推到风口浪尖，直至今日，PPP市场也未能恢复到各省市争相尝试、于十九个领域全面推广的"鼎盛期"。当然，绝不能因此否认PPP模式对于"守正出奇"地推进我国现代化发展的重大现实意义，和推动政府职能转变、深化市场改革、促进政府与市场专业分工、实现公共服务供给提质增效、对接意义重大的"混合所有制"改革等方面的积极效果，但也绝不能忽视PPP理论联系实际方面的不成熟不健全、法律与制度不完善，及由此引发的各种实操隐患。要转危为机，在变局中开新局，离不开科学理论支撑下积极打造有效的制度保障。

吴嵩兵博士在此书中，以制度经济学为理论基础，运用PPP政策规定、实践现状和法律适用性等综合分析视角，比较全面、深入地分析了过去几年给我国PPP实践带来巨大困扰并可影响PPP发展根基的PPP项目财政支出责任债务风险问题。这是加强我国PPP制度建设十分重要的有益探索。正如书中所述，"健全的PPP项目财政支出责任债务风险防控制度，在正式规则、非正式约束和实施机制的共同作用下，将规范PPP项目参与方的财政支出行为，是规范项目运作、优化财政支出绩效、防范政府债务风险、巩固政社合作的关键，是凝聚债务风险防控共识、实现各方行为均衡的基石"。作者以实践中暴露的重点问题为导向，把握各参与主体的利益博弈关键点，研究我国的PPP制度建设情况，指出相关制度的法律效力位阶较低、政出多门且衔接不畅、存在"文件虚置""制度空转"问题、部分政策规定"形似但未聚神""有规而尚未为良规"等不足之处。在问题导向下，基于学理的条理化分析，作者提出了加强和优化我国PPP制度建设，有效防范和控制相关风险因素的思路与建议。从"是怎样"到"为什么这样"，再到"应该怎样"，本书体现了作者相关研究成果结构完整，层次清晰，方法有新意和独到之处，论证比较扎实，所提思路建议对于相关方面很有参考价值。

世界银行2018年《PPP基础设施采购报告》指出，在全球135个国家中，中国PPP改革制度和实践处在全球中上等水平。现阶段，我国已成为全球最大的区域性PPP市场，初步搭建了较为完整的制度体系，诸多卓有成效的项目正持续地供给公共服务，致力于打造经济、社会发展的"升级版"。正是我国各地区、各行业的广阔市场，为PPP模式提供了得天独厚的实践机会，也正是区域、行业的异质性，对各主体行为集合形成约束的制度提出了更高要求，即我国的PPP制度既要拥有确保建立规范统一市场的交易范围和行为标尺的约束力，也要拥有可包容不同行业、地域交易规则差异，并能适度激发主体创造力、可实现交易机制自我实施的张力。"凡将立国，制度不可不察也"，制度对规则的塑造、相关方的行为模式、事物的演化方向和经济绩效等，均会产生无可争议的影响。当下，我国PPP模式创新，已步入从重数量和速度到重质量和成效的发展新阶段，要完成这一转变，推动相关制度的建立健全是关键且核心的命题，这既是由已形成的12.7万亿元以上的存量市场规模所决定，亦是为我国巨大的公共服务投融资缺口所蕴含的市场机会所要求。

行百里者半九十，加强制度建设应是我国PPP工作持续关注的重点。应以PPP发挥长效创新制度优势的难点问题为导向，以全局性、系统性、前瞻性、长期性思维深化对我国PPP发展规律的认识，据以建立健全PPP制度体系，强化主体行为约束，稳定市场预期，培育契约精神，催生专业、敬业的营商文明。

希望本书中的分析和观点，能给参与PPP改革、关注PPP实践的各方深入思考相关问题提供契机和启发，更希望中国的PPP实践得以在法治、公正、阳光、稳定且富有活力的制度的保驾护航下，行稳致远，蓬勃发展。

2021年12月

— 目 录 —

摘　要

　　我国从 2013 年底开始重点推进政府和社会资本合作（Public-Private Partnerships，PPP）改革，在基础设施和公共服务领域打破垄断、引入竞争，探索政社风险分担与优势互补的现代公共治理和微观项目优化管理紧密结合。在党中央、国务院的决策部署和大力支持下，PPP 模式于 2014—2017 年进入高速发展期，并取得了令人瞩目的成果。在财政承受能力限额管理规定的作用下，由 PPP 引发的政府债务风险总体上得到了有效控制，但截至 2020 年底，在全国 PPP 综合信息平台管理库项目中，可行性缺口补助和政府付费项目投资额的占比超过 90%，对财政依赖度较高。此外，在实操中 PPP 项目财政支出责任与地方财政自给能力部分存在错配，一些 PPP 行业的经营能力较弱，不规范的 PPP 财政支出行为时有发生，潜在风险源还是不容忽视。导致此情况出现的根本原因在于，我国 PPP 项目财政支出责任债务风险防控制度存在短板，未实现有效防控债务风险的预期目标，有动摇我国 PPP 模式发展根基之虞。

　　加强 PPP 项目财政支出责任债务风险防控，是 PPP 模式行稳致远的关键，本书以"防控 PPP 项目财政支出责任债务风险的制度研究"为主题，以政府主体债务风险合理分担为视角，以行为决策权的获取和转移为方法论的主轴，对于我国 PPP 项目财政支出责任债务风险防控制度的历史沿革、建设现状、问题短板与完善建议等方面，采用理论分析、规范分析和定量分析相结合的研究方法，以 PPP 项目财政支出责任与政府债务的关系界定、债务风险的生成机理、防控债务风险的制度完善为研究主线，形成以下研究内容：

　　一则辨是非。我国 PPP 项目财政支出责任债务风险防控制度主要散见于各部门规章的政策规定之中，在部门规章的法律效力弱于法律法规的法律效力的情况下，一旦进入司法程序，某些政策规定会因难以落地而成为"空中楼阁"。同时，PPP 项目财政支出责任是政府和社会资本核心利益的对接点和双方博弈的焦点，在 PPP 项目合同不完备的情况下，PPP 参与主体可利用制度与合同漏洞及歧义，诱导对方或双方合谋采取不规范的财政支出行为，触发政府债务潜在风险。因此，需立足于 PPP 项目财政支出责任和政府债务的本质属性，形成双方关系的合理判断依据。

二则究根本。社会资本的逐利性和 PPP 项目天然不大的盈利空间将促使社会资本最大化财政资源对项目的保障力度，并与政府产生博弈。本书用"换位思考"的方式，分别将"产生 PPP 项目财政支出责任的行为会否引致地方政府债务风险"的初始决策权界定给政府和社会资本，分析对比"政府先行的博弈模型"和"社会资本先行的博弈模型"达到纳什均衡的条件，探究政府和社会资本围绕"PPP 项目财政支出责任债务风险的引致和分担"将如何产生博弈空间、双方各自将具有何种策略集合与支付结果。同时，构建政府过度转移风险给社会资本的博弈模型，分析项目风险的过度转移如何影响债务风险的变化。综合建模结果，剖析债务风险的生成机理，提炼抑制债务风险的关键制度要素。

三则提建议。一方面，本书将分别构建强化法治、优化政府监管、增加客观第三方机构参与治理的政社博弈模型，分析可产生债务风险的政社博弈行为与支付结果的变化。另一方面，梳理总结了 PPP 项目财政支出责任债务风险防控制度的国际经验，基于我国国情选择性地进行制度学习与转移，以期加强制度供给，营造 PPP 正本清源健康发展的环境。

经研究，本书得出以下主要结论：

第一，PPP 法治化进程滞后，部分核心部门规章已然失效，新政策尚未出台，现有制度存在操作细则不明确、自我实施机制不成型、专业化与阳光化不到位、执行成本高等问题，致使政策落实具有区域异质性；在制度薄弱环节催生的寻租空间和行政自由裁量权中产生的"猫捉老鼠""讨价还价"等行为，形成区域性和结构性的潜在风险源。因相关制度缺少坚实的法律基础，政策规定与法律及司法体系形成落差，降低了机会主义行为的交易费用；政府和社会资本并未真正形成激励约束式伙伴关系，降低了可引发合谋违规行为的说服费用；关于 PPP 项目财政支出责任债务信息的共享存在迟滞与阻碍，行业自律组织及社会监管缺位，尚未构建低成本及可置信承诺的制度实施机制。

第二，运用政策规定、实践现状和法律适用性等综合视角分析 PPP 项目财政支出责任的政府债务属性，把规范程度不同的各种 PPP 行为的财政支出责任纳入分析框架，建立我国 PPP 项目财政支出责任的债务风险矩阵，为完善 PPP 项目财政支出责任和政府债务关系的判定标准提供借鉴。同时，经测算 PPP 项目财政支出责任债务规模，在总量分析方面，隐性债务规模占所产生的政府债务规模的比例不到 6%，PPP 项目财政支出责任债务风险总体可控，但需重视制度短板与问题，防止显性债务向隐性债务的转变和隐性债务规模的扩大。从结构分析判断，西南、西北和东北地区产生政府债务风险的可能性更大；因县级的 PPP 项目较多，且存在上级项目的部分财政支出责任由县级分担的情况，县级的 PPP 财政支出压力较大，发生"财政支出责任的违约"和隐性债务风险的概率更高。

第三，在合规导向下，"政府先行"和"社会资本先行"的两个模型实现纳什均衡的条件高度相似，政府和社会资本均可影响对方决策，在博弈过程中产生的交易费用和说服费用将对各自的策略选择和资源配置状态产生重要影响。但两者存在重要区别：交易费用更多内嵌于 PPP 制度与项目运作层面，说服费用更多产生于非 PPP 因素的综合性制度与市场环境中，由此奠定了债务风险生成机理的分析基础。同时说明，产生 PPP 项目财政支出责任债务风险并非完全是 PPP 模式本身之过，亦证明了应突破传统学理观点，将 PPP 产生的政府债务风险纳入政社共担的风险范畴。进一步分析政府过度转移风险给社会资本的博弈模型可知，这种行为虽可在短期内降低财政支出责任，但产生的社会资本参与积极性下降、项目风险控制能力削弱和社会福利净损失等影响，将增加中长期 PPP 项目财政支出责任债务风险。

第四，通过分析强化法治建设及优化政社激励约束机制、实施有效的政府监管和引导客观第三方参与治理的政社博弈模型，可得出上述要素对优化制度的重要性。同时，通过借鉴国际经验，进一步验证了完善法治框架和监管体系，健全组织管理架构，建立预算、债务、会计、产权、合同、国有资产和财政统计信息等方面相结合的 PPP 项目财政支出责任债务风险防控制度，推动信息透明与共享，完善配套制度，强化政府履约，发挥客观第三方治理作用，对强化正式规则的约束力、发挥非正式约束交易规则、完善制度实施机制的重要性。

第五，完善 PPP 项目财政支出责任债务风险防控制度，是回应政策与市场对 PPP 模式的质疑、实现可持续发展的关键。应从加强 PPP 法治建设、统一并细化制度规则、建立债务风险全生命周期管理体系、加强信息系统建设与公开力度、实现有效的政府监管、构建客观第三方治理体系、完善政府与社会资本间的激励约束、加强机构能力建设和人才培养等方面，弥补制度短板，完善实施机制，降低主体违规动机，实现合作共治，以更好防控 PPP 项目财政支出责任债务风险。

本研究可能的创新点包括：

第一，尝试搭建了 PPP 项目财政支出责任债务属性和 PPP 项目财政支出责任债务风险防控制度的综合分析框架。在制度经济学的理论下，从正式规则、非正式约束和实施机制三方面解析了我国 PPP 项目财政支出责任债务风险防控的制度建设现状，说明了制度因素对防控 PPP 项目财政支出责任债务风险、发挥 PPP 正面效应所具有的重要作用，并将制度中处于不同法律效力层级的法律、法规、政策与不具有强制力的行为准则等要素加以区分，在此基础上探讨了部分 PPP 政策规定存在争议、难以落地，进而无法有效防控债务风险的原因。同时采用 PPP 政策规定、实践现状和法律适用性的综合视角，探讨不同行为下 PPP 财政支出责任可能产生的债务属性，构建了包含四象限、十八项指标的"中国 PPP 项目财政支出责任债务风险矩阵"，分析了 PPP 可能产生的财政支出责任的违约、长期显性债务和或有债务等情形，以防范"财政幻觉"，夯实 PPP 财政可持续的根基。

第二，细化了 PPP 项目财政支出责任在非当期预算的未来周期可能具有的政府债务属性的分类标准，估算了现阶段 PPP 项目财政支出责任可产生的显性直接及或有、隐性直接及或有债务规模以及可能产生的政府债务风险规模。同时以"会否引发政府债务风险的PPP财政支出行为"的决策权的获取和转移为视角，构建政社在"PPP项目财政支出责任债务风险的引致与分担"方面的序贯博弈模型，在运用"交易费用"概念剖析双方策略集合和支付结果如何发生变化的同时，提出了产生于政社合作关系的"说服费用"概念，并分析其与交易费用的关系和对博弈行为的影响，从宏观经济发展与制度环境和PPP模式运作两个层面，还原了PPP项目财政支出责任债务风险生成机理的全景图，推导了优化制度的关键因素，提出了系统性的政策建议。

关键词：PPP项目财政支出责任；政府债务风险；风险防控制度；序贯博弈

1 导 论

习近平总书记强调,"我们讲的供给侧结构性改革,既强调供给又关注需求,既突出发展社会生产力又注重完善生产关系,既发挥市场在资源配置中的决定性作用又更好发挥政府作用,既着眼当前又立足长远。从政治经济学的角度看,供给侧结构性改革的根本,是使我国供给能力更好满足广大人民日益增长、不断升级和个性化的物质文化和生态环境需要,从而实现社会主义生产目的"。推进公共服务领域供给侧结构性改革,进行制度完善与模式创新,是在我国供给侧结构性改革框架下,更好满足广大人民公共需求的应有之义。《中华人民共和国国民经济和社会发展第十四个五年规划和2035年远景目标纲要》(下文简称"《纲要》")提出,"充分发挥市场在资源配置中的决定性作用,更好发挥政府作用,推动有效市场和有为政府更好结合",在此基础上,《纲要》进一步提出,"规范有序推进政府和社会资本合作(PPP)"。

回顾我国的 PPP 发展历程,市场经济的发展程度和城镇化发展需求对 PPP 模式在国内的运用产生了阶段性影响。20 世纪 80 年代末 90 年代初,改革开放格局逐步形成,1993 年中共十四届三中全会正式提出建设社会主义市场经济体制,加之国内步入快速城镇化阶段,PPP 项目试点在此背景下展开。但由于国内市场经济发展不充分,资金缺乏,很多初期 PPP 项目试点以外商投资为主,1988 年中方与外方合资共建的深圳沙角 B 电厂项目 [1] 是我国最早以 BOT 模式 [2] 实施的项目,而国内民营资本投资的首个项目是于 1995 年动工的泉州刺桐大桥 PPP 项目。国家在此阶段主要制定框架性、指导性文件,地方的自由裁量权较大,因而地方的主观能动性很大程度上影响着项目试点情况。实践上虽小试牛刀,但到 20 世纪 90 年代末,因认知不够、实操经验缺乏、规范性不强,我国各级政府均审慎对待 PPP 模式。因同时期以 BOT 模式为代表的项目建设方式已在国际上具有相当影响力,新千年伊始,商务

---

① 此项目由港方投资,但当时香港尚未回归我国,故视为外资。
② BOT(Build-Operate-Transfer,建设—运营—移交)是 PPP 的一种主要操作模式。

部、住建部等组织了专项课题，研究 BOT 模式的操作要点和国内项目投资方式的创新等问题，酝酿着 PPP 改革的兴起与发展，项目试点范围逐渐扩大，但由于 PPP 顶层设计和制度建设缺位，且"土地财政"和以地方财政为直接投资或隐性担保的地方政府融资平台为城镇化建设提供了较为充足的资金，PPP 实践进入低谷期，项目数量有限，发展进程缓慢。直至 2013 年底，为缓解地方政府融资平台因政企界限不清、地方政府违规提供担保等原因，在兴建基础设施和公共服务项目过程中积累的地方政府债务风险，提高公共服务供给质量和效率，党中央、国务院在前期理论研究与项目试点经验总结的基础上，由点及面、自上而下发起了 PPP 改革，旨在打破垄断、引入竞争，是实现政社风险分担和优势互补的现代公共治理与优化微观项目管理紧密结合的创新之举，PPP 模式在我国正式由"探索试点期"进入"全面推广期"。探索和发挥 PPP 的制度价值，优化政府和社会资本在公共服务领域的合作方式，有利于落实"坚持和完善社会主义基本经济制度，激发各类市场主体活力，加快政府职能转变"的要求，并逐步形成具有中国特色的 PPP 发展方式。2015 年《国务院办公厅转发财政部发展改革委人民银行关于在公共服务领域推广政府和社会资本合作模式指导意见的通知》（国办发〔2015〕42 号）表明中央政府发展 PPP 模式的态度、决心与原则，PPP 历经几年发展，虽于 2017 年因严控地方政府债务风险一度出现市场低迷态势，但在推动公共领域补短板和提质增效、弥补基建投融资缺口、鼓励集约创新和产业发展等方面成果显著。截至 2021 年 9 月底，全国 PPP 综合信息平台管理库项目（以下简称"入库项目"）共计 10115 个、投资额 15.9 万亿元，其中，已签约落地项目 7528 个、投资额 12.4 万亿元；已开工建设项目 4628 个、投资额 7.2 万亿元[①]。

值得注意的是，伴随实践的深入展开，政策界、学术界和实操界对 PPP 的泛化、异化，及不规范的 PPP 财政支出行为带来的地方政府债务风险的关注在不断提升。《关于进一步规范地方政府举债融资行为的通知》（财预

---

① 财政部政府和社会资本合作中心.全国 PPP 综合信息平台管理库项目 2021 年三季度报 [EB/OL].
https://www.cpppc.org/jb/1001093.jhtml，2021-10-29.

〔2017〕50 号）（下文简称"财预 2017 年 50 号文"）提出的"四个不得"①，标志 PPP 进入强化监管、严控风险的阶段。《关于规范政府和社会资本合作（PPP）综合信息平台项目库管理的通知》（财办金〔2017〕92 号）（下文简称"财办金 2017 年 92 号文"）要求各级财政部门清退、整改不规范的已入库项目，造成一定程度的市场冲击，政策发布后，2017 年第四季度净增入库项目投资额环比下降了 50% 以上（见图 1-1）。随后，《财政部关于进一步加强政府和社会资本合作（PPP）示范项目规范管理的通知》（财金〔2018〕54 号）、《关于推进政府和社会资本合作规范发展的实施意见》（财金〔2019〕10 号）（下文简称"财金 2019 年 10 号文"）等文件不断完善 PPP 项目财政支出责任的监管标准，核心内容是：规范 PPP 项目的财政支出责任不属于地方政府隐性债务；坚决制止不规范的 PPP 财政支出行为，降低直至杜绝其引发政府债务风险的可能。但这并未平息各方对 PPP 模式会否引发政府债务风险的质疑，原因在于，PPP 财政支出责任与地方政府债务的划分边界，缺少可细化区分、运用于工作执行环节的划分标准，可有效防控 PPP 项目财政支出责任债务风险的制度仍在完善中。此外，近年来迅速发展的专项债模式与 PPP 适用领域高度重合，且论证流程更为简单、成本更低，得到地方政府青睐；2020 年以来在新冠疫情影响下，相当数量的 PPP 项目面临融资受阻、开工延迟、因不可抗力导致的风险重新分担与合同再谈判、财政支出违约等问题，使得 PPP 市场在 2018 年上半年表现稍有回暖后，规模呈现不断收缩态势。在此背景下，研究不同行为下 PPP 项目财政支出责任的债务属性，加强相关制度建设，统一监管标准，对抑制 PPP 模式的泛化、异化，发挥正面的制度供给效应，更好防控债务风险，具有重要的理论研究与实践意义。

---

① 除国务院另有规定外，地方政府及其所属部门参与 PPP 项目、设立政府出资的各类投资基金时，不得以任何方式承诺回购社会资本方的投资本金，不得以任何方式承担社会资本方的投资本金损失，不得以任何方式向社会资本方承诺最低收益，不得对有限合伙制基金等任何股权投资方式额外附加条款变相举债。

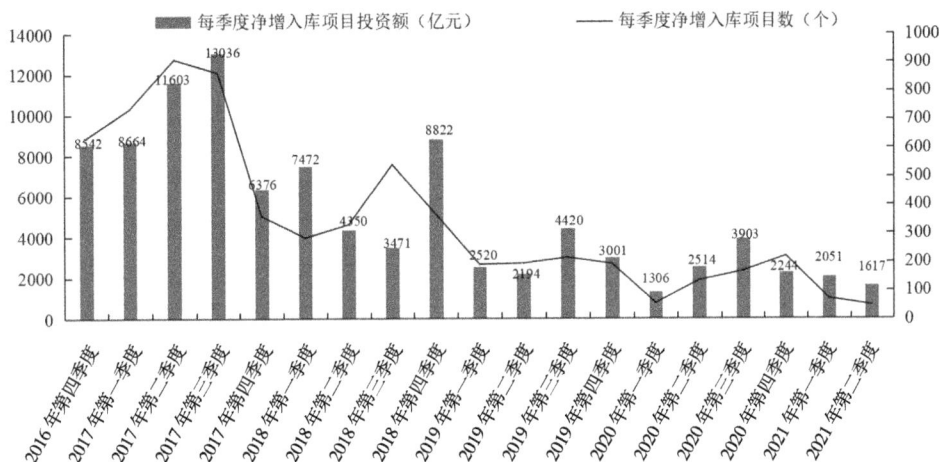

图 1-1　2016 年第四季度—2021 年第二季度每季度净增入库项目数和投资额

注：因全国 PPP 综合信息平台按"可进可出，动态调整"原则管理，本书采用"净增入库项目数据"，即"每季度新增入库项目数 - 同期退库项目数"进行统计分析，以真实反映项目变化情况。

数据来源：全国 PPP 综合信息平台。

1.1 研究背景

1.1.1 PPP 模式的制度供给价值

PPP 模式的应用极具世界广泛性，早在 19 世纪，私人部门便参与公路、运河等基础设施项目的融资，出现了跨国融资的快速发展，但在 20 世纪相当长的一段时期内，各国基础设施项目的融资和运作模式趋于本土化、公有化。直至 20 世纪 80 年代初，在政府债台高筑、预算资源已无法满足基础设施增长需求的内在压力，和快速发展的金融市场及加速推进的科技创新的外在刺激下，新公共管理运动兴起，许多国家积极引入私人资本参与公共事务，制定法律、规范交易，以适应市场结构的变化，谋求政府部门和市场部门在应对气候变化、经济下行、极度贫困、公共服务供给乏力等全球性问题上的广泛、深入合作，PPP 模式应运而生（Brinkerhoff 等，2011）[①]。我国以公有制为主体、多种所有制共同发展的基本经济制度和"放、管、服"改革的深入推进是 PPP 生存、发展的制度土壤；深化市场经济改革和积极发展混合所有制经济是 PPP 迸发活力的市场基石；中国特色社会主义进入新时代后，人民日益增长的美好生活需要和不平衡不充分的发展之间的社会主要矛盾提供了 PPP 存在必要性的社会意义；我国和实生物、开放包容的价值取向为 PPP 创新发展、平等共赢的伙伴治理理念提供了文化根基，让 PPP 在中国的萌生、发展、繁荣恰逢其时，发挥了积极正面效应（贾康，2015）[②]。

第一，PPP 模式是深化中国特色社会主义市场经济体制改革、让市场机制在资源配置中起决定作用的重要理论与实践尝试。在政府传统垄断和独立供给的公共服务行业，通过 PPP 引入市场的竞争比选、激励约束机制，在风险分担、收益共享、物有所值、绩效管理的原则指导下，引导社会资本合理投入资金、技术、人力等资源要素，是缓解政府不堪独立承受庞大公共服务供给责任的破局之举，亦是拓宽市场主体发展领域、培育市场能力的有益探索。政府和社会资本以 PPP 模式为媒介，不断调试着政府与市场职能的边界、增强市场机制对资源要素的引导流动与配置作用、推动公共领域从行政管理走向合作治理。同时，政府和社会资本在 PPP 项目中合作成立的项目公司作为以 PPP 合同为基础的多产权主体契约，天然对接了混合所有制形式，是有限财政资金发挥"四两拨千斤"乘数作用的集中体现。

第二，PPP 模式是实现公共产品和服务供给提质增效、推进基本公共服务均等化进程的重要途径。面对快速城镇化和人口老龄化的双重压力，在全国范围内加快推进基本公共服务供给是政府的履职重点。又因人们收入水平达到一定高度时产生的公共需求将呈现多元化、爆发式增长，因而实现人民群众全面、长远发展所需的公共服务，是政府基本公共服务供给职责的"升级版"。在我国以人为本的治理理念下，提升公众的满意度和幸福感是检验政

[①] Brinkerhoff D W, Brinkerhoff J M. Public-private partnerships: Perspectives on purposes, publicness, and good governance[J]. Public Administration and Development, 2011（31）: 2-14.

[②] 贾康. PPP: 制度供给创新及其正面效应 [N]. 光明日报，2015-05-27.

府履职能力的重要标准，但政府无法有效突破财政资金约束，难以应对传统政府供给模式中出现的管理粗放、效率低下、运维不及时、居民满意度不高等问题，难以独自应对城镇化和基本公共服务均等化进程中的挑战。PPP 的机制创新带来了政府、企业、专业机构"1+1+1＞3"的公共服务绩效升级效应，政府与社会资本合理分工，实现专业的人做专业的事，提升了公共服务供给的效率和效果，并切实有益于广大人民群众。

第三，PPP 模式是培育契约精神，发扬专业、敬业营商文明的重要载体。宏观层面看，全面推进"依法治国""依法行政"，是实现国家治理现代化的必然要求，这离不开法治文化的培养与微观层面依法行事的落实。PPP 出现前，在公共服务供给领域，市场主体间以短中期契约关系为主，政府以"甲方"身份主导契约关系的走向；PPP 项目的长期性、多主体性决定了其所形成的是跨周期的、复杂且不完全的契约体系，也即"甲方"代表的是受人民群众委托的政府，而非某级政府或某一政府官员；经济周期、不可抗力等对短期契约影响不大的因素可成为影响 PPP 项目成败的关键；不可预见性降低了合同的完备性，有限理性和机会主义行为的存在使得合同再谈判成为大概率事件；政府和社会资本的合作地位趋于平等，从而要求构建权利义务对等的契约关系；一个契约关系的改变可能影响整个 PPP 项目契约体系……这些特点挑战着传统的契约管理，亦说明 PPP 对稳定、和谐的契约关系的建立具有极高要求，实践也以此为方向不断优化合同管理，通过一份份契约将诚信重诺、平等互助的契约文化根植于政府主体和市场主体，自下而上地发展壮大契约文明。

1.1.2 防控 PPP 项目财政支出责任债务风险的重要性

PPP 模式是发挥积极财政政策作用，优化支持经济社会发展的重要力量。在民众不期望增税而满足自身公共服务需求的条件下，政府必须合理、有效地利用有限资源以履行公共服务供给职责。在经济发展压力较大、财政刚性支出增加、大规模减税降费的背景下，PPP 在稳增长、强绩效、惠民生等方面发挥了显著作用。PPP 模式通过将公共项目的大规模集中支出平滑到几十年的全生命周期中，逆周期腾挪了更大发展空间；统筹政府与市场两种资源投资于公共服务项目，催生了发展新动能；强化财政支出绩效管理，解决传统模式下预算、质量、结果控制难等问题，落实了预算绩效改革要求，成为积极财政政策的有效工具[①]。目前，我国已借助全国 PPP 综合信息平台（以下简称"综合信息平台"），形成以中央至地方各级财政、行业主管部门为管理主体，以项目全生命周期财政支出责任为监管对象的"横向到边、纵向到底"的 PPP 财政支出责任信息网络，有效遏制了不规范的 PPP 财政支出行为，但潜在的政府债务风险源不容忽视。

第一，PPP 项目财政支出责任产生的政府债务风险总体上得到了有效控制。

张牧扬等（2019）[②]、刘穷志等（2020）[③]在评估我国 PPP 项目财政支出责任管理效果后，认为在财承限额管理规定的作用[④]下，地方政府因承担 PPP 财政支出责任而产生的财政压力可控，抑制了非必要 PPP 财政支出的增长。从全国层面看，入库项目 2020 年财政支出责任总额约 7000 亿元，2020 年全国一般公共预算支出决算数约 245588.03 亿元[⑤]，粗略估算财承占比 2.85%，全国尚有广阔的 PPP 发展潜力可以挖掘，且支出峰值集中在 2023—2026 年，之后财承空间将逐步释放，越来越多的地区可被"松绑"[⑥]（年度 PPP 项目财政支出责任总额趋势变化见图 1-2）。

[①] 焦小平. PPP 改革任重道远——在北京大学 2019 年"全球 PPP 50 人"论坛第二届年会上的主旨演讲 [EB/OL]. https://www.cpppc.org/bjdx/439.jhtml，2019-11-12.

[②] 张牧扬，卢小琴，汪峰. 地方财政能够承受起 PPP 项目财政支出责任吗？——基于 2010—2018 年 PPP 项目的分析 [J]. 财政研究，2019（08）：49-59.

[③] 刘穷志，张莉莎. 财政承受能力规制与 PPP 财政支出责任变化研究 [J]. 财贸经济，2020，41（07）：5-20.

[④] 根据《财政部关于印发〈政府和社会资本合作项目财政承受能力论证指引〉的通知》（财金〔2015〕21 号）的规定，县级及以上政府每年度全部 PPP 项目需要从预算中安排的支出责任，占本级一般公共预算支出比例应当不超过 10%，称为"本级财承限额"。

[⑤] 财政部. 关于 2020 年中央和地方预算执行情况与 2021 年中央和地方预算草案的报告（摘要）[EB/OL]. http://www.mof.gov.cn/zhengwuxinxi/caizhengxinwen/202103/t20210306_3666607.htm，2021-03-06.

[⑥] 财政部金融司. 筑牢 PPP 项目财政承受能力 10% 限额的"红线"——PPP 项目财政承受能力汇总分析报告 [N]. 中国财经报，2018-05-10.

单位：亿元

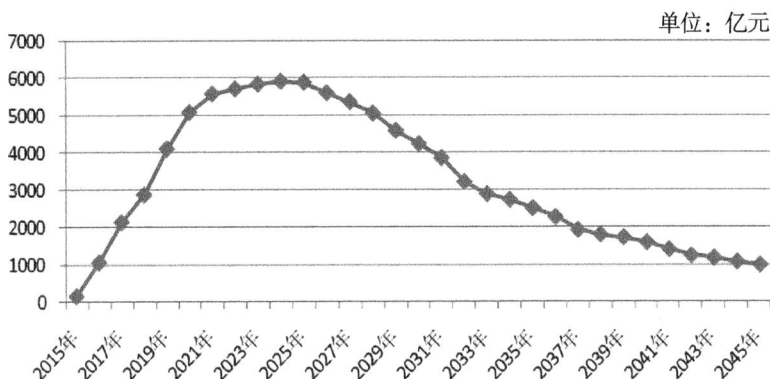

图1-2　我国2015—2045年PPP财政支出责任总额的变化

注：此图数据根据2018年入库项目的财政支出责任统计整理而得，不能准确反映现阶段已入库项目的财政支出责任金额。但因2018年以后PPP新增投资额的增长率保持低位，且相关数据尚未公布，故可借此图反映已入库项目的财政支出责任在未来期间的变化趋势。

资料来源：财政部金融司. 筑牢PPP项目财政承受能力10%限额的"红线"——PPP项目财政承受能力汇总分析报告[N]. 中国财经报，2018-05-10.

　　从地区层面看，2020年1月—2021年9月处于财承限额内的行政区[①]数量占当月累计有PPP入库项目的行政区数量的比例稳定在99%。因各地基于实际财政情况调整了本级一般公共预算支出额后，2021年9月超限行政区数量相比8月增加了20个，系经济下行、减税降费、新冠疫情等影响下行政区一般公共预算支出的预测值小于实际值所致。财承占比小于7%风险预警值的占比稳定在73%，小于5%的政府付费项目入库分界线的占比稳定在55%，对超限地区已采取禁止新项目入库的措施，有效控制了PPP项目财政支出责任总量（见图1-3）。

---

①按政策要求，可独立实施PPP项目的政府层级包括中央、省、市、县四级，故此处行政区是指有入库PPP项目的县级及以上行政区。

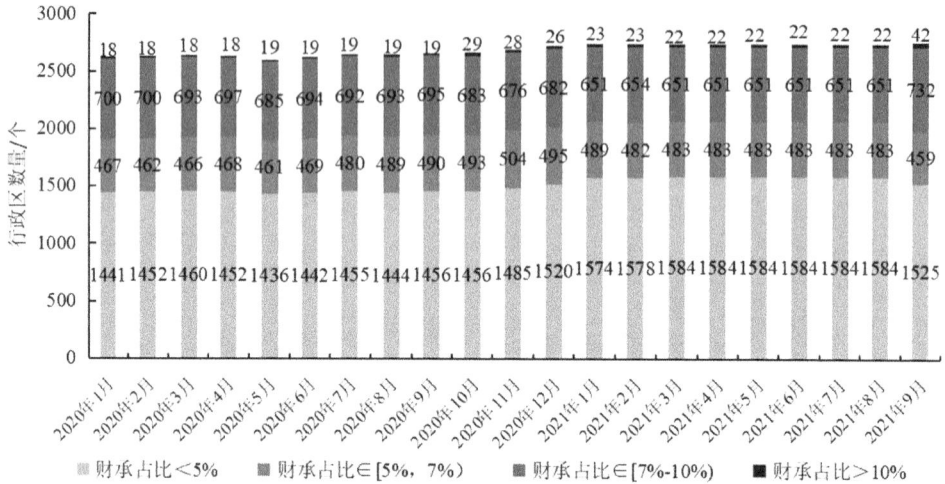

图 1-3　2020 年 1 月—2021 年 9 月财承占比的行政区分布情况

数据来源：全国 PPP 综合信息平台。

第二，PPP 项目财政支出责任的潜在债务风险源不容忽视。

截至 2021 年 9 月，使用者付费、可行性缺口补助和政府付费的项目投资额占入库项目总投资的比例分别为 9.4%、69% 和 21.6%[1]，反映出我国 PPP 项目对财政较大的依赖度。使用者付费项目到 2021 年第三季度的累计投资额相比 2017 年第二季度下降了 16.1%；可行性缺口补助和政府付费项目的累计投资额分别增长了 150.7% 和 28.7%[2]。可推测，部分使用者项目在进入运营期后，因实际经营收入低于预测收入，需转为可行性缺口补助项目，以获得财政付费维系运作。同时，因政策要求地方政府需审慎实施政府付费项目，可行性缺口补助成为项目的主要付费方式（见图 1-4）。

---

[1] 财政部政府和社会资本合作中心.全国 PPP 综合信息平台管理库项目 2021 年三季度报 [EB/OL].
https://www.cpppc.org/jb/1001093.jhtml，2021－10－29.

[2] 根据综合信息平台管理库数据计算。

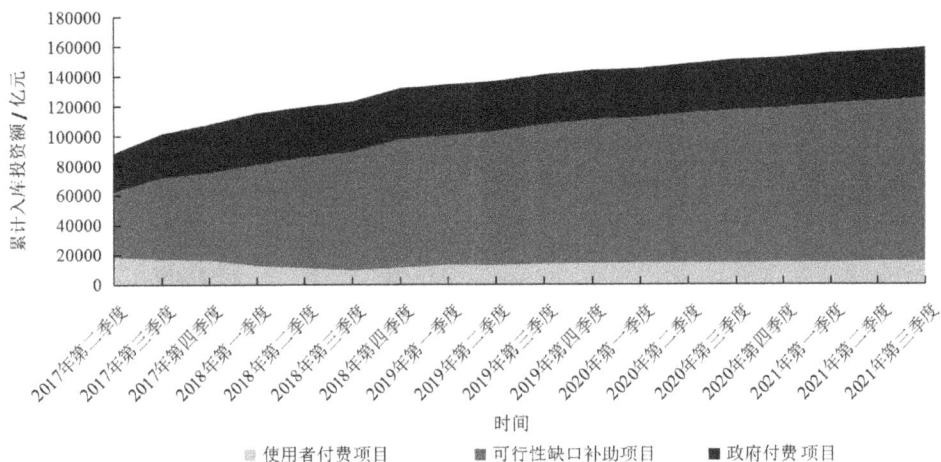

图1-4　2017年第二季度—2021年第三季度累计入库项目的回报机制投资额分布

数据来源：全国PPP综合信息平台。

以下潜在风险源或催生PPP项目财政支出责任债务风险：

第一，从地区看，PPP项目财政支出责任与地方财政自给能力存在错配。截至2021年9月底，在已进入采购阶段的项目[①]中，45.1%的PPP投资额分布在县级，政府付费和可行性缺口补助项目的投资额占县级PPP总投资的比例约96%[②]，而县级财政面临比省、市级比例更大的财政刚性支出和更紧缺的财政资源，财政支出违约、不规范行为的发生概率总体而言高于省、市级（见图1-5、图1-6）。东北、华东、华中、华南地区的使用者付费项目投资额占比均不到10%，部分地区的PPP投资额与本地财力匹配度不高，或引发区域风险（见图1-7、图1-8）。

---

① "已进入采购阶段的项目"指的是已完成项目前期论证程序、获得政府审批、开始进行社会资本招标的项目，对应到PPP项目阶段，包括采购、执行阶段的项目。本文用已进入采购阶段的项目进行数据分析，剔除了尚未完成前期准备、无法确定是否采用PPP模式推进的项目部分，可更贴近政府大概率下将要负担的PPP财政支出责任相关数据，但并不排除已进入采购阶段，却因项目流标、转为专项债项目等原因而不采用PPP模式继续推进的情况。

② 根据综合信息平台管理库数据计算。

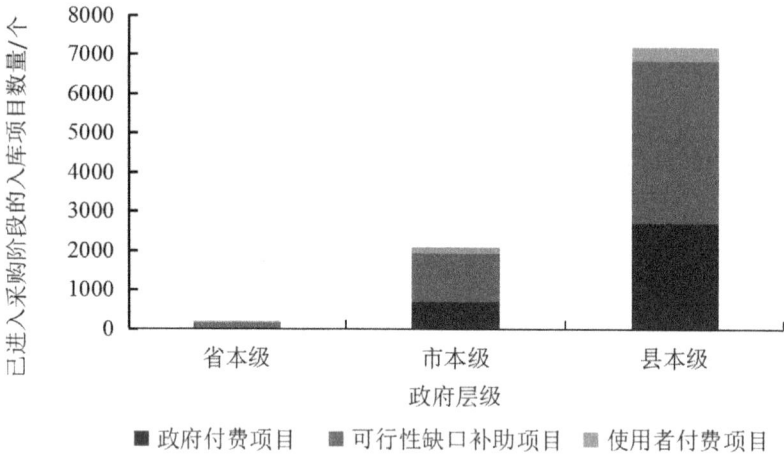

图 1-5　截至 2021 年 9 月已进入采购阶段的 PPP 项目数量的回报机制政府层级分布

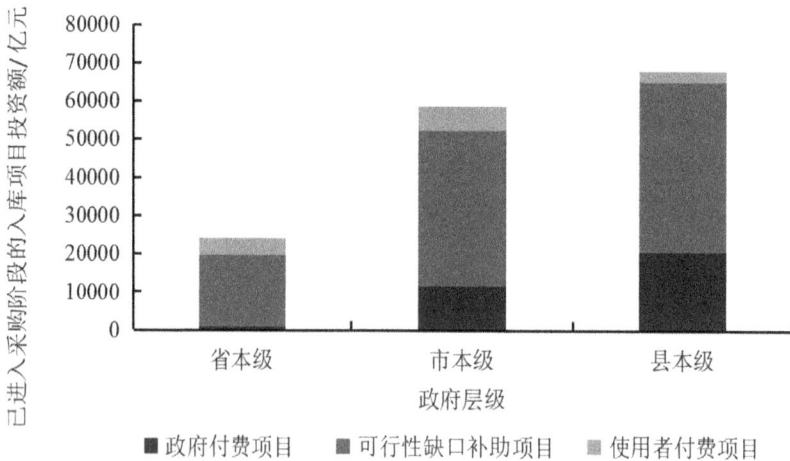

图 1-6　截至 2021 年 9 月已进入采购阶段的 PPP 项目投资额的回报机制政府层级分布

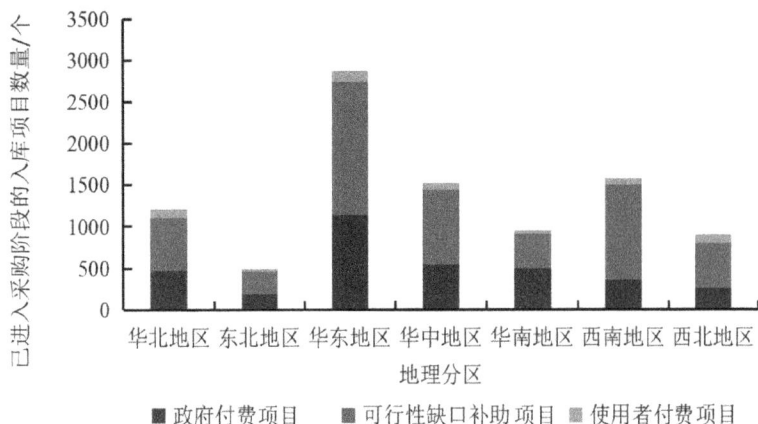

图 1-7 截至 2021 年 9 月已进入采购阶段的 PPP 项目数量的回报机制地区分布

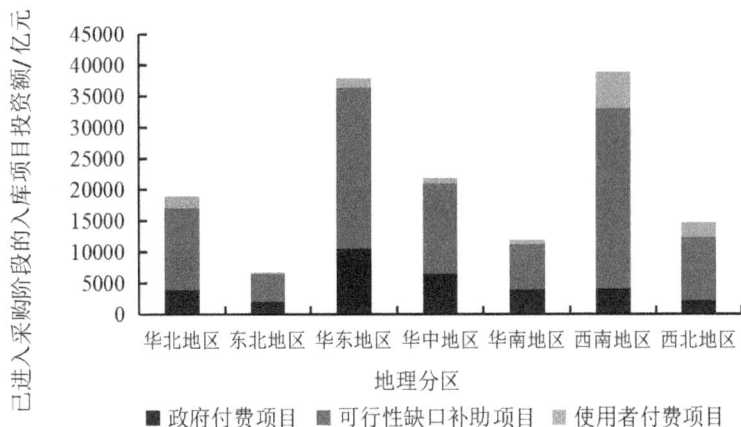

图 1-8 截至 2021 年 9 月已进入采购阶段的 PPP 项目投资额的回报机制地区分布

第二，从行业看，PPP 经营能力有待提升。在 2021 年 9 月已进入采购阶段的项目中，投资额排名前五的行业分别是交通运输、市政工程、城镇综合开发、生态建设和环境保护、水利建设，总投资约占已进入采购阶段项目投资额的 85%，其中，养老的使用者付费比例接近 50%，交通运输、农业、社会保障的占比超过 15%，12 个行业的占比低于 10%[1]。这与行业特征有关，

---

[1] 根据全国 PPP 综合信息平台管理库数据计算。

污水处理、垃圾处理等市政工程项目的定价受政府管制，需政府补贴；城镇综合开发的公益性内容比重大，仅通过经营收益难以实现外部性的内部化；生态环保的投资回报周期长，现阶段难以自负盈亏（见图 1-9、图 1-10）。此外，项目合理的经营资源有待挖掘，尚无法有效减轻财政付费压力。

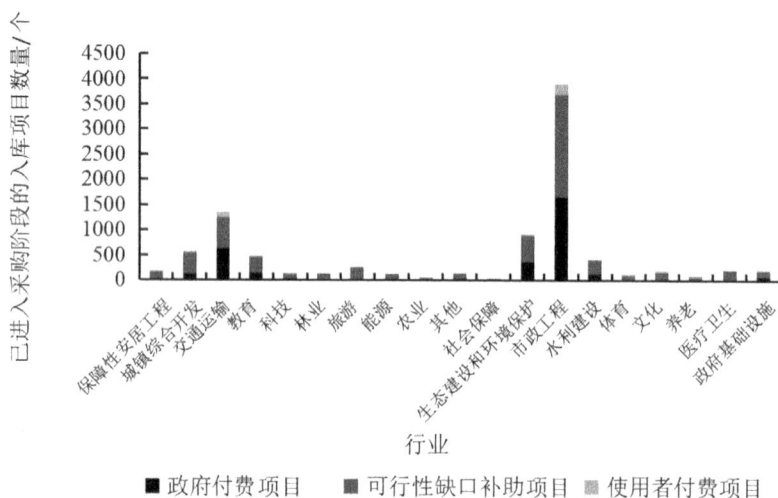

图 1-9　截至 2021 年 9 月已进入采购阶段的 PPP 项目数量的回报机制行业分布

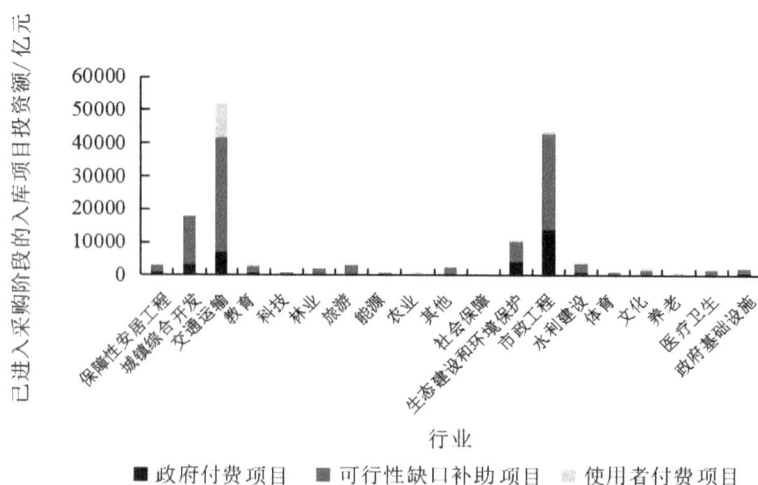

图 1-10　截至 2021 年 9 月已进入采购阶段的 PPP 项目投资额的回报机制行业分布

数据来源：图 1-5—图 1-10 根据全国 PPP 综合信息平台数据整理。

第三，从行为看，PPP 的泛化、异化及支出行为的不合规可能集聚债务风险。一是支出责任"固化"，部分政府通过违规担保、固定回报等方式兜底项目风险；二是支出上限"虚化"，通过虚增本级一般公共预算支出规模、隐藏真实支出等方式，对财承限额管理规定把关不严、执行不力；三是运营内容"淡化"，部分项目重建设，轻运营，政府实质上承担运营风险，难以落实绩效管理；四是适用范围"泛化"，部分商业项目包装为 PPP 以不当获取财政资源。

综上可知，伴随 PPP 项目财政支出责任债务风险防控制度的优化、管理组织能力的提升和以综合信息平台为代表的管理工具的完善，PPP 项目财政支出责任债务风险在总量管理方面的成效较为突出，而结构层面存在的问题在滋生政府债务风险的同时，对完善相关制度制定、执行和监管提出了更高要求。

1.1.3 完善制度是防控 PPP 项目财政支出责任债务风险的关键

道格拉斯·C.诺思曾言："制度是一个社会的博弈规则，构造了人们在政治、社会或经济领域里交换的激励。"[①]制度对规则的塑造、相关方的行为模式、事物的演化方向和经济绩效等均产生了无可争议的影响。就 PPP 而言，政府提供的各种财政资源所形成的财政支出责任是政府和社会资本得以合作的桥梁，是 PPP 项目得以落地的支撑，是政府向社会资本提供的公共服务所支付的对价，亦是社会资本作为项目实施主体，对其在公共领域的投入所要求的合理回报。健全的 PPP 项目财政支出责任债务风险防控制度在正式规则、非正式约束和实施机制的共同作用下，将规范 PPP 项目参与方的财政支出行为，降低因行为的不规范、不确定带来的风险，是规范项目运作、优化财政支出绩效、防范政府债务风险、巩固政社合作的关键，是凝聚债务风险防控共识、实现各方行为均衡的基石。从过程看，制度的制定、执行、监管和优化构成制度的有机整体；从组成看，制度根据强制效力不同可分为法律、法

---

① ［美］道格拉斯·C.诺思.制度、制度变迁与经济绩效 [M].杭行，译.上海：格致出版社，2014：3.

规、部门规章及不具有强制力的非正式约束等，PPP 项目财政支出责任债务风险防控制度由不同组成部分构成，以规范项目落地并对相关方行为和资源配置状态产生影响，可形成以下认知：

第一，正确理解 PPP 项目财政支出责任债务风险防控制度的内涵。

首先，PPP 财政管理贯穿 PPP 项目全生命周期，防范政府债务风险是 PPP 财政管理，乃至 PPP 模式管理的重要目标，PPP 项目财政支出责任债务风险可能源于 PPP 的制度安排不完善，也可能是其他领域压力传导的结果。一方面，PPP 模式的泛化、异化，以及不规范的财政支出行为是引发政府债务风险的重要诱因，不同情形下的财政支出行为产生的债务属性，也会因是否属于法定支出，或是否依附于或有事项，表现为显性及隐性，直接及或有的债务属性。另一方面，PPP 项目财政支出责任债务风险产生于政府债务风险生成的综合制度与实践环境中，因而解析 PPP 财政支出责任债务风险的生成机理，是完善制度、提升制度治理效果的前提。

其次，PPP 项目财政支出行为可能导致的债务后果，是政策规定、法律安排和实操情况综合作用的结果，依据单一规则体系无法准确辨别财政支出责任是否具有政府债务因素、应归属于哪类政府债务，因而以综合视角分析财政支出责任的债务属性，是提升风险治理精准度的合理保障。

再次，鉴于 PPP 实操的复杂性、防控债务风险的相关制度的不健全，及管理和监管部门工作细则的不统一，细化 PPP 项目财政支出责任与政府债务风险的区分标准，是强化防控、避免误伤的必然要求，是保持政策稳定性和恢复市场信心的必要保障，更是制度优化的考虑重点。

最后，制度建设应兼顾稳定与灵活、短期与长期、总体与局部。各时期 PPP 的发展背景与管理重点会产生变化，如起步阶段的施政重点在于推广宣传，发展阶段的施政重点为规范稳健；对于 PPP 财政管理实现松与紧的程度变化和管理重点的转移，应从制度变迁的角度，立足实践发展变化，升级制度体系。

第二，构建多部门协同管理的组织架构。管理机构是制度的执行主体，是制度变迁的重要推动力量，管理机构的有序分工和有效配合是制度执行效果的保障。PPP 项目财政支出责任债务风险的防控主体，从横向看，涉及项目所属的人民政府及财政、行业、发改等部门，从纵向看，构成中央—省—市—县的管理体系，PPP 项目的决策、资产转移、财政资金的拨付与收回、预算管理、绩效监管等财政管理和风险防控职能分属不同部门，各级政府也有相应的管理权限，仅靠财政部门无法有效履行 PPP 财政支出责任债务风险防控的职责，需协调好横向部门与纵向层级的分工与合作，运用联评联审机制和大数据管理等方式，降低信息不对称，减少各主体间的工作摩擦与扯皮推诿，提高管理效率。

第三，充分认识我国 PPP 财政管理制度的优势与问题。我国出台了《财政部关于印发〈政府和社会资本合作项目财政承受能力论证指引〉的通知》（财金〔2015〕21 号）（以下简称"财金 2015 年 21 号文"）等 PPP 财政管理专项规定，其他政策也涉及财政管理条款，在规定的覆盖广度、详细程度等方面已较为完善，并辅之以综合信息平台 PPP 项目财政承受能力监测模块，监管入库项目在项目层面和区域层面的 PPP 财政支出责任的变化情况，具备了 PPP 项目财政支出责任债务风险管理及防控条件。但短板问题不容忽视，如现有制度以部门规章为主，法律效力位阶低，约束力较弱；某些规定"一刀切"的做法难以适应资源禀赋与社会经济条件相距甚远的不同地区；部分地区对财政支出责任债务风险防控的认知片面停留在财政支出责任管理，对招标采购、资产负债、信息公开等管理的重视程度不够，难以实现相关制度安排的系统性、长远性与前瞻性；对财政政策工具的应用不够灵活多样，与其他政策工具的协调配合不够紧密。这些问题对完善我国 PPP 项目财政支出责任债务风险防控制度提出了更高要求。

1.2 研究意义

PPP 模式在完善公共服务供给机制、打破行业准入限制、深化市场经济改革、推动政府职能转型、提高社会福利水平等方面的意义不言而喻，但

20 世纪 80 年代末在我国出现的首个 BOT 项目[1] 并未在国内经济高速发展、科技创新活力高涨的阶段引起广泛关注，2013 年起的新一轮 PPP 改革在几年内走过"起步—发展—高涨—下落—稳步推进"的发展轨迹，尤其是在防范化解重大风险攻坚战背景下，各界对 PPP 项目产生政府债务风险的质疑以及多数地方政府对 PPP 模式的冷漠态度，不得不使人陷入沉思：究竟是 PPP 模式本身的体制机制设计出现了问题，还是作为舶来品的 PPP 模式在我国的政治经济社会土壤中出现"水土不服"？如是前者，为何 PPP 模式能在全球众多国家落于实践，并在联合国国际贸易法委员会（United Nations Commission on International Trade Law，UNCITRAL，下文简称"联合国贸法会"）的主导下制定规范全球 PPP 行为和交易标准的立法框架？实践证明，联合国等国际多边机构高度认同 PPP 模式的制度价值与实践意义，很多国家也探索出各具特色的 PPP 发展路径。因而，营造良好的发展环境是我国发挥 PPP 制度与实践优势、实现高质量发展的关键，当务之急是回应政府与市场对 PPP 项目产生政府债务风险的质疑，恢复各界的发展信心。"凡将立国，制度不可不察也"，制度对实现防控 PPP 项目财政支出责任债务风险的目标具有全局性、根本性和长期性的影响。因此，本书以"防控 PPP 项目财政支出责任债务风险的制度研究"为主题，客观分析目前我国 PPP 项目财政支出责任债务风险防控制度的目标与要求、贡献与问题，承认相关制度对 PPP 财政管理有效性和政府债务风险防范方面存在局限，以我国公共服务供给制度环境和政治、经济、社会综合环境为依据，回归完善相关制度以优化 PPP 公共服务供给职能的基本命题，以健全的制度统一行为标准，润滑运行机制，消除模式隐患，实现正本清源的发展。

1.2.1 理论意义

PPP 模式是公共服务供给模式的创新，无法脱离实践研究 PPP 模式的纯理论，也绝不能否认 PPP 理论研究的重要意义。不可否认的是，我国尚

---

[1] 此项目为 1988 年兴建的深圳沙角 B 电厂项目。

未建立可体现制度特征与实践需求的 PPP 理论体系，让实践在缺乏理论指导下"摸着石头过河"，此亦为我国 PPP 模式市场表现起落较快的重要原因之一。同时，对本书的研究主题而言，在已有的研究成果中，对 PPP 项目财政支出责任债务风险的生成机理探究多聚焦于项目层面 PPP 行为的泛化、异化，以及 PPP 财政承受能力的制度规定无法有效控制风险，鲜有探究不规范行为背后政府和社会资本的行为动机、互动影响与行为结果，以及跳出 PPP 模式本身，从我国制度环境、财政管理和实践需求的综合视角还原引发风险的原因全景图，并据此提出完善相关制度的系统思路与配套措施。事实上，PPP 项目财政支出责任产生政府债务风险，既有 PPP 层面的个性原因，也有政府债务风险生成的制度、市场与实践原因；既有在社会资本影响下政府的被动选择，也有基于政绩考核和财力约束下政府的主动作为。研究不能单纯假定政府是代表公众利益、以社会福利最大化为目标、推动资源配置达到理想状态的无私代理人，不能单纯假定政府会作为强势一方主导 PPP 伙伴关系的发展方向，更不能单纯假定社会资本全然以经济利益最大化为动机而忽略其可能具有的公益属性。制度是理论与实践相结合的典型代表，本书拟探讨分析下列 PPP 理论问题：

一是基于公共产品供给理论，说明因公共产品内涵的扩大和市场生产条件的成熟推动出现的"公共产品的私人供给"趋势为 PPP 模式的实践奠定了理论基础，在我国政府与市场关系呈现出"否定之否定"的螺旋上升的背景下，PPP 制度供给符合改革的价值取向。同时，在公共产品供给责任方面，政府体系内部事权的划分不清与责任的层层传导增加了地方政府的融资压力，形成地方政府借助 PPP 模式违规举债的财政体制层面的原因；政府与市场责任分工不明扭曲了 PPP 项目合理的风险分担框架，形成了引致政府债务的不规范财政支出行为，为分析债务风险的成因提供了制度环境。

二是基于地方政府债务理论，结合我国的制度体系和财政管理特点，探讨不同行为下 PPP 财政支出责任的债务属性，明确生成政府显性与隐性债务及直接与或有债务的条件。因显性和直接债务可预测、可计量、可进行财政管理，因而本书认为制度优化的重点在于防范化解 PPP 项目财政支出责任产生的隐性和或有债务风险。

三是基于委托代理理论、交易费用理论和博弈理论，通过研究 PPP 项目中公民和政府之间的基于公益属性的委托代理和政府与社会资本之间的基于 PPP 合同的委托代理的双重关系链条，沿着财政资金以税收形式从纳税人流向政府，再以 PPP 财政支出责任的形式从政府流向社会资本的运动轨迹，分析 PPP 财政支出责任与地方政府债务有何关系、引发政府债务风险的 PPP 财政支出行为有何特征、为何现有制度不能更好防控 PPP 项目财政支出责任债务风险、在此过程中将产生何种交易费用等问题，并运用博弈论方法，分析政府和社会资本在"PPP 项目财政支出责任债务风险的引致和分担"上存在何种博弈空间，产生的交易费用如何影响双方的策略集合、支付函数及最终决策，探索 PPP 项目财政支出责任债务风险的生成原因。

四是基于全面风险管理理论和博弈理论，研究在强化法治、优化政府监管和引入客观第三方机构治理后博弈行为和支付结果的变化，探讨完善 PPP 项目财政支出责任债务风险防控的制度建设关键点，构建多主体合作、分工明确，且具有自我实施、自我学习与更新能力的 PPP 项目财政支出责任债务风险防控制度。

1.2.2 实践意义

PPP 财政支出行为可能引发的地方政府债务风险，尤其是隐性债务风险严重影响了 PPP 模式的可持续发展，各方虽已形成防控债务风险的共识，但管理部门和监管部门并未形成判定 PPP 财政支出责任是否为政府债务的统一、详细、可用于工作执行层面的标准，增加 PPP 财政支出责任债务风险的监管难度。同时，以部门规章为主的防控 PPP 项目财政支出责任债务风险的规定，没有法律法规的效力层级高，难以达到预期监管成效，不利于夯实 PPP 的制度根基，以致影响各方的发展信心，相关案例可佐证此问题的重要性。在中国二十二冶集团有限公司与安徽省阜南县人民政府行政协议纠纷案[①]中,《阜南县内外环路网建设工程 PPP 项目协议书》的乙方,也即此项目的社会资本中国二十二冶集团有限公司,以项目不存在运营内容,实质为 BT 模式(Build-Transfer,建设—移交)运作,难以实现财政资金的绩效管理,属于政府隐性负债为由,申请终止与甲方阜南县政府的合作。此案先后经安徽省高级人民法院和最高人民法院审理,审判结果为:二十二冶公司提出的被诉协议中项目实为 BT 模式等主张,因未违反法律、行政法规的强制性规定[②],并不导致被诉协议无效,故法院驳回乙方申请。这体现了我国现有的 PPP 项目财政支出责任债务风险防控制度无坚实法律基础的核心制度痛点。相比现阶段的国际 PPP 立法情况,据世界银行发布的 2020 年《基础设施采购报告》[③]显示,在统计的 140 个经济体中,有单独 PPP 法律法规的经济体占比已达到 75%,说明加强 PPP 法治建设已成为全球共识,而我国在此方面的进程颇为滞后。

值得注意的是,公共服务供给问题与政局稳定、百姓福祉息息相关,其政治和社会意义要大于经济意义,良好的公共服务供给及相关机制治理有助于实现社会的公平、正义与和谐。本书建立起的关于我国制度环境、财政管理和实践发展综合分析的框架具有较强的实践性,研究方法遵循"理论联系实际",分析思路亦沿着"从实践中来,到实践中去"的"辨是非—究根本—提建议"的应用性路径,以期在下列方面产生一定的实践借鉴意义:

一是通过构建我国 PPP 项目财政支出责任债务风险矩阵,明确现阶段在我国 PPP 立法缺位、政策效力不及以《中华人民共和国民法典》等法律为依

---

① 中华人民共和国最高人民法院.中国二十二冶集团有限公司、安徽省阜南县人民政府再审审查与审判监督行政裁定书[EB/OL]. https://www.qcc.com/wenshuDetail/12f85da084a759744050432ea4e24c12.html,2020-11-05.

② 《财政部办公厅关于规范政府和社会资本合作(PPP)综合信息平台项目库管理的通知》(财办金〔2017〕92)规定采用 BT 模式实施的项目不符合规范运作要求,应被清理出 PPP 综合信息平台管理库。但此文属于部门规章,最高人民法院依据《中华人民共和国行政诉讼法》作出裁决,财办金 2017 年 92 号文的法律效力弱于《中华人民共和国行政诉讼法》。

③ World Bank Group. Benchmarking Infrastructure Development 2020[R]. Washington:World Bank,2020.

据的 PPP 合同效力,且在 PPP 契约具有不完备性的情况下,PPP 财政支出责任与地方政府债务关系的判定标准,以期推动各部门达成管理共识。二是系统整理了截至 2020 年底 PPP 项目的财政支出责任的相关数据,分类估算此部分项目在未来周期可能产生的债务规模,为不同债务属性的财政支出责任管理提供参考。三是通过梳理国际已有的 PPP 财政管理及防控债务风险的政策工具、施政思路与制度架构,分析总结可进行"政策转移"、并能因地制宜地转化为推动我国相关制度建设的参考要点,为促进我国 PPP 财政管理制度进一步与国际接轨提供参考。四是基于理论分析结果,提出系统可行的制度完善思路,为优化 PPP 公共服务供给功能夯实制度根基。

1.3 研究内容和研究方法

PPP 模式在中央政府的引导与支持下,于 2014—2017 年进入高速发展期。但以财预 2017 年 50 号文提出"四个不得"的要求为标志,政策取向从"防范和化解政府性债务风险的工具"[①]转变为"严禁地方政府利用 PPP 等方式变相举债"[②],其背景是 PPP 模式的泛化、异化及不规范的财政支出行为扰乱了风险分担的合理框架,将部分本应由社会资本承担的市场风险转嫁给政府,增加了财政支出的不确定性和压力,引致了 PPP 项目财政支出责任债务风险。在此背景下,国家政令频出,区域层面在夯实财承限额管理规定的基础上细化了财承限额的分段管理与风险预警措施,项目层面强化了对不规范财政支出行为的监督和惩罚力度。但时至今日,关于 PPP 项目财政支出责任与地方政府债务的边界,仍缺少理论层面的依据及可用于工作环节的细化标

---

① 国务院办公厅. 国务院办公厅转发财政部发展改革委人民银行关于在公共服务领域推广政府和社会资本合作模式指导意见的通知(国办发〔2015〕42 号)[EB/OL]. http://www.gov.cn/zhengce/content/2015-05/22/content_9797.htm, 2015-05-19.

② 财政部, 发展改革委, 司法部, 人民银行, 证监会, 银监会. 关于进一步规范地方政府举债融资行为的通知(财预〔2017〕50 号)[EB/OL]. http://yss.mof.gov.cn/zhuantilanmu/dfzgl/zcfg/201705/t20170503_2592801.htm, 2017-05-03.

准。因而，正确分析 PPP 项目财政支出责任的债务属性，加强防控可能引发的政府债务风险，以完善政策，规制实践，有必要成为政策制定与学界研讨的重点。而强化 PPP 项目财政支出责任债务风险防控的关键，是完善 PPP 项目财政支出责任债务风险防控制度。本书以政府主体债务风险合理分担为研究视角，以行为决策权的获取和转移为方法论，聚焦于 PPP 项目财政支出责任债务风险防控制度的历史沿革、建设现状、问题短板与完善建议等方面，以 PPP 项目财政支出责任与政府债务的关系界定、债务风险的生成条件与原因，及防控债务风险的制度完善思路为研究主线，以强化制度对防控债务风险的功能为研究目标。

本书第一章介绍了研究问题的背景和重要性，第二章梳理了已有研究成果和研究所需的理论基础。剩余章节的主要内容总结为：

一则辨是非。PPP 项目财政支出责任是政府和社会资本核心利益的对接点，是双方博弈的最终体现，容易因风险分担不当等原因，让财政支出责任超出政府法定责任范畴，或增加政府的或有支出责任。我国 PPP 项目财政支出责任债务风险防控制度以散见于各部门规章的政策规定为主体，一方面，相关政策规定难以涵盖千变万化的实操现状，增加了 PPP 合同的不完备程度；另一方面，在部门规章的法律效力弱于法律法规的法律效力的情况下，一旦进入司法程序，某些政策规定会因难以落地而成为"空中楼阁"。在此背景下，笔者把规范程度不同的各种 PPP 行为的财政支出责任纳入分析框架，运用政策规定、实践现状和法律适用性等综合视角分析不同行为下的 PPP 项目财政支出责任可能具有的显性和隐性、直接和或有的债务属性，建立了我国 PPP 项目财政支出责任的债务风险矩阵。第三章主要从正式规则、非正式约束和实施机制三方面，分析了制度建设现状，评价了制度供需情况；第四章在现有制度下聚焦于 PPP 项目财政支出责任的债务属性分析，及债务规模和风险规模的量化测算与评价问题。

二则究根本。虽然 PPP 项目的公益性是首位的，但社会资本的逐利性和PPP 项目天然不大的盈利空间将促使社会资本最大化财政资源对项目的保障力度，并就此与政府产生博弈行为。笔者用"换位思考"的方式，将"产生 PPP 项目财政支出责任的行为会否引致地方政府债务风险"的初始权利分别界定给政府和社会资本，对比在"政府率先决定采用可引发债务风险的行为运作 PPP 项目"和"社会资本率先提议采用可引发债务风险的行为运作 PPP 项目"两种情况下，政府和社会资本的行为结果。同时，构建了政府过度转移风险给社会资本的博弈模型，分析项目风险的过度转移如何影响债务风险的变化。在此思路下，运用博弈论探究政府和社会资本围绕"PPP 项目财政支出责任债务风险的引致和分担"将如何产生博弈空间、政府和社会资本各自将具有何种策略集合与支付结果，综合考虑我国的制度环境、财政管理体制和市场特点，剖析我国 PPP 项目财政支出责任债务风险的生成机理。上述要点构成第五章的研究内容。

三则提建议。一方面，分别构建了强化法治因素、政府监管因素、客观第三方机构参与治理因素的政社博弈模型，分析可产生债务风险的 PPP 行为所发生的交易费用、政府和社会资本博弈行为与支付结果的变化，提炼出构建良好制度的关键要素。另一方面，梳理总结相关制度建设的国际经验，基于我国国情选择性地进行制度学习与转移，从加强法治建设、完善政策标准、增强政社伙伴关系之间的激励约束、提高政府监管的有效性以及引导客观第三方治理等方面提出政策建议，以期加强制度供给，营造 PPP 模式正本清源健康发展的环境。上述要点分别构成了第六、七、八章的研究内容。

本书主要采用理论分析、定量分析、实证分析和文献研究相结合的方法。

在理论分析方面，本书梳理总结了国内外在 PPP 制度建设、PPP 项目财政支出责任管理及其与政府债务的关系，以及博弈论在 PPP 模式的应用等方面的研究成果，总结了与本研究相关的理论知识，基于国内财政管理体制和法律政策环境，调整修改了世界银行经济学家汉娜提出的"财政风险矩阵"，以不同 PPP 财政支出行为的分析为脉络，以总结各行为产生的 PPP 项目财政支出责任在责任主体、履行责任的法定支出来源、履行责任的完全性和可监控程度等方面的特点为主线，构建了我国 PPP 项目财政支出责任的债务风险矩阵，为形成 PPP 项目财政支出责任债务属性的合理界定与监管标准提供借鉴。

在定量分析方面，本书分析了 PPP 项目财政支出责任的相关数据，在估算财政支出责任违约率、财承超限率和存在不规范财政支出行为而引发隐性债务的项目比例等参数的基础上，分类测算出现阶段 PPP 项目财政支出责任在未来预算周期可产生的显性和隐性债务规模，及我国七大地理分区和省级、市级、县级所承担的 PPP 项目财政支出责任产生的政府债务规模和风险规模，为 PPP 项目债务风险的分类管理提供参考。

在实证分析方面，本书在制度经济学的分析框架下，以正式规则、非正式约束、实施机制为制度要素，对应分析我国 PPP 项目财政支出责任债务风险防控制度各组成部分的建设现状。在此基础上，运用博弈论方法，探讨政府和社会资本在"PPP 项目财政支出责任债务风险的引致和分担"上的互动关系，提炼重要参数，进行建模研究，尝试探究以下问题：目前的制度环境如何产生博弈空间；引发债务风险包含哪些深层次原因；在合规导向下实现博弈纳什均衡应达到何种条件；政府过度转移风险给社会资本将产生何种影响；强化法治建设与提升 PPP 合同的完备性、增强政府监管的有效性、建立客观第三方治理将如何影响政府和社会资本的策略集合与博弈结果。

在文献研究方面，本书以文献整理和归纳为主要方法，梳理了国内外相关研究成果，重点研究了世界银行等国际多边机构，以及日本、加纳等国家在 PPP 项目财政支出责任债务风险管理与防控方面已实施和拟推广的政策、举措与技术工具，为完善我国相关制度提供借鉴。

最后，根据上述研究内容和主要观点，系统提出完善我国 PPP 项目财政支出责任债务风险防控制度的主要思路和政策建议（研究路线见图 1-11）。

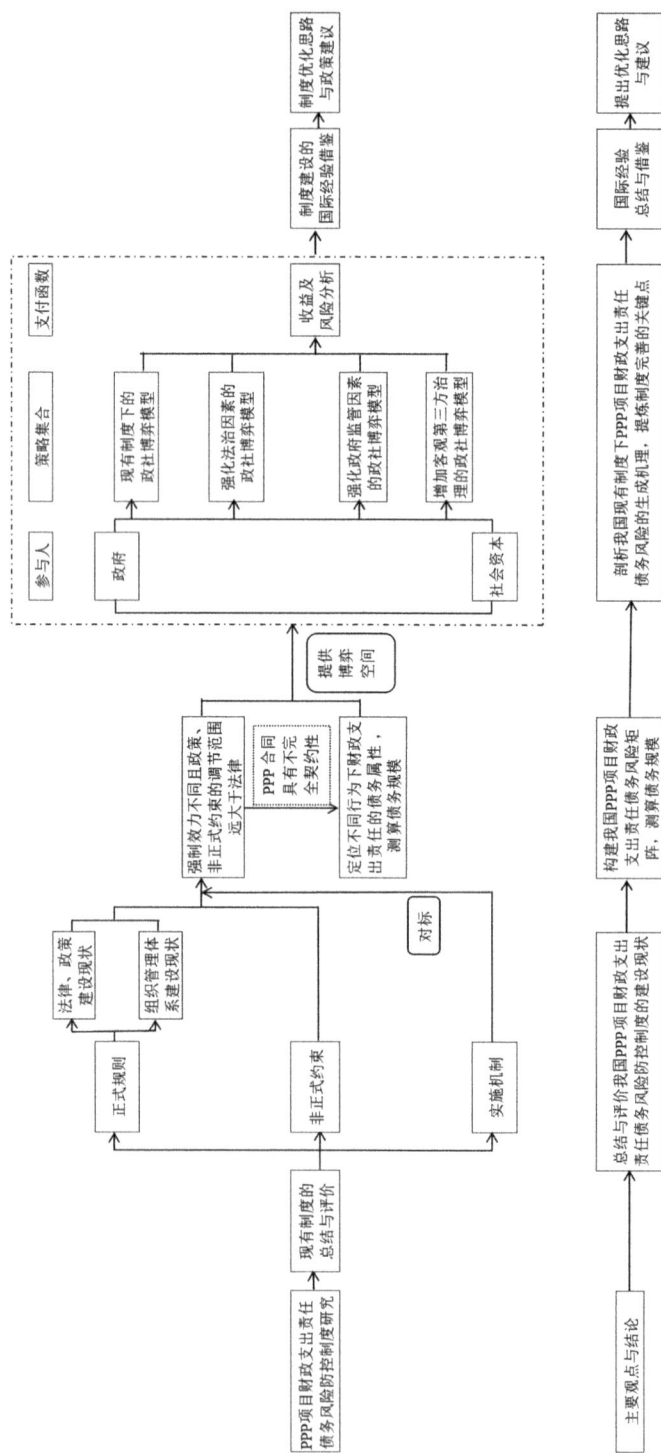

图 1−11 完善 PPP 项目财政支出责任债务风险防控制度的研究路线图

1.4 核心概念界定

1.4.1 地方政府债务风险

界定"地方政府债务风险"首先应界定"地方政府债务"。汉娜（1998）[1] 提出的财政风险矩阵，按照是否具有法定属性，将政府债务划分为显性债务和隐性债务，按照事件发生的可能性将附着其上的政府债务划分为直接债务和或有债务（第四章将展开论述），第二章也在财政联邦主义框架下系统总结了地方政府债务的理论观点，而我国学者对此问题的集中关注始于 2000 年左右。虽然当时的《中华人民共和国预算法》（1995）规定地方政府不得发行地方政府债券，地方政府及其部门亦不得作为借款人或保证人，但地方政府依然主要通过下列渠道承担了部分政府债务，尤其是隐性债务：一是政府成立的融资平台公司为筹集投向政府垄断产业和公共事业所需的建设资金，获得的以财政预算或专项收入为偿债来源的政策性贷款，或政府为救助、支持融资平台而付出的财政资源；二是在政企关系缺少严格法律界定的背景下，地方国有企业难以偿债时因当地政府施助而承担的债务负担；三是为增加地方竞争优势，吸引投资，部分地方政府以自身信用为隐性担保，强令当地金融系统贷款给特定对象从而形成的呆账、坏账；四是特定背景下部分地方政府由于集资炒房、重复建设而造成的无效投资，及以地方财务公司、供销社股金会等投融资组织中存在的高息揽储、违规拆借等问题造成的地方债务。加之彼时我国尚未建立政府债务的归口管理部门，并未形成责、权、利相统一的债务管理制度，由此遗留了政府债务问题（申相臣，2000）[2]。

为对政府债务情况进行全面摸底，审计署、财政部在全国范围内展开了

---

[1] Brixi H P. Contingent Government Liabilities：A Hidden Risk for Fiscal Stability[R]. Washington：World Bank，1998.

[2] 申相臣. 高度重视和防范地方财政风险 [J]. 中国财政，2000（04）：26-27.

排查、统计工作。2013 年底审计署发布的《全国政府性债务审计结果》[1] 将政府性债务分为政府负有偿还、担保及救助责任三类债务，并要求分类纳入预算管理[2]，由此可知"政府性债务"并不包含隐性债务，当下中国语境中的"政府债务"的外延大于"政府性债务"，本书所要搭建的 PPP 项目财政支出责任的债务属性框架中包含对隐性债务的分析，故采用"地方政府债务"的概念。同时，在我国实践中，通常的共识与预算编制规则是把当期的预算支出与债务严格区分开来，因此，已纳入年度预算和中期财政规划的支出不属于地方政府债务。因而，本书将"地方政府债务"界定为地方政府负有偿还、担保及救助责任的债务、隐性债务及为应对公共风险等的本级开支中大于已纳入年度预算和中期财政规划的财政支出责任的部分。因地方政府债务按财政支出责任的法定属性可划分为显性及隐性债务，显性债务的法定偿还责任主体为相应财政部门，纳入预算管理，规模与偿还来源可知，因而风险可控，但不排除在未来特定或有事项发生时，本应由政府负担但却因没有预留相应缓冲金，或财力不足以支付时产生的显性债务风险。隐性债务是地方政府在法定政府债务限额外承担的、要求财政资源偿还或承诺偿还的债务，因隐匿性强、生成机制复杂、政府偿债保障能力弱、监管难度大，对财政可持续性产生威胁，是政府债务的重要组成部分。

基于对上述概念的分析，本文定义的"地方政府债务风险"主要包括两层含义：一是因地方财政无法兑付本级政府在预算范围内应承担的支出责任，或出现因财力有限而应对突发或有事项不力等，致使公共事务管理缺位、不到位的显性政府债务风险；二是地方政府以财政资源承担非法定支出，致使本级政府承担的实际债务规模大于法定政府债务限额、进而使得本级财政可持续和政府信用受威胁的隐性政府债务风险。如，地方国有企事业单位替政

---

[1] 审计署. 全国政府性债务审计结果 [EB/OL]. http://www.gov.cn/gzdt/2013−12/30/content_2557187.htm, 2013−12−30.

[2] 财政部. 关于印发《地方政府存量债务纳入预算管理清理甄别办法》的通知（财预〔2014〕351 号）[EB/OL]. http://www.mof.gov.cn/gkml/caizhengwengao/wg2014/wg201411/201504/t20150427_1223636.htm, 2014−10−23. 根据此政策规定，地方政府负有偿还、担保及救助责任的债务中在 2014 年底前尚未清偿的部分作为政府存量债务，应分类纳入预算管理。

府举债，及地方政府在设立投资基金、实施 PPP 项目等过程中，通过承诺最低收益等方式形成的政府中长期支付责任而带来的隐性债务风险。

1.4.2 PPP 项目财政支出责任与 PPP 财政幻觉

PPP 项目财政支出责任[①]主要包括：一是股权投资支出。政府（或政府出资代表）与社会资本合作成立项目公司，股权投资支出为项目资本金与政府股权比例的乘积；若政府不持股，则此部分支出为零。二是运营补贴支出。在可行性缺口补助或政府付费情形下，项目的经营收入不足以覆盖成本及回报，政府提供部分或完全的运营补贴以补足项目收支缺口和社会资本应得的合理利润；在使用者付费情形下，项目自求收支平衡，运营补贴支出为零，政府需依照 PPP 项目合同和绩效考核结果确定实际支付的运营补贴金额。三是风险承担支出。该项支出根据合同约定的风险分担机制确定，政府结合自身职责与所长确认应承担的风险种类及份额，依据风险发生概率、后果等参数量化为财政支出责任。四是配套投入支出。包括政府为顺利推进项目而提供的一些配套设施、投资补助等。按相关政策要求，规范的 PPP 项目财政支出责任应纳入政府预算进行分账管理，并在一致对等原则下作为政府义务的重要组成部分，纳入 PPP 项目合同，是政府履约的主要法律依据。

"财政幻觉"的概念最早由普维亚尼（1903）[②]提出，他基于"垄断的"政治结构这一假设条件，提出政府将通过征收特定消费税、发行公债、利用通货膨胀、提供虚假承诺等方式创造"财政幻觉"，让纳税人感觉自身的税负负担低于实际的税负负担，或感觉自身所获得的公共服务价值高于实际获得的公共服务价值，进而增加纳税人对国家征税水平的认可度。詹姆斯·M. 布坎南（1967）[③]在民主制度的假设下考察了现代体系中的"财政幻觉"，如为付

[①] 财政部 . 财政部关于印发《政府和社会资本合作项目财政承受能力论证指引》的通知（财金〔2015〕21 号）[EB/OL].http://jrs.mof.gov.cn/zhengcefabu/201504/t20150414_1216615.htm，2015–04–07.

[②] ［美］詹姆斯·M. 布坎南 . 民主财政论：财政制度与个体选择 [M]. 刘凤芹，陆文玥，译 . 北京：中国人民大学出版社，2020：97–109.

[③] ［美］詹姆斯·M. 布坎南 . 民主财政论：财政制度与个体选择 [M]. 刘凤芹，陆文玥，译 . 北京：中国人民大学出版社，2020：97–109.

税进行的收入滞纳、设置社会保障税、征收公司所得税等均可在不同程度上创造"财政幻觉"。毛捷（2015）等[①]归纳了政府间转移支付产生"粘蝇纸效应"的几种理论解释，"财政幻觉"假说提供了其中一种分析视角。当征税权与支出权分离时，纳税人难以准确评估其所接受的公共服务的真实成本，纳税人认为本级政府获得的上级政府的转移支付是无偿的，因而在进行地方公共支出决策时会低估公共服务的供给成本。但在我国国情下，大部分居民无法直接参与地方公共支出决策，因而此种理论解释对我国政府间转移支付出现"粘蝇纸效应"的解释力不足。

因 PPP 模式付费方式的特殊性，"PPP 财政幻觉"的问题不容小觑。国际货币基金组织（2020）[②]指出，在传统的公共服务项目采购中，政府融资、建设、运营公共资产，相关的现金流将直接反映到政府预算、公共部门债务与政府资产负债表中。相较而言，PPP 项目的融资、建设和运营由社会资本负责，政府对社会资本的付费责任发生在项目运营期，一则由社会资本承担项目的融资责任，政府无需为新建公共资产发行主权债券或使用存量财政资源，二则将传统项目供给方式产生的集中性大额财政支出转变为项目全生命周期内的小额财政支出，三则使用者付费项目无需政府提供运营补贴，可行性缺口补助项目亦可通过部分使用者付费缓解财政的付费压力，进而让政府忽视 PPP 项目的中长期财政付费责任对中长期财政压力的影响，甚至产生了"免费获取基础设施"的心理，由此降低 PPP 财政管理的重要性，在短期内可能导致盲目推进新项目，长期来看会因累积的 PPP 财政支出责任威胁到财政资源的支配度，甚至发生因财力难以完成付费责任而产生财政违约的问题。

1.4.3 PPP 项目财政支出责任债务风险

在我国 PPP 模式推广伊始，因顶层设计不完善、制度制定滞后、法治基

---

① 毛捷，吕冰洋，马光荣.转移支付与政府扩张：基于"价格效应"的研究 [J].管理世界，2015（07）：29-41；187.

② International Monetary Fund. Reference Note on Fiscal Risks and Public-Private Partnerships[R]. Washington：International Monetary Fund，2020.

础缺失和"上有政策、下有对策"的制度执行扭曲使得 PPP 泛化、异化并存，不规范的财政支出行为带来政府债务困扰，扰乱了 PPP 项目风险分担的合理框架，将部分本应由社会资本承担的市场风险通过财政资源的不当支持，转化为依附于或有事项的政府或有债务，和超出法定支出范畴的政府隐性债务，增加了财政支出的不确定性和压力，引致了 PPP 项目财政支出责任债务风险。据此，本书界定"PPP 项目财政支出责任债务风险"是指地方政府承担的 PPP 项目财政支出责任因特定原因转化为地方政府债务的风险，具体包括：一是因本级政府对 PPP 合同约定的法定、合理的支付责任在超出当期预算的未来周期不履约或不完全履约所形成的显性直接债务风险，以及财政无力应对合同约定的或有事项发生时产生的显性或有债务风险；二是政府承诺提供违规担保、不当回购社会资本的资本金或承担社会资本的资本金损失、提供保底承诺、弱化绩效考核等因超出政府法定义务而产生的隐性或有债务风险；三是政府承诺的上述行为产生实际财政支出后果时，或应承担的财政支出责任在本级财承限额外且政府无力履约、导致 PPP 项目合同无效，带来的隐性直接债务风险（具体分析见第四章）。与此概念应作出区分的是"财政支出责任的违约"，是因本级政府对 PPP 合同约定的法定、合理的支出责任在当期预算不履约或不完全履约所致。

1.4.4 制度与 PPP 项目财政支出责任债务风险防控制度

众多学者从不同视角对"制度"作出了定义。安德鲁·肖特尔（1981）[①]定义为"行为上得到某个社会全部成员所认同的规律性，这种规律性确定了在具体的重复的场景中的行为"。为推动制度经济学从宏观和微观两个层次开展精细化研究，兰斯·戴维斯和道格拉斯·C.诺思（1970）[②]对"制度环境"和"制度治理"进行了区分："制度环境"是指一系列为生产、交易和分配奠

---

① Schotter A. The Economics Theory of Social Institutions[J]. Southern Economic Journal, 2000, 48（04）: 24-35.

② Lance E D, Douglass C N. Institutional Change and American Economic Growth[J]. Journal of Economic History, 1970, 30（01）:131-149.

定基础的根本性政治、社会和法律规则;"制度安排"是经济单位之间的某种安排,规定了它们能够进行协作或竞争的方式。而总结道格拉斯·C.诺思(1990)[①]的制度观,可将其概括为"制度是一些人为设计的、型塑人们互动关系的社会博弈规则,通过正式规则、非正式约束与实施的形式和有效性,界定并限制了人们的选择集合,以'禁止行为'和'允许行为'减少不确定性,并通过影响交换与生产成本来影响经济绩效"。菲吕伯顿和瑞切特(1991)[②]认为,现代制度经济学的关切在于财产制度和规范系统,它们治理着产权的获取和转让。

伴随"制度"概念的日益明朗化及"规则""博弈"等内在特征的凸显,博弈论成为研究制度的重要方法论。赫尔维茨(1996)[③]从博弈规则观对"制度"提出了较为技术性的定义,即通过参与人可选择的行动("决策集")和参与人的每个行动组合产生的物质结果("后果函数")描述制度的博弈规则,这些规则必须具有可实施性,并运用纳什均衡概念使"可实施性"形式化。制度的博弈均衡观则运用了更为复杂的均衡概念,如子博弈精炼纳什均衡[④]。格雷夫(1998)[⑤]以此为视角界定了制度,"在博弈论框架中,两个相互联系的制度要素是预期和组织,组织是非技术因素决定的约束,他们通过引入新的参与人,改变参与人所得的信息,或者改变某些行为的报酬来影响行动"。青木昌彦将制度的内生性、信息浓缩、对于环境连续性变化和微小动荡的刚性、与相关域几乎所有参与人相关的普遍性和多重性这五个特征贯穿于其对制度的理解中,"制度是关于博弈如何进行的共有信念的一个自我维系系统。制度的本质是对均衡博弈路径显著和固有特征的一种浓缩性表征,该表征被相关

---

① [美]道格拉斯·C.诺思.制度、制度变迁与经济绩效[M].杭行,译.上海:格致出版社,2014:3-56.

② Furubotn E, Rudolf R.The New Institutional Economics: An Assessment[A]. In Furubotn E and Richter R, eds., The New Institutional Economics[C]. College Station, TX: Texas A&M University Press, 1991(01): 1-32.

③ Hurwicz L. Institutions as Families of Game Forms[J]. Japanese Economic Review, 1996(47): 13-132.

④ 子博弈精炼纳什均衡,即将纳什均衡中包含的不可置信的策略加以剔除,它为每个参与人界定了在所有可能的博弈状态下行动决策的最优计划,因而能够自我实施。

⑤ Greif A. Historical and Comparative Institutional Analysis[J]. American Economic Review, 1998(05): 80-84.

域① 几乎所有参与人所感知，认为是与他们策略决策相关的。这样，制度就以一种自我实施的方式制约着参与人的策略互动，并反过来又被他们在连续变化的环境下的实际决策不断再生产出来"。

基于众学者对"制度"的定义，可总结"制度"具有的特征：一是具有"制度环境"和"制度治理"两层含义。前者更为宏观、更具综合性，并约束了后者的环境；而在后者的研究中，某些学者（如奥利弗·E.威廉姆森）将制度环境视为给定因素进而研究微观交易层面的优化治理问题。二是体现了特定群体或领域具有共识性的博弈规则。不论是人为设定的正式规则，还是通过日常交易、交往自发生成的非正式约束，这些规则都决定了处于催生规则的某群体或领域的行为决策集合。三是有效的、低成本的自我实施机制是维系博弈规则的关键所在。若对于越出博弈规则决定下的决策集合的行为毫无惩戒，则此制度缺乏可置信威胁，导致执行效果欠佳，制度作用下产生的均衡状态因更具多重性而增加了制度实施的不确定性，因而研究既定规则的实施机制是保证规则预设目标得以实现的重要命题。四是产生制度的特定背景将伴随社会经济发展而变化，不论是因战争、革命等产生的不连续的制度变迁，还是因各方通过利益谈判与妥协推动边际变化引致的连续的制度变迁，都将增强相关制度的适应性进而增加其约束力；反之，不能增强自身适应性的制度将被淘汰。

本书侧重于"制度"具有的以下特点：

第一，制度具有正式规则、非正式约束和实施机制三个形式，作用不同，且互为支撑和补充的要素，由此构成制度的有机整体。其中，"正式规则"以制定主体为区分，包含两个方面，一是由政府以社会管理者的身份制定的具有不同强制力的法律、法规、规范性文件等，用以规范某领域的主体行为，表现为可广泛界定政治的科层结构、决策结构及管理程序的政治规则，以界

---

① 青木昌彦从参与人集合与决策集合两个维度将博弈分为六种域，即社会交换域、经济交换域、组织场域、组织域、共同资源域和政治域，每个域的特征决定其参与人特征和博弈规则，博弈可以在单独域内进行，亦可跨域进行，每个域所具有的正式及非正式的博弈规则构成域内相关制度，而不同域的连接与交互，也会使得一个域的制度安排成为另一个域的制度的自我实施机制的组成部分，制度也可因为参与人策略决策的关联性进行跨域演化。

定包含所有、使用、转让、收益和处分等系列权利在内的产权为代表的经济规则，规范个人或群体日常行为、以维护交往秩序为目的的社会规则等。二是由个人和公司等具有一定组织性的机构制定的、专属于交换的某个契约，及一些内部章程等。正式规则的特点表现为，以一定的强制力约束某群体在某领域的主体行为。"非正式约束"主要包括在自发交易与交往中形成的行事准则、行为规范或惯例，通常来自社会信息的传递，并逐步沉淀到文化中进行传承。非正式约束不具有官方强制力，有些非正式约束，如尊老爱幼等美德，已成为大部分国家和地区的通行标准，而另外一些则表现出明显的群体、地域及行业特征。"实施机制"是为让正式规则和非正式约束按预期目标发挥作用所安排的落实机制，仍可以实施主体为区分加以理解，包括政府为实现特定目标而设计的强制性实施机制，和在不具有官方强制力的组织或某领域内，通过总结日常交易规律而逐步衍生出的具有一定威慑力的自发性实施机制。

第二，制度本质是一种博弈规则，用以型塑特定群体在特定领域中的行为决策，通过界定"可为"与"不可为"的范畴，对"可为"予以激励，对"不可为"予以惩罚，进而影响行为主体可获得的利益或遭受的损失，影响其行为决策集合和最终的资源配置状态。

对本书而言，"制度"概念的应用体现在以下方面：其一，通过梳理 PPP 项目财政支出责任债务风险防控的相关制度沿革，以及在正式规则、非正式约束和实施机制等方面的建设现状，总结特点，分析问题。其二，在现有制度中运用博弈论剖析政府和社会资本的行为集合与支付结果，剖析影响主体行为的重要因素，进而分析债务风险的生成机理，找到制度优化的关键所在，以提升 PPP 项目财政支出责任债务风险的防控效果。基于此可进一步界定，本书所指的"PPP 项目财政支出责任债务风险防控制度"，是界定政府和社会资本① 在"PPP 项目财政支出责任债务风险的引致与分担"博弈中的行动规则、

---

① 因第三方机构、金融机构等市场主体为政府和社会资本博弈结果确定后的利益分享者，虽然此类市场主体可影响政府与社会资本的博弈行为与支付结果，但最终决策与结果产生于政府和社会资本的直接博弈中，故本书将其他市场主体纳入广义的社会资本范畴，在相关博弈模型中进行分析。

策略集合与支付结果，进而影响主体实现均衡博弈路径、并被政府和社会资本广泛知晓的规则，包括正式规则（如法律法规、部门规章等）、非正式约束（如交易惯例等）和实施机制等组成部分，以降低直至消除 PPP 项目参与人的财政支出行为在均衡状态下引发地方政府债务风险的可能，实现防控 PPP 财政支出责任债务风险的目标。

　　本章基于 PPP 模式在国内的发展现状，从 PPP 的制度创新价值、加强 PPP 项目财政支出责任债务风险防控的重要性，及健全的制度对实现债务风险防控目标具有重要作用三个层面，系统阐述了研究背景。在此基础上，进一步聚焦到"防控 PPP 项目财政支出责任债务风险的制度研究"的主题，从辨是非、究根本、提建议等方面陈述了研究思路、内容与意义，为后面的分析奠定了基础。

2　文献综述和理论基础

本章将围绕 PPP 制度建设——本书的分析框架，PPP 项目财政支出责任与政府债务——本书的分析基础及政社博弈——本书的分析方法三部分，系统梳理已有研究成果，以借鉴研究亮点，发现研究短板，明确本文的研究重点。

2.1 文献综述

2.1.1 PPP 制度建设

"制度是决定长期经济绩效的根本因素"是制度经济学的核心观点之一，类似于生产力与生产关系的相互作用规律，特定的经济规律与模型具有特定的制度约束条件，并对制度约束的变化有很高的敏感性，若未能意识到此观点的重要性，则会与对经济绩效具有根本影响作用的制度因素擦肩而过，任一经济体基础性的制度框架是影响其长期经济绩效的根源。周黎安（2007）[①]认为，物质及人力资本的增长和技术进步是经济增长的结果，更深层次的决定因素是一国的制度。此观点承袭了制度经济学，是对经济增长理论的深入思考，凸显了制度对经济增长所产生的根本性、全面性、系统性的引导、型塑与规制影响，对其他领域亦如此。2013 年以来我国 PPP 模式的发展是中央政府发起的自上而下式公共服务领域供给侧结构性改革，期初便以正式规则的形式呈现于地方政府和市场主体，因此，制度建设对宣传 PPP 理念、确立交易规则、型塑发展路径、决定发展深度与特色方面具有决定意义。同时，制度建设能否伴随 PPP 实践发展而自我完善与升级，也决定了 PPP 模式会否达到预期目标，实现可持续发展。

2.1.1.1 制度建设对 PPP 模式的影响及对于风险防控的意义

制度所包含的正式规则、非正式约束以及实施机制共同型塑了制度的建

---

① 周黎安. 中国地方官员的晋升锦标赛模式研究 [J]. 经济研究，2007（07）: 36–50.

立与发展。正式颁布的法律和政策是研究 PPP 国别经验的基本切入点，完备的法律政策框架对规范发展、防控风险意义重大。美国在联邦制下并无统一的 PPP 法律，联邦法律为各州 PPP 发展提供指导，各州在遵循联邦法律要求的前提下可自主决定是否采用 PPP 模式，制定及执行实施细则，截至 2017 年 6 月，美国下属 37 个州和哥伦比亚区颁布了 PPP 法律（刘承韪，2018）[①]。澳大利亚没有专项 PPP 法律，2008 年发布的《联邦 PPP 政策和应用指南》规定了政府在 PPP 项目各阶段的实施流程和原则，各州以此为基础细化了规定（王天义等，2018）[②]。加拿大政府自 20 世纪 90 年代开始进行 PPP 立法，以判例法或不成文法为主，并未出台统一的 PPP 法案，联邦、省、地方三级政府均有各自的法律与政策，业已形成三级政府间相互独立且特色鲜明的分工（王天义等，2018）[③]。

　　非正式约束主要来自社会信息的传递，其产生并非被强制或来自官方。巴西要求所有的 PPP 项目必须召开公众听证会，以广纳民意、听取意见（张水波等，2015）[④]，提升信息公开程度、抑制违规行为。美国于 1985 年成立的 PPP 全国理事会（National Council for Public-Private Partnerships，NCPPP）为其会员提供 PPP 咨询培训；于 1932 年成立的以改善城市商业环境为目标的市长商业理事会（the Mayors Business Council），将 PPP 模式作为 21 世纪城市发展的重要力量。这两个机构均为非政府组织（刘承韪，2018）[⑤]，它们通过建立行业规范，影响了美国的 PPP 交易规则。

　　制度的实施体现了结果导向的思维脉络，是应对 PPP 风险的直接保障。

---

① 刘承韪. 美国公私合作关系（PPP）的法治状况及其启示 [J]. 国家行政学院学报，2018（04）：140－146；152.

② 王天义，杨斌. 澳大利亚政府和社会资本合作（PPP）研究 [M]. 北京：清华大学出版社，2018：36－49.

③ 王天义，杨斌. 加拿大政府和社会资本合作（PPP）研究 [M]. 北京：清华大学出版社，2018：132－136.

④ 张水波，郑晓丹. 经济发展和 PPP 制度对发展中国家基础设施 PPP 项目的影响 [J]. 软科学，2015，29（07）：25－29.

⑤ 刘承韪. 美国公私合作关系（PPP）的法治状况及其启示 [J]. 国家行政学院学报，2018（04）：140－146；152.

契约双方因委托代理关系容易引发信息不对称，契约制定方需对执行方进行激励约束以弥合两者由于目标不一致及谋求自身利益最大化所带来的行为差距，由此产生了第三方实施需求。美国建立了多元化的 PPP 争议解决机制，解决争议的首要步骤是缔约人向作为第三方的契约官提出正式请求，说明纠纷情况与依据，根据契约官的决定选择是否上诉。PPP 合同也可约定仲裁方式，相比诉讼而言，仲裁的效率更高、成本更低、灵活性和信息保密性更强，运用更普遍（刘承韪，2018）[1]。澳大利亚基础设施局（Infrastructure Australia）与政府合作起草了联邦 PPP 政策与指南，为政府提供咨询意见，协调与基础设施开发和投资有关的法律政策（王天义等，2018）[2]。于 2009 年成立的加拿大 PPP 中心作为联邦级 PPP 单位，按商业模式运作，拥有独立董事会，跟踪、分析加拿大的 PPP 实践情况并定期向国会报告（王天义等，2018）[3]。其优势在于相比行政职能机构，加拿大 PPP 中心贴近市场，帮助政府更好理解市场需求，有助于制度的落实、反馈与完善。

大量实证研究亦证实了制度建设对 PPP 发展的重要意义。哈迈米等（Hammami 等，2006）[4] 指出，PPP 的基础概念可追溯于利本斯坦（Leibenstein，1966）[5] 发表的《配置效率与 X- 效率》，其文认为，公共机构的无效率源于扭曲的政府干预和高度官僚主义的组织结构，PPP 模式有助于提升公共机构的 X 效率[6]。公共机构的低效率引发了 20 世纪 80 年代初起源于英国的新公共管理运动，这一运动成为 PPP 发展的重要背景。同时，哈迈米等实证分析了政策环境、制度质量和法律体系等制度环境会影响 PPP 发展，腐败更少、法

① 刘承韪. 美国公私合作关系（PPP）的法治状况及其启示 [J]. 国家行政学院学报，2018（04）：140-146；152.

② 王天义，杨斌. 澳大利亚政府和社会资本合作（PPP）研究 [M]. 北京：清华大学出版社，2018：33-49.

③ 王天义，杨斌. 加拿大政府和社会资本合作（PPP）研究 [M]. 北京：清华大学出版社，2018：132-136.

④ Hammami M, Ruhashyankiko J F, Yehoue E B. Determinants of public-private partnerships in infrastructure[J]. Social Science Electronic Publishing, 2006, 06（99）：1-39.

⑤ Leibenstein H. Allocative Efficiency VS. "X-Efficiency"[J]. The American Economic Review, 1966, 56（03）：392-415.

⑥ "X 效率"是从成本角度衡量生产效率的指标，用生产某给定量产出的实际成本与最低成本之差来度量。若此差值为零，称 X 有效；反之，称 X 无效。"X 效率"指的是带来产出影响的非配置效率的一切因素，如组织结构、管理、激励、创新等。

律规则更有效、更重视保护私人资本权利的制度有利于推行 PPP 模式。瑞赛德（Reside，2010）[1] 等实证检验了财政情况、宏观经济环境和国家政治风险等制度因素对亚洲国家的 PPP 发展影响显著。卡斯里等（Kasri 等，2015）[2] 通过实证 48 个伊斯兰发展中国家的数据，以接受国外援助额与 GNI 占比和外债与 GNI 占比为财政约束变量，发现市场需求和制度环境对 PPP 决策具有重要影响。罗煜等（2017）[3] 用 Probit 模型和截面模型对"一带一路"沿线发展中国家的 PPP 项目进行回归，发现国家的法治水平和政府效率越高，政府控制腐败和促进私营部门发展的能力越强，私营部门更愿意分担风险。杨丽花等（2018）[4] 实证了部分亚投行成员国的 PPP 实践情况，认为高水平的制度质量有助于降低私人部门的投资风险，私人资本更重视一国的 PPP 制度质量。巴巴尼（Bhabani，2019）[5] 采用话语分析法分析 PPP 纳入全球公共政策的方式，PPP 模式成功的关键是其公共利益的社会价值。Cheng 等（2020）[6] 对比分析了中国、英国和印度的 PPP 制度建设情况，指出知识溢出效应和政策扩散机制有助于推动全球 PPP 事业的发展。

2.1.1.2 我国 PPP 制度建设现状

贾康（2015）[7] 认为，PPP 是"从投融资模式，到管理模式，再到治理模式贯通的新型制度供给"，完善 PPP 制度建设，在创新公共服务供给机制、持

---

① Reside R E，Mendoza A M. Determinants of outcomes of public-private partnerships （PPP） in infrastructure in Asia[R]. Diliman Quezon: Up School of Economics Discussion Papers，2010.

② Kasri R A，Wibowo F A. Determinants of Public -private partnerships in infrastructure provision: evidence from Muslim developing countries[J]. Journal of Economic Cooperation & Development，2015，36（02）：1-34.

③ 罗煜，王芳，陈熙. 制度质量和国际金融机构如何影响 PPP 项目的成效——基于"一带一路"46 国经验数据的研究 [J]. 金融研究，2017（04）：61-77.

④ 杨丽花，王喆. 私人资本参与 PPP 项目的影响因素分析——基于亚投行背景下的经验分析 [J]. 亚太经济，2018（01）：53-61；146.

⑤ Bhabani S N. Reconceptualising public private partnerships （PPPs） in global public policy[J]. World Journal of Entrepreneurship，Management and Sustainable Development，2019，15（3）：259-266.

⑥ Cheng Z，Ke Y，Yang Z，Cai J，Wang H. Diversification or convergence: An international comparison of PPP policy and management between the UK，India，and China[J]. Engineering，Construction and Architectural Management，2020，27（6）：1315-1335.

⑦ 贾康. PPP：制度供给创新及其正面效应 [N]. 光明日报，2015-05-27：015.

续增加社会福祉、推动"混合所有制"改革、培育契约精神等方面具有重要意义。了解我国 PPP 制度建设现状，是梳理政策脉络、明晰政策要旨、定位短板问题、提出优化建议的基础。

在制度建设现状评估方面，统计和实证分析政策文本是重要且常用的方法。陈玎等（2017）[①] 将我国 PPP 政策变迁分为"政策间断松散期""政策低密集期"和"政策高密集期"，不同阶段的背景差异明显。因政府主导、国有企业参与的政策网覆盖范围有限，且以借鉴别国经验为主要方式进行制度建设，并未在市场大规模群体影响下学习与反思 PPP 理念和制度，因而 PPP 政策学习表现为"吸取教训"而非"社会学习"。赵成峰（2017）[②] 指出我国 PPP 制度存在政策导向不清晰、程序不衔接、政府约束力度不足等短板。柯洪等（2018）[③] 将 PPP 政策工具分为直接支持发展的"供给型"，创造良好发展条件的"环境型"和旨在减少发展障碍的"需求型"，发现"环境型"占比超过 80%，"供给型"和"需求型"缺位，缺乏对 PPP 整体发展规划、人才培养和技术创新的政策支持。张西勇（2018）[④] 将 PPP 项目全生命周期的"信息公开程度"，划分为强调项目财务、技术等指标详细性的"输入透明"，判断社会资本任务完成情况的"过程透明"和由社会资本提供绩效结果的"输出透明"，发现项目准备阶段容易实现输入透明，进入运营阶段后输出透明更显重要，但目前缺乏对"输出"的共识和衡量标准，建议构建统一、可理解的规范标准。方俊智等（2019）[⑤] 采用共词分析和社会网络分析法，将 PPP 政策发展划分为侧重于监管和尝试的探索期、侧重于实施和推广的加速期和侧重于

[①] 陈玎，李丹．PPP 政策变迁与政策学习模式：1980 至 2015 年 PPP 中央政策文本分析 [J]．中国行政管理，2017（02）：102-107．

[②] 赵成峰．我国 PPP 发展历程和法规政策基本取向 [J]．宏观经济管理，2017（10）：32-35；48．

[③] 柯洪，王美华，杜亚灵．政策工具视角下 PPP 政策文本分析——基于 2014—2017 年 PPP 国家政策 [J]．情报杂志，2018，37（11）：81-88．

[④] 张西勇．政府与社会资本合作（PPP）模式透明度研究 [J]．理论导刊，2018（05）：4-11．

[⑤] 方俊智，李忻蔚．我国 PPP 政策与文献互动演化规律的计量分析 [J]．情报杂志，2019，38（10）：161-167．

建立规范机制的优化期，我国目前正处于优化期。Jiang 等（2019）[①] 认为我国 PPP 政策网络自 1995 年以来经历了稳定性较差的焦点网络、总体稳定性较好的松散多主体网络和稳定性较好的平衡多主体网络三阶段。

在制度效果评估方面，张水波等（2015）[②] 从法律法规、管理机构、公众参与三个维度衡量了 PPP 制度成熟度，据此分析了"金砖四国"的 PPP 制度建设情况。Chen 等（2020）[③] 运用文献计量法分析了国务院及附属机构发布的 299 个 PPP 相关政策文件，认为公开透明原则已实现制度化，但我国分散的政策制定体系阻碍了部门之间意愿合作的制度化进程，由于政府与国有企业因历史原因建立的亲密关系和对私营部门的偏见，平等伙伴关系的制度特征也不明显。吕途等（2020）[④] 实证分析了 PPP 政策数量与所在地区 PPP 项目数量和投资金额的关系，认为高效力等级 PPP 政策占比较少，政策的地区和行业分布有明显差异，表现出不同的政策效果，PPP 政策可带动 PPP 投资，两期（两年）效果显著，四期效果最大，政策效果存在一定的累积性。

2.1.1.3 PPP 项目财政支出责任管理的制度建设现状

很多国际多边机构和国家非常重视 PPP 财政管理。申迪等（Shendy 等，2013）[⑤] 基于加纳的财政管理制度制定了 PPP 财政承诺（Fiscal Commitments）管理系统，在项目层面应持续评估、监管和报告全生命周期的直接财政承诺和产生的政府或有债务，在管理层面构建包含公共投资部门、预算部门、债务管理部门、PPP 项目缔约当局（项目实施机构）等在内的协同联动的组织框架，成立财政承诺技术委员会，负责部门分工与协调。联合国贸法会于

① Jiang Y，Wang Q. PPPs policy entity network change and policy learning in mainland China[J]. Complexity，2020：1–14.

② 张水波，郑晓丹. 经济发展和 PPP 制度对发展中国家基础设施 PPP 项目的影响 [J]. 软科学，2015，29（07）：25–29.

③ Chen C，Man C. Are good governance principles institutionalised with policy transfer？ An examination of public-private partnerships policy promotion in China[J]. Australian Journal of Social Issues，2020（01）：1–20.

④ 吕途，林欢. 中国政府与社会资本合作的政策效果分析[J]. 福建论坛（人文社会科学版），2020（04）：153–161.

⑤ Shendy R，Martin H，Mousley P. An operational framework for managing fiscal commitments from public-private partnerships：The case of Ghana[R]. Washington：World Bank，2013.

2019 年提出的 PPP 立法指南① 要求围绕下列主体及活动评估财政影响：一是项目发起方，因为实施机构会影响项目的主要财政指标；二是项目资产控制方，因为财政风险发生的可能性和影响程度依赖于政府控制 PPP 项目资产的能力；三是基础设施和公共服务的最终支付方，因为项目的回报机制对评估总体财政风险至关重要；四是政府为项目提供的额外支持等。世界银行和货币基金组织共同开发的 PFRAM 模型（The Public Fiscal Risk Assessment Model，PFRAM）②，是旨在评估 PPP 财政成本和风险的工具，在多国得以运用，联合国贸法会在 PPP 立法指南中也鼓励各国使用此模型，以统一 PPP 项目财政风险管理的国际标准。

在我国，以财金〔2015〕21 号文为代表的 PPP 财政支出责任管理政策是防控 PPP 项目财政风险的重要抓手。财政部金融司（2018）③ 在分析我国 PPP 财政承受能力（以下简称"PPP 财承"）数据的基础上指出目前存在部分财承报告论证质量不高、信息不完整、更新不及时等问题，明确要求严控 PPP 财承 10% 限额。任祥运等（2017）④ 提出了科学预测一般公共预算支出的方法。刘双柳等（2018）⑤ 分析发现 PPP 财承论证存在支出责任测算指标随机性较大、财承 10% 统计口径不统一、一般公共预算支出预测有偏差、同期进行的项目论证协调性差等问题。周锦棠等（2018）⑥ 认为，PPP 财承变动存在投融资结构、建设运营成本、采购中标价与前期预测不一致及合同再谈判等内部触发因素，和上级补助预测值与实际给付金额存在差距、财政支出责任时间

① UNCITRAL. UNCITRAL Legislative guide on public-private partnerships[R]. New York：United Nations，2020.
② World Bank Group. PPP fiscal risk assessment model PFRAM 2.0[R].Washington：World Bank，2019.
③ 财政部金融司 . 筑牢 PPP 项目财政承受能力 10% 限额的"红线"——PPP 项目财政承受能力汇总分析报告 [N]. 中国财经报，2018-05-10：005.
④ 任祥运，孟令锦，王东建.PPP 项目财承论证的一般公共预算支出预测分析[J]. 中国商论，2017(35)：165-166.
⑤ 刘双柳，徐顺青，陈鹏，高军，逯元堂 . 完善 PPP 项目财政承受能力论证编制的思考 [J]. 财会研究，2018（09）：11-14.
⑥ 周锦棠，陶凯，于海洋，蔡琼 . 推动 PPP 项目财政承受能力论证动态调整的建议 [J]. 中国财政，2018（18）：41-43.

发生改变等外部触发因素，有必要建立 PPP 财承的动态调整机制。

《中华人民共和国预算法实施条例》（2020 年国务院令第 729 号）（以下简称"《实施条例》"）的出台为完善制度提出了方向和要求。周兰萍（2020）[①]指出，《实施条例》出台后，从政府性基金预算、国有资本经营预算安排 PPP 项目运营补贴支出等违规行为将会被彻底杜绝；根据预算编制要求，存在财政支出责任的 PPP 项目需在每年 6 月底前将确认后的下年度财政支出金额纳入预算，并需遵循预算绩效管理要求，以完善 PPP 绩效考核制度。曹珊（2020）[②]认为，国务院及所属部委虽曾多次发文要求制止 PPP 项目违规举债，但因发文层级不高、处罚措施不明确，仅在项目层面发挥规范作用，《实施条例》明确了违规举债人员的惩戒措施，提高了规定的威慑力。

PPP 制度建设的国际经验借鉴及国内情况的梳理为本书提供了分析框架。制度建设从理念植入、标准制定、权责分配、风险分担、契约精神培育、市场信心培养等方面对 PPP 发展产生了根本影响，大量实证分析也说明 PPP 制度质量深刻影响着 PPP 市场的规模、结构及社会参与度，影响着 PPP 治理水平；PPP 项目财政支出责任管理制度对抑制 PPP 财政风险（包含债务风险）至关重要。要探讨完善 PPP 项目财政支出责任债务风险防控制度的思路，需立足于制度的含义、特征、作用机理和效果评估，综合考察我国相关制度的建设现状、特点与问题，借鉴有益经验和政策工具，提出针对性、前瞻性、可操作的政策建议。

2.1.2 PPP 项目财政支出责任与政府债务

2.1.2.1 政府债务概述

从学界已有研究看，政府债务因可能引发财政风险和债务危机而备受关注，但因我国尚未有公开政策明确政府债务体系的统计口径，研究者对相关

① 周兰萍 . 修订后的《预算法实施条例》对 PPP 项目管理和实施的影响和建议 [EB/OL]. http://www.cpppc.org/PPPsj/999396.jhtml，2020－09－08.
② 曹珊 .《预算法实施条例》对 PPP 的影响 [EB/OL]. http://www.cpppc.org/PPPsj/999396.jhtml，2020－09－08.

概念的界定莫衷一是。毛捷等（2019）[1]指出地方政府债务包含狭义和广义两种统计口径：狭义为 2014 年底经甄别后的存量债务中地方政府负有偿还责任的债务，及 2015 年以来地方政府自发自还的债券。广义包含三种情况：第一，狭义口径加上 2014 年底甄别后的存量债务中地方政府担保及负有救助责任的债务；第二，第一种情况加上隐性债务；第三，第二种情况加上社保资金缺口和应对公共风险的支出等。刁伟涛（2017）[2]实证发现不同财力对债务规模的影响不同，一般公共预算产生正向影响，政府性基金预算产生负向影响，地方政府同时存在主动举债和被动负债行为。

围绕风险聚集原因，龚强等（2011）[3]认为，各国中央政府通过市场约束、行政控制等方式加强地方政府债务管理，但地方政府会通过预算外融资、借助地方国有企业融资、售后回租等方式进行"上有政策，下有对策"式的举债限制规避。我国地方政府债务积累的原因包括地方融资渠道有限等非体制因素、以"财权上移、事权下压"为突出特征的财政体制因素、以 2008 年以来融资平台高速发展与债务膨胀为代表的宏观政策因素、地方干部任命与考核机制及预算软约束等。郑华（2011）[4]指出，预算软约束不仅表现为中央对地方提供补贴和救助等自下而上的传统形式，还存在地方政府凭借财政分权的自主空间，通过向辖区内组织和个人进行自上而下的索取资源以突破预算限制的变异形式，阐释了地方政府过度负债的制度成因。

在政府债务风险治理层面，郭玉清等（2020）[5]认为，传统债务融资模式积累的有中长期回报潜质的资产及中央对地方提供的信用背书和道义救助，

① 毛捷，徐伟军. 中国地方政府债务问题研究的现实基础——制度变迁、统计方法与重要事实 [J]. 财政研究，2019（01）：3-23.

② 刁伟涛. 纵向博弈、横向竞争与地方政府举债融资及其治理 [J]. 当代经济科学，2017，39（05）：87-94；127.

③ 龚强，王俊，贾珅. 财政分权视角下的地方政府债务研究：一个综述 [J]. 经济研究，2011，46（07）：144-156.

④ 郑华. 预算软约束视角下地方政府过度负债偏好的制度成因分析 [J]. 财政研究，2011（01）：48-51.

⑤ 郭玉清，薛琪琪，姜磊. 地方政府债务治理的演进逻辑与转型路径——兼论中国地方政府债务融资之谜 [J]. 经济社会体质比较，2020（01）：34-43.

体现了我国应对地方政府债务危机的制度优势，新时期债务治理应转向"绩效导向"，加强债务的事前科学论证和事后绩效审计。我国日益重视并不断完善地方政府债务管理制度与实践，伴随 2014 年底我国政府存量债务完成甄别、2015 年《中华人民共和国预算法》颁布实施以及政府规范举债系列政策的出台，地方政府举债融资机制"开前门、堵后门"取得实质性进展，显性债务全部纳入预算管理，但隐性债务因隐匿性强、生成机制复杂、政府偿债保障能力弱、监管难度大等特点，成为债务体系中的"冰山一角"，对财政可持续性产生威胁。

基于此，隐性债务成为学界研究重点。克鲁格曼（Krugman，1999）[1] 指出，政府对私人部门的隐性担保会加剧道德风险，产生政府债务危机、银行危机和货币危机交织共生的局面。布里克西（Brixi，2012）[2] 指出，政府以担保等预算外财政行为对私人部门的支持，虽不体现在赤字、政府债务和负债率中，但游离于预算体系外的隐性债务会引发债务危机。毛捷等（2019）[3] 认为隐性债务包括 2014 年底经甄别后未纳入存量债务，但仍有可能由地方政府偿还或救助的债务，及 2015 年以来新增的地方政府部门、国有企事业单位、融资平台违规举借的债务。赵全厚（2018）[4] 总结了隐性债务具有举借主体（企事业单位等）与承担主体（地方政府）分离、与显性债务对立、隐性直接和或有债务的支出刚性不同等特点。吉富星（2018）[5] 提出认定隐性债务的原则，即按经济实质进行核算的"实质重于形式"原则和明确底层资产是否属于公益性项目、政府是否最终还款的"穿透"原则，经测算认为我国债务风

[1] Krugman P. What happened to Asia[J]. Global Competition and Integration，Research Monographs in Japan-U.S. Business & Economics，1999（04）：315-327.

[2] Brixi H P. Avoiding fiscal crisis accounting for contingent liabilities to manage fiscal risk[J]. World Economics，2012，13（01）：27-53.

[3] 毛捷，徐伟军. 中国地方政府债务问题研究的现实基础——制度变迁、统计方法与重要事实 [J]. 财政研究，2019（01）：3-23.

[4] 赵全厚. 地方政府隐性债务浅析 [J]. 财政科学，2018（05）：44-47；54.

[5] 吉富星. 地方政府隐性债务的实质、规模与风险研究 [J]. 财政研究，2018（11）：62-70.

险总体可控。王涛等（2019）[1]通过构建非线性财政反应函数测算了地方政府债务上限，表明目前仍有足够的债务空间。沈雨婷等（2019）[2]却指出，政府债务存在从显性向隐性转移、集中于市县、个别省份债务风险已触及警戒线等问题，偿债能力因财政收入放缓、财政刚性支出占比增大而降低，风险防控已迫在眉睫。

2.1.2.2 PPP 项目财政支出责任概述

为有效、规范管理 PPP 财政支出责任，财金 2015 年 21 号文确定了将 PPP 项目财政支出责任纳入年度预算和中期财政规划的预算管理原则，及某地区每一年度需要从预算安排的全部 PPP 项目财政支出责任不得超过本级一般公共预算支出 10% 的总量管理原则，以定性识别和定量测算相结合的方法平衡财政支出责任当期和长远的关系。在防范政府债务风险背景下，我国自 2017 年起不断出台新规定，学界对管理方法和效果进行了研究。

在 PPP 项目财政支出管理方面，哈迈米等（Hammami 等，2006）[3]指出政府经综合评估后会提供项目补贴，但政府承担过多风险会导致支出责任承担过度。王玺等（2016）[4]总结了政府主要承担为经济可行的项目提供财政补贴和分担适当风险两方面支出，梳理了财政支出的识别、评价、监管、报告与更新等全生命周期管理框架。Zhu 等（2018）[5]分析了估算高速公路 PPP 项目财政支出责任的关键参数，构建了年度可行性缺口补助的估算方法。

---

① 王涛，高珂，李丽珍. 基于财政可持续性视角的地方政府隐性债务治理研究 [J]. 当代经济管理，2019，41（12）：63−75.

② 沈雨婷，金洪飞. 中国地方政府债务风险预警体系研究——基于层次分析法与熵值法分析 [J]. 当代财经，2019（06）：34−46.

③ Hammami M，Ruhashyankiko J F，Yehoue E B. Determinants of public-private partnerships in infrastructure[J]. Social Science Electronic Publishing，2006，06（99）：1−39.

④ 王玺，夏强. 政府与社会资本合作（PPP）财政承诺管理研究——以青岛地铁X号线PPP项目为例[J]. 财政研究，2016（09）：64−75；29.

⑤ Zhu X，Zhang Y. Analysis and application of calculation formula of feasibility gap subsidy for expressway PPP projects[J]. Gonglu Jiaotong Keji = Journal of Highway and Transportation Research and Development，2018（02）：41−51.

在 PPP 财承管理政策有效性评估方面，张牧扬等（2019）[①] 基于部分地区通过虚增本级一般公共预算支出增长率来提高本级财承限额的假设，分别以 4%、6% 和 8% 的增长率估计超财承限额的城市数量，得出我国 PPP 财政支出压力可控、支出高峰期在 2023 年前后，以及西部地区承担更大压力等结论。黄彩云等（2019）[②] 指出 PPP 财承管理存在项目周期与预算管理周期不匹配、预算管理权限不清、全流程预算绩效评价缺位及管理缺乏透明性等问题。刘穷志等（2020）[③] 采用数据包络模型构造投入的子向量距离函数，认为财承管理可有效抑制非必要 PPP 财政支出的增长，但实际财政支出责任呈现边际增长率递减的增长态势，可通过提高技术效率、增加社会资本投入等予以缓解。

在 PPP 模式与财政约束关系方面，政策对 PPP 的初始功能定位为"撬动社会资本，缓解财政支出压力"，而现有研究并未得出一致结论。陈世金等（2016）[④] 采用泊松估计法分析得出一国的财政支出约束与 PPP 项目需求显著正相关。袁诚等（2017）[⑤] 结合项目所在市、县级行政单位的财政、金融、市场需求等数据分析交通类项目，得出自有财力较弱的地方政府采用 PPP 模式发展交通的意愿较低的结论。蔡东方（2019）[⑥] 区分了 PPP 面临的短期和长期财政约束，通过回归分析发现一些发展中国家对 PPP 项目的需求与以税收为代表的长期财政能力负相关，说明财政实力强的国家倾向于用政府传统投资方式发展公用事业，不宜将 PPP 作为缓解财政压力的工具。因此，若不顾财

① 张牧扬，卢小琴，汪峰. 地方财政能够承受起 PPP 项目财政支出责任吗？——基于 2010—2018 年 PPP 项目的分析 [J]. 财政研究，2019（08）：49–59.

② 黄彩云，蒋绮雯. PPP 项目财政承诺支出预算管理研究 [J]. 时代金融，2019（17）：13–14.

③ 刘穷志，张莉莎. 财政承受能力规制与 PPP 财政支出责任变化研究 [J]. 财贸经济，2020，41（07）：5–20.

④ 陈世金，刘浩. PPP 项目决策的影响因素分析——基于发展中国家的经验 [J]. 统计与信息论坛，2016，31（05）：70–76.

⑤ 袁诚，陆晓天，杨骁. 地方自有财力对交通设施类 PPP 项目实施的影响 [J]. 财政研究，2017（06）：26–50.

⑥ 蔡东方. PPP 对财政预算约束作用的检验——基于 PPI 数据库的实证分析 [J]. 企业经济，2019，38（04）：132–142.

政约束盲目发展 PPP 项目，可能产生地方政府债务风险。

2.1.2.3 PPP 项目财政支出责任与政府债务的关系

各方已形成严控债务风险的共识，而政策界对 PPP 的定位，从"防范和化解政府性债务风险的工具"转变为"严禁地方政府利用 PPP 等方式变相举债"，激发了学术界对 PPP 财政支出责任与政府债务关系、风险引发原因和生成路径等方面的探讨。斯法基纳斯等（Sfakianakis 等，2013）[1] 认为 PPP 会带来重要的未来公共成本，是评估国家财政状况的重要因素。相比传统的公共投资，PPP 项目的初期财政负担较轻，但对财政赤字和政府债务的中长期影响较大。格鲁比西奇等（Grubisic 等，2014）[2] 以克罗地亚 PPP 项目为分析对象，采用方差分析法分析了 PPP 项目的财政约束，提出了向机构投资者发行项目债券和让公共资产参与项目等缓解约束的建议。谭艳艳等（2019）[3] 从政府会计管理的视角，提出政府在 PPP 项目中承担的法定义务和推定义务，界定了政府的义务边界，构建了识别我国 PPP 政府债务风险的框架。马万里（2019）[4]、郭敏等（2020）[5] 将利用 PPP 违规举债形成的支出责任归为隐性债务，而在实践中，某些地区的审计部门甚至将所有 PPP 财政支出责任纳入隐性债务。Zhang 等（2019）[6] 通过实证我国 286 个城市数据，发现政府债务较高或预算赤字较低的城市倾向于采用 PPP 模式，为缓解政府债务压力而启动的项目多被撤销，这种做法不利于 PPP 财政可持续。贾康等（2020）[7] 运用政策规定、实践现状和法律适用性等综合视角，分析了不同行为下 PPP 项目财政

[1] Sfakianakis E, Mindel van D L. Fiscal effects and public risk in public-private partnerships[J]. Built Environment Project and Asset Management, 2013, 3（02）: 181-198.

[2] Grubisic Seba M, Jurlina Alibegovic D, Slijepcevic S. Combating fiscal constraints for PPP development[J]. Managerial Finance, 2014, 40（11）, 1112-1130.

[3] 谭艳艳, 邹梦琪, 张悦悦. PPP 项目中的政府债务风险识别研究 [J]. 财政研究, 2019（10）: 47-57.

[4] 马万里. 中国地方政府隐性债务扩张的行为逻辑——兼论规范地方政府举债行为的路径转换与对策建议 [J]. 财政研究, 2019（08）: 60-71; 128.

[5] 郭敏, 宋寒凝. 地方政府债务构成规模及风险测算研究 [J]. 经济与管理评论, 2020, 36（01）: 73-86.

[6] Zhang B, Zhang L, Wu J, Wang S. Factors affecting local governments' Public - Private partnership adoption in urban China[J]. Sustainability, 2019, 11（23）: 1-14.

[7] 贾康, 吴晟兵. PPP 财政支出责任债务属性问题研究——基于政府主体风险合理分担视角 [J]. 财贸经济, 2020, 41（09）: 5-20.

支出责任的债务属性，基于我国法律政策及预算管理背景，构建了我国 PPP 项目财政支出责任的债务风险矩阵。

引发债务风险的原因可归纳为两层面观点。宏观层面主要包括：一是由于省级以下分税制不到位，地方税体系尚未成型，地方政府事权与财政支出责任之间不匹配，引发地方政府隐性负债（贾康，2014）[①]。二是促进经济发展的体制或制度安排，激发了地方政府举债的主观能动性（毛捷等，2019）[②]。三是事权与支出责任向地方倾斜，助长了地方依赖中央的预期而隐性负债，并通过隐性补贴强化了地方政府的预算软约束（姜子叶等，2016）[③]。四是尚待健全的举债、监管、预警和问责制度，难以遏制地方政府债务的盲目扩张（毛捷等，2019）[④]。以上关于隐性债务迅速增长的原因，也为地方政府借助 PPP 违规举债提供了动机、制度环境和现实可行性。微观层面聚焦于 PPP 本身：吉富星（2015）[⑤]认为，PPP 项目多处于公共领域，当事人的有限理性和合同的不完全契约性引致了财政潜在支出责任。李丹等（2019）[⑥]提出，PPP 项目隐性债务风险的生成机理包括财政制度约束与地方选择、政治激励与官员偏好、地方政府承担过多风险等。

在生成路径方面，刘方（2019）[⑦]认为明股实债、保底条款等变异模式，及项目低价中标、绩效不善等问题，是 PPP 生成隐性债务风险的主要途径。崔志娟等（2019）[⑧]在区分政府负债、政府债务概念的基础上，阐释了 PPP 项目政府隐性负债的形成过程和确认标准。胡玄能等（2019）[⑨]分析了向新的融

① 贾康 . 化解隐性债务风险要开前门关后门修围墙 [N]. 中国证券报，2014，10（13）：A10.

② 毛捷，曹婧 . 中国地方政府债务问题研究的文献综述 [J]. 公共财政研究，2019（01）：75–90.

③ 姜子叶，胡育蓉 . 财政分权、预算软约束与地方政府债务 [J]. 金融研究，2016（02）：198–206.

④ 毛捷，曹婧 . 中国地方政府债务问题研究的文献综述 [J]. 公共财政研究，2019（01）：75–90.

⑤ 吉富星 . 我国 PPP 模式的政府性债务与预算机制研究 [J]. 税务与经济，2015（04）：6–11.

⑥ 李丹，王郅强 . PPP 隐性债务风险的生成：理论、经验与启示 [J]. 行政论坛，2019，26（04）：101–107.

⑦ 刘方 . 防范地方政府隐性债务背景下 PPP 健康发展研究 [J]. 当代经济管理，2019，41（09）：29–35.

⑧ 崔志娟，朱佳信 . 基于 PPP 项目的政府隐性负债形成与确认 [J]. 财会月刊，2019（15）：71–77.

⑨ 胡玄能，徐慧强 . 我国 PPP 模式异化及其隐性债务风险研究 [J]. 国际商务财会，2019（07）：19–22.

资平台演化、模式滥用、"公公合作"等 PPP 异化现象。方桦等（2019）[1]分别从主体、程序和实质违规角度总结了可引发 PPP 隐性债务风险的 7 种违规行为。

PPP 项目财政支出责任和政府债务的相关概念界定与影响机制剖析为本研究奠定了分析基础。现有研究结果表明，政府债务、尤其是隐性债务风险防控迫在眉睫，发展 PPP 项目既要受到本级财力约束，也可能成为本级寻求预算突破的途径，不同行为产生的财政支出责任，及其关联的风险因素，将直接影响本级财承的可用空间、安全性与可持续性。因此，明确 PPP 项目财政支出责任和政府债务内涵，厘清各种情形下财政支出责任的债务属性的划分标准，剖析引致债务风险的深层次原因和对应的制度问题，是探究完善 PPP 项目财政支出责任债务风险防控制度的基础且关键的问题。

2.1.3 政府与社会资本的博弈

2.1.3.1 政府债务中政社的博弈关系

青木昌彦的《比较制度分析》[2]是将博弈论方法系统用于制度分析、对比、变迁和转型的代表性著作，对分析 PPP 财政支出责任管理制度具有重要的指导意义。

在地方政府债务成因分析方面，马金华等（2012）[3]对比了中央政府是否提供援助时地方政府与金融机构的博弈行为，若金融机构请求中央援助，地方政府的占优策略为还债，但四大国有商业银行是我国地方政府的主要债权人，因其可获得中央政府的隐性救助而不会轻易向中央求援，且中央对地方政府债务主要采取循序微调政策，助长了地方政府债务规模的膨胀。姜子叶等（2016）[4]构建了中央与地方在公共服务供给领域的序贯博弈模型，财政分

---

① 方桦，徐庆阳. 政府审计视角下的 PPP 项目政府债务风险管理研究 [J]. 财会月刊，2019（11）：110-117.

② [日]青木昌彦. 比较制度分析 [M]. 周黎安，译. 上海：远东出版社，2001：1-80.

③ 马金华，杨娟，梁睿聪. 博弈视角下的地方政府债务管理研究 [J]. 经济与管理评论，2012，28（01）：128-132.

④ 姜子叶，胡育蓉. 财政分权、预算软约束与地方政府债务 [J]. 金融研究，2016（02）：198-206.

权体制下地方的基础设施投资行为同时受到可产生抑制作用的财政分成效应和可产生激励作用的财政竞赛效应的影响，但在预算软约束下，投资规模与财政竞赛机制有关，与财政分成比例无关，地方政府债务与基建投资规模呈正相关。邓淑莲等（2019）[①]分别构建了单一政府、两个存在竞争关系的政府及中央与地方政府之间的博弈模型，指出提升财政透明度有助于降低单一政府违规举债额、推动竞争政府由共同违规举债转向共同规范举债、增加中央对地方的预算硬约束效应。

　　在地方政府债务风险治理方面，胡胜等（2017）[②]通过博弈模型分析了地方政府债务膨胀的原因和出现违约后中央、地方与金融机构的支付函数，认为设定合理的债务规模与结构、加强信息披露等举措可抑制债务风险。张春艳等（2018）[③]构建了地方政府（借款方）和银行（贷款方）的静态博弈模型，若中央为地方兜底，银行与地方政府的纳什均衡解为（不追要借款，不归还贷款）；若中央拒绝救助，银行和地方存在混合策略纳什均衡，在一定概率下银行选择追款，地方选择还款。刘骅等（2019）[④]运用演化博弈模型分析了中央政府、地方政府和金融机构的决策行为，中央对地方债务的监管受经济周期影响出现相机决策，建议将效率和风险成本纳入地方政绩考核、建立偿债基金和风险预警体系、加强对金融机构的监管等。

　　2.1.3.2　PPP 项目中政社的博弈关系

　　PPP 项目中关于政社博弈的研究主要从政社关系治理及项目各阶段政社博弈空间与结果等方面展开。在伙伴关系治理方面，因 PPP 合同具有不完全契约性，需借助机制安排对政府和社会资本的行为进行约束（Hoppe 等，

① 邓淑莲，刘潋滟. 财政透明度对地方政府债务风险的影响研究——基于政府间博弈视角 [J]. 财经研究，2019，45（12）：4-17.
② 胡胜，陈小林，蔡报纯. 地方政府债务风险的博弈论分析及优化治理研究 [J]. 中国软科学，2017（08）：82-90.
③ 张春艳，田景仁. 我国地方政府性债务供求静态博弈探析 [J]. 财会通讯，2018（13）：45-48.
④ 刘骅，吴丹. 地方政府债务的演化博弈与系统仿真 [J]. 数学的实践与认识，2019，49（18）：32-39.

2010[①]；Maskin 等，2008[②]）。Yixin 等（2017）[③] 运用实物期权和博弈论相结合的方法分析 PPP 项目的投资配置风险，结果表明弹性价值对总投资具有重要影响。王先甲等（2019）[④] 认为在社会资本拥有资源禀赋和努力程度两种私人信息进而导致双重信息不对称的情况下，有必要将社会资本公平偏好因素引入政府对社会资本的激励约束机制，依据社会资本的市场分布特征等因素调整激励强度，以激励社会资本付出最优努力。王晓彦等（2019）[⑤] 推导了 PPP 风险分担的政社博弈模型，博弈均衡结果与代表双方交易费用的风险分担过程的贴现率有关。欧纯智等（2020）[⑥] 总结了社会资本努力程度和 PPP 最优合同安排的影响因素，形成良好伙伴关系的关键为"以互信为基础的信息共享"。周亦宁等（2020）[⑦] 基于前景理论分析了上级政府监管对地方政府与社会资本的收益博弈感知矩阵的影响，加强 PPP 绩效监管、抑制社会资本投机行为、推动伙伴关系的良好治理对项目实施效果具有重要作用。

博弈方法亦大量应用于 PPP 特定问题研究。陈红等（2014）[⑧] 分析了 PPP 寻租与监管的关系，强化政府监管在减少寻租行为的同时会带来高昂的成本，而放松监管又会增加寻租行为，建议从优化法律环境、规范招投标制度、增强信息披露等方面破解监管与寻租的博弈困局。翁尼切等（Ouenniche 等，

---

① Hoppe E I，Schmitz PW. Public versus private ownership: Quantity contracts and the allocation of investment tasks[J]. Journal of Public Economics，2010，94（03）：258-268.

② Maskin E，Tirole J. Public private partnerships and government spending limits[J]. International Journal of Industrial Organization，2008，26（02）：412-420.

③ Yixin Q，Akram U，Khan M K，Lin S，Akram Z. Controlling investment-allocation uncertainty in public-private partnerships[J]. Human Systems Management，2017，36（03），173-180.

④ 王先甲，袁睢秋，林镇周，赵金华，秦颖.考虑公平偏好的双重信息不对称下 PPP 项目激励机制研究［J/OL］.中国管理科学，1-12［2020-11-09］.https://doi.org/10.16381/j.cnki.issn1003-207x.2019.0429，2019-12-12.

⑤ 王晓彦，胡婷婷，胡德宝.PPP 项目利益与风险分担研究——基于 PPP 项目利益主体不同利益诉求的分析［J］.价格理论与实践，2019（08）：96-99.

⑥ 欧纯智，贾康.构建 PPP 伙伴关系的政府与社会资本委托——代理博弈的制度约束［J］.经济与管理研究，2020，41（03）：95-105.

⑦ 周亦宁，刘继才.考虑上级政府参与的 PPP 项目监管策略研究［J/OL］.中国管理科学，1-16［2020-11-09］.https://doi.org/10.16381/j.cnki.issn1003-207x.2020.0801，2020-10-16.

⑧ 陈红，黄晓玮，郭丹.政府与社会资本合作（PPP）：寻租博弈及监管对策［J］.财政研究，2014（10）：21-24.

2016）[①] 为选择 PPP 私营机构合作伙伴构建了最优广义纳什均衡的博弈算法，为项目采购与合同条款谈判提供参考方法。龚强等（2019）[②] 以不完全契约为分析视角，政府利用不完备的 PPP 契约，于事后让社会资本承担与其可得利润不匹配的公共品负担，是导致 PPP 落地难的重要原因。杨修博（2020）[③] 基于政社有限理性假设构建了动态演化博弈模型，认为影响政社决策的关键是基于决策参考点所带来的收益价值感知的变化量而非实际收益，决策双方的有限理性和对前景收益价值的感知存在差异导致 PPP 投机行为。沈俊鑫等（2020）[④] 发现因 PPP 项目的利益相关者诉求不同，会因非合作博弈而使融资难落地，应建立金融机构的有序、合规参与机制，鼓励业务转型与创新。梁秀峰等（2020）[⑤] 用系统动力学仿真模拟了项目绩效支付的博弈演化过程，认为有必要引入更高一级监管机构对项目公司进行适当干预、设计动态绩效支付机制，以实现稳定均衡。

2.1.3.3 PPP 项目财政管理中政社的博弈关系

政社博弈关系的特点、行为策略和支付结果将直接影响 PPP 项目财政管理的结果与制度结构，双方会就财政支持资源的形式和规模进行博弈，影响了财政资源的使用效率和风险管理。查尔斯等（Charles 等，2006）[⑥] 运用现金流折现模型（Discounted Cash Flow Model，DCF）的蒙特卡洛模拟分析马来西亚高速公路 BOT 项目，发现将财政补贴视为看跌期权有助于更好平衡

① Ouenniche J，Boukouras A，Rajabi M. An ordinal game theory approach to the analysis and selection of partners in public-private partnership projects[J]. Journal of Optimization Theory and Applications，2016，169（01）：314-343.

② 龚强，张一林，雷丽衡. 政府与社会资本合作（PPP）：不完全合约视角下的公共品负担理论 [J]. 经济研究，2019，54（04）：133-148.

③ 杨修博. 基于前景理论的 PPP 项目政企决策行为的演化博弈分析 [J]. 财政科学，2020（02）：32-44.

④ 沈俊鑫，李钦，刘喜男. 基于演化博弈的 PPP 融资利益协调机制研究[J]. 中国集体经济，2020（15）：102-105.

⑤ 梁秀峰，张飞涟，颜红艳. 基于演化博弈的 PPP 项目绩效支付机制仿真与优化 [J]. 中国管理科学，2020，28（04）：153-163.

⑥ Charles Y J，Liu J. Valuing governmental support in infrastructure projects as real option using Monte Carlo simulation[J]. Construction Management and Economics，2006（24）：545-554.

项目收益与风险。Ho（2009）[①]建立了财政对投标补偿和融资再谈判的博弈模型，投标者数量、项目复杂度和项目可盈利性构成投标补偿模型中的三角困局，财政事后补贴激励越多，投标者融资建议的可信度越低，由再谈判引发的机会主义行为会产生多种问题，政府有必要权衡是否提供补贴。陈明艺等（2018）[②]指出激励性财政补贴金额与社会资本的偷懒概率呈负相关，建立激励性财政补贴机制、加强政府监管和推动信息公开有助于降低社会资本对财政的依赖性。Li 等（2018）[③]通过构建政社博弈模型分析了财政资金的边际成本、私营资本股权比例和投资规模对 PPP 财政补贴的影响，提出优化 PPP 财政补贴的建议。王鹏等（2020）[④]基于社会资本的经济价值预期和政府的社会价值预期的差异，运用演化博弈分析了政府补贴策略与社会资本退出策略的不同组合，政府必要时会付出合理代价以维系项目运作。

政府与社会资本在"委托—代理"关系基础上产生的博弈空间与相关博弈方法的运用为本研究提供了方法论支撑。政府债务风险是财政分权体制下"财权上移，事权下放"造成的财力缺口、官员晋升考核机制不当、举债监管不严谨等背景下，中央政府、地方政府与金融机构等主体博弈的综合结果，PPP 项目中政社目标的不一致、信息不对称、合同的不完备以及"委托—代理"关系下逆向选择和道德风险等问题的存在，拓展了 PPP 相关利益主体的博弈空间，凸显了 PPP 财政支出责任债务风险防控的复杂性。只有层层剖析产生债务风险的原因，才能对症下药、完善制度，博弈论提供了一个可容纳多主体、多时期、多因素的分析方法，是本研究重点运用的分析工具。

① Ho S P. Government policy on PPP financial issues: bid compensation and financial renegotiation[M]. Hoboken: John Wiley & Sons, Ltd, 2009: 1-51.

② 陈明艺，王璐璐. PPP 项目中社会资本财政依赖性的博弈分析 [J]. 建筑经济，2018，39（02）：77-82.

③ Li J, Song F, Zhao C. Financial compensation strategy of PPP project based on game theory and intelligent optimization[J]. Journal of Intelligent & Fuzzy Systems，2018，35（3）：2697-2702.

④ 王鹏，王松江，万晔. PPP 项目社会资本退出行为与政府补贴策略演化博弈研究 [J]. 项目管理技术，2020，18（03）：6-14.

2.2 理论基础

2.2.1 公共产品供给理论

2.2.1.1 公共产品供给理论的内涵和主要观点

政府与市场关系的定位与演化是经济学的核心命题，体现在各国为追求经济发展、提升社会福利而不断在市场主导与政府干预中寻求平衡之道的经济发展实践中。新中国成立后，我国对政府与市场关系的认知，经历了计划经济体制下行政命令支配一切，到改革开放后逐步发挥市场在资源配置中的基础性作用，但依然保持政府与市场"井水不犯河水"，再到坚定发挥市场在资源配置中的决定性作用、政府与市场合作共赢共治，呈现出"否定之否定"的螺旋上升的关系演变（贾康，2016）①。本书聚焦于如何在公共产品供给领域实现有效市场与有为政府的结合。因公共产品存在非竞争性和非排他性，市场无法有效供给，政府便承担了公共产品供给职责，并在相当长的一段时间内独自承担。然而，理论伴随实践的发展产生了调整与变化。

公共产品供给是政府的职责所在。实践领先于理论，早在 1739 年，休谟提出"政府虽然也是由人类所有的缺点所支配的一些人组成的，可是它凭借着最精微的、最巧妙的一种发明，成为在某种程度上避免了所有这些缺点的一个组织"②。亚当·斯密（1776）在《国富论》中正式提出政府的三项职责之一是提供公共产品。在公共产品供给机制安排上，奈特·维克赛尔（1896）③提出表决式政治程序的公共选择，保罗·萨缪尔森（1954）④期望建立供给的

---

① 贾康. 第一位是制度的供给 [N]. 四川日报，2016-05-22：02.

② Hume D. A Treatise on Human Nature[M]. New York: Oxford University of Chicago Press，1739：539.

③ [瑞典] 奈特·维克塞尔. 正义税收的新原则 [A]. 见：理查德·A. 马斯格雷夫，艾伦·T. 皮考克主编. 财政理论史上的经典文献 [C]. 刘守刚，王晓丹，译. 上海：上海财经大学出版社，2015：108-159.

④ Samuelson P A. The pure theory of public expenditure[J]. Review of Economics and Statistics，1959，36（04）：387-389.

"最优条件"，詹姆斯·M. 布坎南（1967）[①]尝试寻求达到公共产品市场均衡的方法。财政联邦主义理论遵循的基本原则是"公共产品的供应应由受益者决定和提供资金"（理查德·A. 马斯格雷夫，1998）[②]。

公共产品内涵的扩大和市场生产条件的成熟推动出现"私人产品的公共供给"和"公共产品的私人供给"。保罗·萨缪尔森（1954）[③]界定了公共产品的非竞争性；理查德·A. 马斯格雷夫（1959）[④]界定了非排他性，构成纯公共产品的两个基本属性。但教育、医疗等不具备上述任何一个属性但外部性极大的产品已成为各国政府的履职重点，正如哈维·罗森所言："在某些场合，保健服务和住房是由公共部门提供的私人产品"[⑤]。为回应实践，冯俏彬等（2010）[⑥]提出了"权益—伦理型公共产品"概念，即具有私人产品特征的公共产品，这些产品基于政治原则应当由社会成员平等消费，但却因具有排他性和竞争性，可按经济原则生产。伴随市场能力的提升，以及市场机制内含的竞争可通过"优胜劣汰"降低成本、提升效率，公共产品的供给职责与生产职责的分离，"公共产品的私人供给"体现了生产的经济原则。

政府与市场的合作是公共产品供给的大势所趋。贾康等（2012）[⑦]提出了公共产品供给中政府、市场和志愿部门从替代走向合作关系的理论思考。政府与市场应重新审视在优势互补的基础上实现的整合与共赢的伙伴关系，从"失灵""替代"转向"有效""合作"。在公共产品供给领域，一方面，以社

① [美]詹姆斯·M. 布坎南. 公共产品的需求与供给 [M]. 马珺，译. 上海：上海人民出版社，2017：1–172.

② [美]詹姆斯·M. 布坎南，理查德·A. 马斯格雷夫. 公共财政与公共选择：两种截然不同的国家观 [M]. 北京：中国财政经济出版社，2000：118.

③ Samuelson P A. The pure theory of public expenditure[J]. Review of Economics and Statistics，1959，36（04）：387–389.

④ Musgrave R A. The theory of public finance：A study in public economy[M]. New York：McGraw-Hill Press，1959：32–40.

⑤ [美]哈维·罗森. 财政学（第四版）[M]. 郭庆旺，赵志耘，译. 北京：中国人民大学出版社，2000：59.

⑥ 冯俏彬，贾康. 权益—伦理型公共产品：关于扩展的公共产品定义及其阐释 [J]. 经济学动态，2010（07）：34–42.

⑦ 贾康，冯俏彬. 从替代走向合作：论公共产品提供中政府、市场、志愿部门之间的新型关系 [J]. 财贸经济，2012（08）：28–35.

会福利最大化为导向的政府的强制力，可满足多数人的公共需求，按公平原则进行分配；另一方面，以经济利益最大化为导向的市场的竞争与高效，可推动实现最小投入下的最大产出。政府与市场科学分工，各取所需，合作共治，已成为公共产品供给的主流价值取向。

2.2.1.2 公共产品供给理论在本研究中的应用

第一，中央与地方在公共产品供给的职责范围不清晰，催生了地方政府违规举债的动机。虽然依公平原则和效率原则，地方政府有责任供给地方公共产品，但一方面，地方政府没有税收立法权，省级以下的分税制体制并未健全，地方政府在限额内发行地方债的额度无法满足提供公共产品的资金需求；政府层级越低，对财政转移支付的依赖越大。另一方面，大部分公共和准公共服务，及医疗、教育等私人属性明显的产品都纳入了地方政府职责，呈现出省级以下各级政府的供给职责层层下移的趋势；社会公众对高质量、多元化的公共服务供给期待亦呈现跳跃式增长，地方政府的公共服务供给资金缺口一直存在，这诱发了地方政府违规举债动机。自PPP推广以来，很多地方政府借PPP模式违规举债，成为PPP项目财政支出责任债务风险的财政体制原因之一。

第二，政府与市场应明确PPP合作框架下的权责分工与风险分担，降低因激励—约束机制不合理带来的风险隐患。在政府与市场各司其职、优势互补的理想状态下，公共产品供给可实现最小投入下的最大产出，但现实问题在于，PPP模式中政府和社会资本的合作不全然是合理和无缝对接的。有些地方政府不合理干预社会资本进行项目市场运营的正常行为，有些地方政府将应担的职责和风险过度转移给社会资本，扭曲风险分担的合理框架，引发政府和社会资本在PPP财政支出责任上的博弈，引致政府债务风险。

2.2.2 地方政府债务理论

2.2.2.1 地方政府债务理论的内涵与主要观点

目前，大部分研究将地方政府债务理论置于财政联邦理论框架下，在我国，地方政府债务成因多体现为以分税制为代表的体制因素。理查德·A.马斯格雷夫（1959）[1]认为，因地方存在信息优势，由多层级政府提供公共产品相比由单一中央政府提供是更优选择。Vo（2010）[2]总结了财政联邦理论的主要观点，财政分权表现为公共财政权力的下放和公共产品供给责任由国家转移到地方。第一代联邦财政理论认为，在为公共服务项目融资方面，特定情形下用地方政府借款比使用当期财政收入更有效。我国分税制改革借鉴了联邦财政主义的理论思想，但相比之下，我国财权下放并不彻底，公共产品供给责任则由于事权划分不清而趋向于由基层政府承担，构成了我国地方政府债务理论的实践背景。地方政府债务理论的主要观点包括：

地方政府债务有存在的必要性与合理性。Swianiewicz（2004）[3]等总结了运用地方政府债务为公共项目融资的原因：一是有助于实现代际公平和资源的有效配置。公共服务项目的受益周期长，在人口跨域流动成为常态的情况下，纳税的民众因迁往外地而无法受益，迁往某地享受公共服务的民众也未在前期纳税，仅通过当期税收融资违背了"谁支付，谁受益"。二是符合经济和效率原则。仅依靠当期财政收入会拉长项目投资和建设周期，产生更高的运营成本。三是稳定税收及预算体系。若地方仅靠税收维系资本性支出，支出需求的波动会造成地方税率的波动。四是有助于平滑财政暂时性收支缺口。在收不抵支的年份，借债融资可弥补支出缺口。五是推动地方政府问责机制的构建。在中央实行不救助原则的前提下，地方政府只能通过借款弥补财政赤字，而地方政府债券市场的发展与完善将通过债券供求交易影响不同地方债券的发行量与利率，进而敦促地方政府稳定本级财政管理局势，以争取低发行利率与高发行额度。

地方政府债务风险是体制性因素和政策性因素综合作用的结果。体制性原因包括：在财政体制方面，我国并未完全实现各级政府财力与事权的匹配，地方政府存在支出缺口，预算软约束又增加了地方政府过度负债的底气。在

① Musgrave R A. The theory of public finance：A study in public economy[M]. New York：McGraw-Hill Press，1959：32-40.

② Vo D H. The economics of fiscal decentralization[J]. Journal of Economic Surveys，2010（24）：657-679.

③ Swianiewicz P. Local government borrowing：risks and rewards[M]. Budapest：Open Society Institute，2004：5-7.

投融资体制方面，政府投融资体制和政策性金融体系尚未完善，金融市场无法满足大规模基础设施建设所需的资金要求。在行政管理体制方面，政府职能尚在转型，"缺位"与"越位"并存。政策性原因包括经济转轨期因政策转型和外部经济环境发生变化带来的政策性负担（贾康等，2010）[①]。如2008年我国进行宏观经济调控，大幅增长的货币信贷的一个主要流向是地方融资平台，造成了地方政府隐性债务风险。

应客观全面地评价地方政府债务的影响。政府债务与经济增长的关系并未形成理论共识。古典经济学认为，政府债务会对私人部门投资形成挤出效应，政府债务的积累会在未来时期提高税率和通货膨胀率，影响资本积累与经济增长。在凯恩斯主义的影响下，部分研究认为政府债务可为公共项目融资，在经济衰退期，政府举债能刺激社会需求。毛捷等（2020）[②]总结了政府债务的经济社会影响：政府债务与政府投资关系密切，可直接塑造地方的产业发展格局，并可通过地方的资本密集度和经济发展阶段影响就业弹性，形成的公共服务可提升居民幸福感。但过高的负债率会降低财政可持续能力，若地方财政赤字依赖于借债，会增加地方的过度支出倾向，增加政府债务风险。

2.2.2.2 地方政府债务理论在本研究中的应用

第一，对地方政府债务特点、属性及其与财政管理因素关系的研究，为不同行为下的PPP财政支出责任所具有的债务属性奠定基础，进而为分类测算债务规模、制定债务管理举措提供依据。

第二，地方政府债务风险成因为探究PPP财政支出责任的债务风险生成机理提供了分析思路。地方政府举债的目的是为了满足地方的资本性支出，PPP模式将地方财政的一部分资本性支出责任通过市场机制转移给社会资本和金融机构，因而对PPP模式的初始功能界定是缓解财政支出压力，主要是缓解资本性支出的压力，PPP模式和政府债务在融资功能上具有一定的相似

[①] 贾康，刘薇，张立承，石英华，孙洁.我国地方政府债务风险和对策[J].经济研究参考，2010（14）：2-28.

[②] 毛捷，曹婧.中国地方政府债务问题研究的文献综述[J].公共财政研究，2019（01）：75-90.

性。同样，地方政府债务风险的综合成因也较为明显地体现在 PPP 财政支出责任债务风险的引致原因方面，仅分析不规范的 PPP 行为对剖析 PPP 项目财政支出责任的债务风险生成机理是不充分的。

第三，地方政府债务风险的治理举措可为完善 PPP 项目财政支出责任债务风险防控制度提供借鉴。PPP 债务风险治理作为地方政府债务风险治理的组成部分，可纳入其治理框架中，预算管理、强化绩效、信息公开、监管问责等治理举措在理论上具有相通性，在执行中亦可合并推进，研究地方政府债务风险治理思路，可拓宽 PPP 债务风险的防控措施，若可实现两个治理框架最大程度的重叠，亦能节约执行成本和财政资源。

2.2.3 委托代理理论

2.2.3.1 委托代理理论的内涵和主要观点

罗斯（Ross，1973）[①] 提出，几乎所有的契约关系存在委托代理问题，代理人在利益最大化导向下的行为选择具有不确定性，进而影响委托人的效用，因而研究委托人与代理人的行为选择、激励约束等制度安排是委托代理理论的研究重点。主要理论观点包括：

基于"经济人理性"假设分析行为模式。只有当代理人的"理性"一面突破双方契约占据上风时，才会在信息不对称条件下引发代理人行为的不确定性以及对委托人期望背离的问题。更进一步，李正图（2020）[②] 建议从"经济人理性"假设拓展到"经济人 + 社会人 + 家庭人复合理性"假设，有助于更好分析委托人和代理人的理性与行为差异，增强委托代理理论对现实问题的解释作用。

信息不对称是引发委托代理问题的重要原因。在"经济人理性"假设基础上，拥有信息优势的代理人会出于自身利益考虑偏离委托人的期望目标，产生的问题包括但不限：一是代理人为实现长远利益而倾向于风险厌恶和

---

① Ross S A. The economic theory of agency: The principal's problem[J]. American Economic Review, 1973, 63（02）：134–139.

② 李正图. 新制度经济学委托代理理论视野的拓展 [J]. 经济理论与经济管理，2020（06）：21–38.

风险中立，可能与委托人的偏好设定相悖；二是产生逆向选择和道德风险，加剧契约实施的不确定性和激励约束机制的设计难度；三是代理人拥有自身能力和努力程度的私人信息，若要实现信息对称下的最优契约安排，会存在揭示此类信息的信息租金，增加委托代理成本，甚至会扭曲交易。

设计旨在克服委托代理问题的激励约束机制安排。学者们提出了众多旨在完善激励约束机制的模型和方法，在激励方面，对经营者进行薪资和股权激励，让经营者拥有一定程度的公司剩余权，模糊委托与代理的利益界限等；在约束方面，在公司治理结构中增加代表股东利益的董事会，以监管、约束经营层行为，优化经营者的绩效考核和竞争机制，不断提高契约的完备性、降低代理人借助契约漏洞谋取私利的概率等。

2.2.3.2 委托代理理论在本研究中的应用

第一，复合理性假设为理解政社在"PPP 项目财政支出责任债务风险的引致和分担"博弈中的行为动机提供了理论依据。PPP 项目兼具经济性和社会性，作为主要参与方的政府在以社会效益为主要目标的同时，还需考虑项目的经济效益及由此带来的政绩，体现了"经济理性"；社会资本在主要追求经济效益的同时，需考虑对国家战略的遵从和政策的响应，及企业社会资本的履行，体现了"社会理性"，行为动机的多重属性也影响了策略集合的选择和最终博弈结果。

第二，双重委托代理关系均会影响财政资金使用的安全性和效率。第一，在政府和公众之间形成公益性委托代理关系，公众将公共服务供给职责委托给政府，通过纳税向政府"购买"公共服务，形成政府财政收入的主要来源；第二，在政府与社会资本之间形成以 PPP 合同为纽带的委托代理关系，政府以财政支出责任向社会资本"购买"公共服务，财政资金以税收形式从纳税人（即公共服务受益人）流向政府，再以 PPP 财政支出责任的形式从政府流向社会资本。在双重委托代理关系成立后，若要实现财政资金的保值甚至增值，需抓住两个关键问题：一是在第一层委托代理关系中，政府是否作出正确决策，通过 PPP 项目提供真正满足公共需求的服务。二是在第二层委托代理关系中，政府是否严格绩效考核以真正实现财政支出的物有所值。而现实风险在于，一方面，在信息不对称条件下，政府真实的决策意图不一定为公众知晓，而社会资本的真正资质和努力程度亦不一定为政府监督可得，从而产生 PPP 项目财政支出责任的超量支出、低效率使用甚至是政府和社会资本达成"合谋"后的违规使用，在产生债务风险的同时，损害了纳税人利益。另一方面，不论是公众之于政府，还是政府之于社会资本，停留于表面的监督难以察觉相关问题，可能酝酿风险隐患以在未来时期演变为更大的现实财政支出责任，产生或有的或隐性的政府债务风险。

第三，政府同时作为双重委托代理关系的参与主体，对防控债务风险至关重要。在第一层委托代理关系中，政府作为代理方具有信息优势和财政资金使用决定权，将直接影响财政资金使用的必要性、用途与规模；在第二层委托代理关系中，政府作为委托方而不具备信息优势，是否能将自身行为置于制度约束下，制止社会资本不规范行为，合理分担项目风险，强化项目绩效监管，将直接影响财政资金使用的效率与效果。因而，政府将在构建稳定、有效、合规的 PPP 财政资金使用委托代理关系链条上发挥关键作用。

2.2.4 交易费用理论

2.2.4.1 交易费用理论的内涵和主要观点

约翰·R.康芒斯（1934）[1]认为交易是人类活动的基本单位，包含冲突、相关性和秩序三个原则。马克思在政治经济学中分析了商品买卖将产生流通成本，实质上为交易费用。罗纳德·H.科斯（1960）[2]提出当存在正的交易费用时，合法权利的初始界定会影响经济制度的运行效率。肯尼斯·阿罗（1969）[3]证明了由于市场失灵和中间产品的市场缔约需要，竞争性市场的运行成本不等于零。"交易费用"成为新制度经济学的核心概念，主要理论观点

① [美]约翰·R.康芒斯.制度经济学[M].于树生，译.北京：华夏出版社，2014：5.

② [美]罗纳德·H.科斯.社会成本问题[A].见：罗纳德·H.科斯等著.财产权利与制度变迁——产权学派和新制度学派译文集[C].刘守英，等，译.上海：格致出版社，2014：3-43.

③ Arrow K J. The organization of economic activity: Issues pertinent to the choice of market versus non-market allocation[A]. In: Joint Economic Committee, The Analysis and Evaluation of Public Expenditure: The PPB System[C]. Washington: Government Printing Office, 1969（01）：59-73.

包括：

关于交易费用的概念界定和产生原因。罗纳德·H.科斯（1937）[1]在阐述企业的出现原因时，指出企业可以降低或消除"发现相关价格的成本"和"签订长期合同而节约的重复签订短期合同的成本"。肯尼斯·阿罗（1969）[2]将交易费用定义为市场机制运行的费用。道格拉斯·C.诺思（1990）[3]认为，交易费用包括获取信息、衡量交换物价值、保护权利，及监管与实施契约等方面的成本，这些衡量与实施成本是社会、经济和政治制度的来源。上述观点的共性在于认为交易源于分工，交易费用是分工产生的制度成本[4]。奥利弗·E.威廉姆森（1985）[5]提出交易存在交易频率、交易的不确定和资产专用性三个维度，此三个维度区分了各种交易，深刻影响着交易费用的组成和变化。张五常（1999）[6]提出，交易费用实际上为"制度成本"，只要存在制度或是社会，一般意义上的成本便会产生，拓宽了对交易费用内涵的理解。

关于交易费用的测度量化。由于不同学者对交易费用界定的角度不同，且信息获取成本、制度成本及过程中人力的消耗等难以量化，对交易费用的量化一直保有争议。约翰·沃利斯和道格拉斯·C.诺思（1986）[7]突破以往主要通过从理论上识别增加或降低交易费用影响的测量方法，量化估算出1870—1970年间美国经济的交易费用占资源耗费总额的比例，且呈上升趋势。奥利弗·E.威廉姆森（1985）[8]认为交易费用与契约类型有关，形成以

① Coase R H. The Nature of the Firm[J]. Economica，1937，4（16）：386–405.

② Arrow K J. The organization of economic activity：Issues pertinent to the choice of market versus non–market allocation[A]. In：Joint Economic Committee，The Analysis and Evaluation of Public Expenditure：The PPB System[C]. Washington：Government Printing Office，1969（01）：59–73.

③ [美]道格拉斯·C.诺思.制度、制度变迁与经济绩效[M].杭行，译.上海：格致出版社，2014：3–56.

④ Coase R H. The Nature of the Firm[J]. Economica，1937，4（16）：386–405.

⑤ Williamson O E. The economic institutions of capitalism[M]. New York：The Free Press，1985：2–6.

⑥ 张五常.交易费用的范式[J].社会科学战线，1999（01）：1–9.

⑦ Wallis J J，North D C. Measuring the transaction sector in the American economy：1870–1970[A]. In：S.L. Engerman & R.E.Gallman（eds.），Long–Term Factors in American Economic Gorwth[C]. Chicago：University of Chicago Press，1986：95–162.

⑧ Williamson O E. The economic institutions of capitalism[M]. New York：The Free Press，1985：2–6.

"序数"为基础的相对比较方式。张五常（2003）[①]提出，交易费用原则上可以观察到并可以基数度量，但产生的度量费用较高，若重点是解释行为或现象，观察边际增降，序数方法便可满足需求。此外，对基于国民经济发展层面的宏观交易费用度量和对聚焦于行业、企业乃至个人层面的微观交易费用度量的研究成果也较为丰硕，对分析产生原因、提出降低交易费用的对策、减少交易摩擦具有很高的参考价值。

2.2.4.2 交易费用理论在本研究中的应用

第一，用"换位思考"的方式分析产生债务风险的原因。政府通常在PPP 伙伴关系中居于主导地位，但这并不意味着政府应对项目是否合规、财政支出责任是否产生债务风险负全部责任，因为"产生 PPP 项目财政支出责任的行为会否引致地方政府债务风险"的初始决策权既可界定给政府，也可界定给社会资本，即便政府拥有初始决策权，社会资本也可通过支付一定费用，说服政府与其统一意见，前提是社会资本从说服政府改变决策中获得的好处大于支付的成本。同理可证，政府也可通过支付一定费用说服社会资本改变初始决策，至于决策方向是从合规到违规，还是从违规到合规，要置于具体的博弈模型进行分析。因此，本文分析对比了上述初始决策权分别界定给政府和社会资本情形下的政社博弈模型，在此基础上分析了产生债务风险所需的交易费用的组成部分，及产生交易费用的原因，分析不同情形下交易费用的变化如何影响政社之间的博弈行为和最终的资源配置结果，确定影响PPP 财政支出责任债务风险防控制度的关键因素。

第二，全面分析 PPP 财政支出责任产生政府债务风险时所发生的交易费用的组成部分及产生原因。PPP 制度层面的特点表现为部门规章构成制度主体，部门规章与法律法规的强制效力不同且前者的规定较后者更为详细，某些以部门规章为体现形式的 PPP 核心规定的法律效力弱于 PPP 合同的约束力，产生了制度漏洞和政社博弈空间。PPP 伙伴关系层面的特点表现为政府仍拥有相当程度的市场影响力，除少数"弱地方政府 + 强社会资本"的组合

[①] 张五常. 定义与量度的困难——交易费用的争议之三 [J]. IT 经理世界，2003（18）：102.

外，政府在伙伴关系中占上风，但社会资本对政府决策的影响力日渐增强，增加了伙伴关系的多变性。PPP市场层面的特点表现为社会资本的逐利性和PPP项目有限的盈利空间促使社会资本利用PPP的制度特点和伙伴关系特点寻求利益最大化，增强财政资源对项目的保障能力，甚至不惜违背契约规定，或是说服政府与其"合谋"产生可能引发政府债务风险的行为。因此，全面分析PPP项目财政支出责任产生政府债务风险时的交易费用，对分析政府和社会资本的行为动机、决策集合、合作路径与博弈结果至关重要，是本书博弈模型的构建基础。鉴于项目交易费用数据的难获取性，且本研究的重点在于对比不同因素影响下的制度效果，故采用序数测量方式进行模型推演。

2.2.5 全面风险管理理论

2.2.5.1 全面风险管理理论的内涵和主要观点

风险管理学科产生于20世纪，经历了传统风险管理、现代风险管理、全面风险管理等发展阶段（张轶等，2014）[1]。2006年，国资委将"全面风险管理"[2]定义为"企业围绕总体经营目标，通过在企业管理的各个环节和经营过程中执行风险管理的基本流程，培育良好的风险管理文化，建立健全全面风险管理体系，包括风险管理策略、风险理财措施、风险管理的组织职能体系、风险管理信息系统和内部控制系统，从而为实现风险管理的总体目标提供合理保证的过程和方法"。理论主要观点包括：

增强风险管理体系的全局性与灵活性。全面风险管理理论的研究内容涉及风险识别、评价、诊断，及战略规划、文化培养、流程和组织职能设计、信息系统建设等方面，以风险因素为基础扩展到风险管理主体和风险管理体系。方法上并非对各风险因素进行独立识别与评价，且不同的风险因素应采取不同的风险测量方法，需辅之以信息系统和数据管理手段，因此风险管理

---

① 张轶，周吉．风险管理理论综述[J]．科技视界，2014（17）：241．

② 国务院国有资产监督管理委员会．关于印发《中央企业全面风险管理指引》的通知（国资发改革[2006]108号）[EB/OL]．http://www.sasac.gov.cn/n2588035/n2588320/n2588335/c4258529/content.html，2006-06-06．

的指导思想并非拆分与加总，而是互通与系统。

在合作共赢理念下明确各方职责分工。全面风险管理理论强调共同利益最大化下的明确分工，以期实现下列目标：一是全面识别风险下实现各利益相关方的信息共享，综合考虑各方的专业能力、风险偏好与利益诉求，实现风险管理分工上的主动承担与被动分配的结合；二是在分工明确的基础上切实落实各方的风险管理责任，提高风险应对力度，实现共同利益最大化；三是建立风险"识别—评价—分配—管理效果监测—信息报告与披露"的规范管理体系，实现预期目标（吴昺兵，2017）[1]。

2.2.5.2 全面风险管理理论在本研究中的应用

第一，以共同利益最大化为目标，构建从追溯风险根源到化解风险的 PPP 财政支出责任债务风险防控体系。在识别方面，因 PPP 项目存在于"准备—采购—执行"的纵向多阶段与受到经济、政策等的横向多因素影响的复杂环境中，一个风险因素可能通过多种渠道在此网状风险结构中影响 PPP 财政支出责任债务风险的变化，应充分重视风险因素的识别与量化问题（吴昺兵，2017）[2]。在分担方面，政府和社会资本基于我国目前的制度环境和市场特征，会围绕"PPP 项目财政支出责任债务风险的引致与分担"进行博弈，即便从传统学理角度分析，"财政风险"和"地方政府债务风险"的承担主体为政府，对 PPP 项目而言，却是政府和社会资本利益博弈的结果，理应由双方共同承担与应对。在管理方面，社会资本应做好项目层面的风险管理工作，而在政府内部，应在 PPP 主管部门、预算部门、债务部门和行业主管部门之间达成监管标准、措施的共识，构建多主体合作、分工明确、可自我学习与更新的风险管理体系。

第二，增强 PPP 项目的风险管理能力，逐步提升风险预警与反馈学习能力。风险管理的有效性已从消除风险后果逐步转向提高动态管理、风险预警

---

① 吴昺兵. 国有法人资本在政府和社会资本合作（PPP）项目中的风险管理研究 [D]. 北京：中国财政科学研究院，2017.

② 吴昺兵. 国有法人资本在政府和社会资本合作（PPP）项目中的风险管理研究 [D]. 北京：中国财政科学研究院，2017.

与反馈学习的能力。在现阶段，PPP 项目风险管理存在政府过度向社会资本转移、分配方案机械、风险量化方法落后、财政及社会资本应预留的风险应对资金虚置等问题。应针对问题与制度薄弱环节，构建 PPP 财政支出责任债务风险的事前、事中与事后监管、防控措施，重视动态监测与评估，提高政府和社会资本的应对能力；运用大数据系统建立 PPP 财政支出责任债务风险的科学量化方法，科学应付风险；不断总结经验、反馈并完善风险管理体系，提高债务风险管理体系的自我学习和自我更新能力。

2.2.6 博弈理论

2.2.6.1 博弈理论的内涵和主要观点

博弈论的思想源远流长，以中国为例，可追溯至以《孙子兵法》《三十六计》等为代表的军事博弈著作，国外的博弈思想则以古犹太人编纂的《塔木德》为代表[1]。博弈论正式创立的标志是冯·诺伊曼和摩根斯坦于 1944 年合著的《博弈论与行为经济》一书的问世，博弈论被视为可用于研究经济问题的数学方法[2]。在此之前，学界已出现诸如关于产量决策的古诺模型（奥古斯丹·古诺，1838）[3]、关于价格决策的伯特兰德模型（伯特兰德，1883）等研究，但未有系统的学科思维和专门的研究方法支撑博弈论成为一门相对独立的学科。约翰·冯·诺伊曼以数学推理为阐释语言，研究以实现自身利益最大化为导向的参与人的博弈规则、策略集合与支付函数。此后，约翰·纳什（1950）[4] 所提的"纳什均衡"、阿尔伯特·塔克（1950）[5] 研究的"囚徒困境"、哈罗德·库恩[6]（1953）提出的扩展性博弈、莱因哈德·泽尔腾

① 焦宝聪，陈兰平.博弈论[M].北京：首都师范大学出版社，2013：18-22.
② [美]冯·诺伊曼，摩根斯坦.博弈论与经济行为[M].王建华，顾玮琳，译.北京：北京大学出版社，2018：12-21.
③ 古诺模型由奥古斯丹·古诺在 1838 年出版的《财富理论的数学原理的研究》中首次提出。
④ Nash J F. Equilibrium Points in N-Person Games[J]. Proceedings of the National Academy of Sciences，1950，36（01）：48-49.
⑤ 1950 年，塔克在斯坦福大学担任客座教授期间提出"囚徒困境"理论。
⑥ Kuhn H W，Tucker A W. Contributions to the Theory of Games. Volume II[J]. Journal of the Royal Statistical Society，1954，117（01）：103-104.

（1965）[①] 提出的"子博弈精炼纳什均衡"、约翰·海萨尼（1968）[②] 建立的不完全信息博弈体系等推动博弈论不断发展，主要理论观点包括：

局中人、策略集合与支付函数是博弈的基本构成要素。博弈论以个人理性为前提，是研究个人或团体间在特定条件下根据对手策略，选择自身最优策略以实现利益最大化的学科，局中人、局中人的策略集合和体现各方利益得失的支付是每局博弈的基本要素。其一，局中人是可独立决策、独立行动并承担行动后果的个人或组织，行为可体现自身的明显偏好，也可根据博弈环境和对手策略加以改变，但无法改变对手的决策，无法自主决策的被动主体只能构成博弈的环境参数。其二，策略是局中人根据博弈环境、规则和对手策略所作出的自身可实施的、动态调整的、贯穿整个博弈过程的行动方案。在其他要素相同的情况下，博弈结果会根据局中人策略的行动顺序发生变化，行动顺序会对策略选择产生影响。"先发"和"后发"均有优势，先行动方的优势体现在行为的主导权会影响博弈走向，让后行动者受制于策略选择；后行动方的优势体现以对方决策为依据作出决策而非盲目行动。其三，支付结果是局中人参与博弈的得失体现，既可体现为确定效用水平，亦可体现为期望效用水平，局中人策略均以最大化自身效用函数为导向进行选择。分析每局博弈的支付结果，既可站在单个局中人的角度，判断个人的"得"与"失"，也可站在博弈全局的角度，判断是"零和博弈"还是"非零和博弈"。

均衡是各方均衡策略形成的局势和最可能出现的博弈结果。对博弈而言，均衡可理解为所有局中人的最优策略的组合，均衡状态下各方的策略选择均可使其最大化自身的实际或期望效用水平。在分析博弈均衡时需关注几个要点：其一，一个博弈可能存在多个均衡。为此，诸如旨在剔除不可置信纳什均衡的子博弈精炼纳什均衡等方法被研究出来，用以得到唯一的均衡状态。其二，需区别"均衡"与"均衡结果"。"均衡"指的是所有局中人的策

---

① 泽尔腾在 1965 年发表的《需求减少条件下寡头垄断模型的对策论描述》（写作语言为德语）中提出"子博弈精炼纳什均衡"的概念。

② Harsanyi J C. Games with Incomplete Information Played by "Bayesian" Players[J]. Management Science, 1968, 14（05）: 320–334.

略组合，"均衡结果"则是此策略组合产生的结果 [①]，由此理解，"均衡"侧重于分析策略组合的变化和均衡路径的形成，"均衡结果"则是均衡状态下的自发产物。

2.2.6.2 博弈理论在本研究中的应用

第一，全面剖析政社在"PPP 项目财政支出责任债务风险的引致与分担"中的博弈要素，还原债务风险产生原因的全景图。本书以博弈模型的基本要素为分析切入点，分别建立了"政府先行"和"社会资本先行"的序贯博弈模型，虽在理论分析中简化了政社在实操互动中可能具有的策略集合和均衡路径，但对此两个博弈模型的对比分析可大致勾勒出政社的博弈动机和行为策略，得出"PPP 财政支出责任债务风险是双方博弈的结果，应纳入 PPP 共担风险中"的结论。

第二，探究存在多重纳什均衡时，实现项目合规交易应满足的条件。本书构建的博弈模型存在多重纳什均衡的问题，在运用子博弈精炼纳什均衡的方法剔除不可置信的及违规导向下的均衡后，可得出符合制度合规要求的均衡状态下的策略组合，在此基础上找到实现项目合规落地的关键要素和制度优化的重点所在。

第三，运用多种博弈分析方法，提炼优化债务风险防控制度的关键。本书运用委托—代理博弈、混合策略博弈及跨期博弈等模型，分别推演了在强化法治因素与优化合同管理、优化政府监管和引入客观第三方治理机制后，政社的策略组合和支付结果的变化，为优化制度提供了借鉴。

本章分别从研究所需要的分析框架、分析基础和分析方法出发，总结了目前国际与国内 PPP 项目财政支出责任管理制度建设现状、PPP 项目财政支出责任与政府债务的关系以及政府和社会资本在 PPP 财政管理与债务风险分担的博弈方面的主要研究成果，以期在前期研究成果的基础上梳理本书的研究脉络、突出研究重点、创新研究方法。同时，本章介绍了研究的理论依据（理论基础与研究内容的关系见图 2-1），为后文研究奠定了理论基础。

---

① 张维迎. 博弈论与信息经济学 [M]. 上海：格致出版社，2004：31.

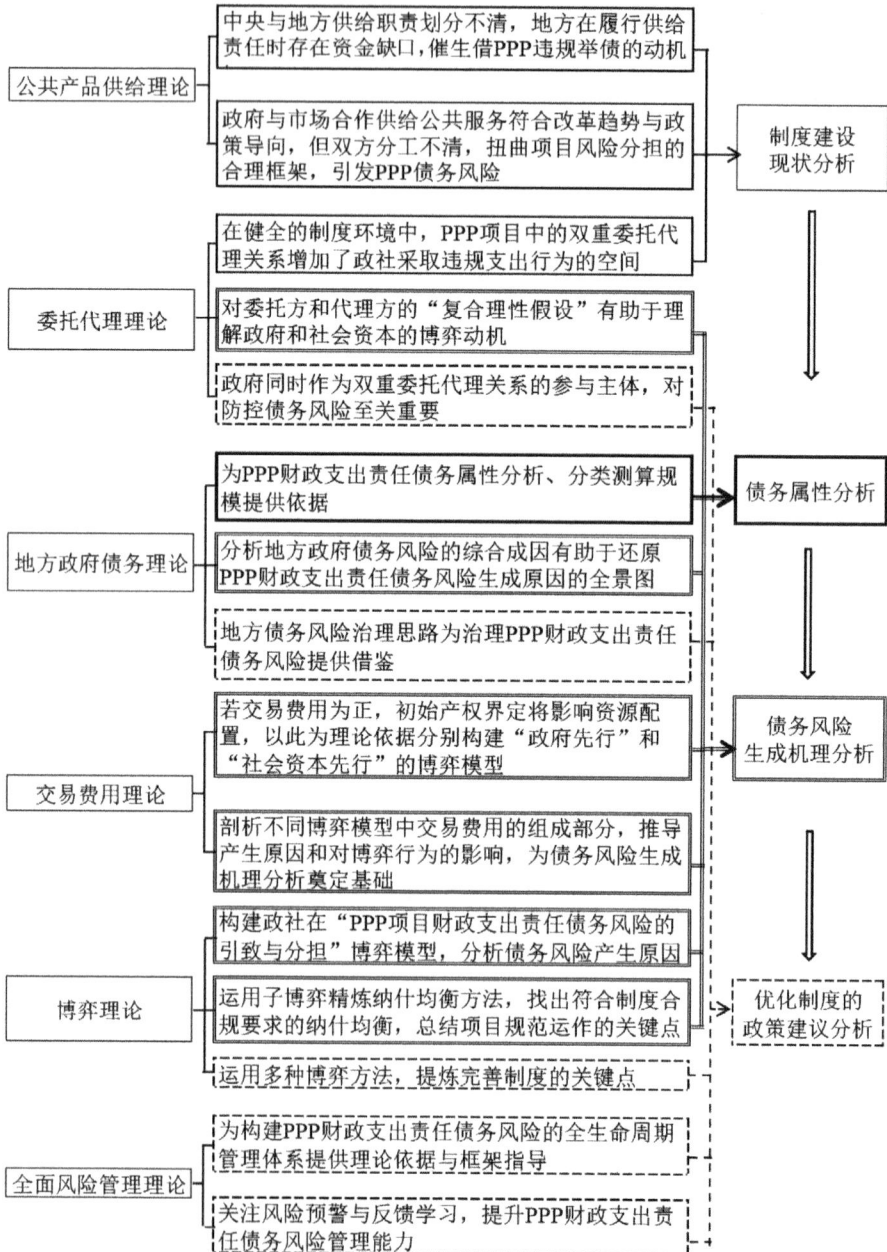

图 2-1 理论基础与研究内容的关系图

3　我国 PPP 项目财政支出责任债务风险防控制度的现状

经济学从资源稀缺性出发，以个体理性为前提，研究如何协调有多种用途的有限资源与有多种需求的人类行为，目的是实现资源的高效合理配置，并以此为基础建立了追求效用最大化的消费者行为理论和追求收益最大化的企业生产理论，使得经济学在 20 世纪的主导范式围绕"选择"展开与发展。与此同时，制度经济学也在 20 世纪得以萌生，以约翰·R.康芒斯提出的将"交易"作为基本分析单位为代表，对与之密切相关的"契约"的研究逐步从微观延伸至宏观，并上升到组织治理、制度选择与经济绩效的高度。詹姆斯·M.布坎南于 20 世纪 80 年代提出以"契约科学"为视角研究复杂经济现象，其最大用途体现在公共财政领域，且是以公共秩序的形式体现。在此过程中，更贴合实际情况的"有限理性"假设部分替代了"完全理性"假设，以研究个人和组织行为，并逐步深入"激励匹配""治理"等问题的探讨，对某交易、某领域、某群体甚至是全社会的博弈规则的研究，以及在此博弈规则下所形成的，个人与群体基于交易所获得的经济、政治或社会层面的激励，和地区与国家基于制度结构所获得的社会演化方式和经济绩效，成为制度经济学的重要研究脉络，亦是理解历史变迁的关键。

对防控 PPP 项目财政支出责任债务风险而言，相关制度建设设定了目标导向、实施路径与预期效果，分析 PPP 项目财政支出责任债务风险的防控现状、现存问题与实施路径，始于已有的制度根基，终于制度的不断优化，以增强相关制度对因技术进步、行为改进所导致的环境变化中债务风险防控的适应性，完成债务风险防控的预设目标。笔者认为，债务风险的生成根源可在理论上概括为相关制度的不健全，由此产生政府和社会资本在"PPP 项目财政支出责任债务风险的引致与分担"的博弈空间，而现有研究鲜有从制度视角分析政府与社会资本的博弈行为。因此，本章重点分析现阶段我国 PPP 项目财政支出责任债务风险防控的制度建设现状、问题与特点，为深入探究债务风险生成机理、优化制度建设提供分析基础。

3.1 我国 PPP 项目财政支出责任债务风险防控的制度沿革与特点

我国 PPP 项目财政支出责任债务风险防控制度以正式规则为主要体现，强调 PPP 财政支出责任管理的规范与绩效导向，以防控债务风险为主要目标，以财预〔2017〕50 号文件为转折，全国层面以正式规则为表现形式的主要制度规定总结见表 3-1。

表 3-1 我国 PPP 项目财政支出责任债务风险防控在全国层面的主要制度汇总

制度名称	发文部门与时间	法律效力位阶	关键要求
《中华人民共和国担保法》（中华人民共和国主席令第 50 号）	全国人大常委会 1995 年 6 月 30 日	法律	国家机关不得为保证人，但经国务院批准为使用外国政府或者国际经济组织贷款进行转贷的除外
《财政部关于推广运用政府和社会资本合作模式有关问题的通知》（财金〔2014〕76 号）	财政部 2014 年 9 月 23 日	部门规章	（1）完善项目财政补贴管理，将财政补贴等支出分类纳入同级政府预算；（2）健全债务风险管理机制。地方各级财政部门要综合考虑政府风险转移意向、支付方式和市场风险管理能力等要素，减少不必要的财政负担。省级财政部门指导下级财政部门合理确定补贴金额，依法严控政府或有债务
《关于印发政府和社会资本合作模式操作指南（试行）的通知》（财金〔2014〕113 号）	财政部 2014 年 11 月 29 日	部门规章	（1）财政部门应根据项目全生命周期内的财政支出、政府债务等因素，对部分政府付费或政府补贴的项目，开展财政承受能力论证；（2）政府有支付义务的，项目实施机构应根据项目合同约定的产出说明，按照实际绩效直接或通知财政部门向社会资本或项目公司及时足额支付
《国家发展改革委关于开展政府和社会资本合作的指导意见》（发改投资〔2014〕2724 号）	国家发展改革委 2014 年 12 月 2 日	部门规章	从项目建设的必要性及合规性、财政承受能力等方面，对项目实施方案进行可行性评估

制度名称	发文部门与时间	法律效力位阶	关键要求
《财政部关于印发〈政府和社会资本合作项目财政承受能力论证指引〉的通知》（财金〔2015〕21号）	财政部 2015年 4月7日	部门规章	（1）各级财政部门将财政支出责任纳入预算； （2）每一年度全部 PPP 项目需要从预算中安排的支出责任，占一般公共预算支出比例应当不超过 10%； （3）鼓励列入地方政府性债务风险预警名单的高风险地区，采取 PPP 模式化解地方融资平台公司存量债务。审慎控制新建 PPP 项目规模，防止因项目实施加剧财政收支矛盾
《财政部 交通运输部关于在收费公路领域推广运用政府和社会资本合作模式的实施意见》（财建〔2015〕111号）	财政部 交通运输部 2015年 4月20日	部门规章	（1）在物有所值评价、财政承受能力论证、绩效评价等操作过程中，应根据财政部关于 PPP 工作的统一指导和管理办法规范推进； （2）按照政府性债务管理要求，做好融资平台公司项目向 PPP 项目转型的风险控制工作
《国务院办公厅转发财政部发展改革委人民银行关于在公共服务领域推广政府和社会资本合作模式指导意见的通知》（国办发〔2015〕42号）	国务院办公厅 2015年 5月19日	部门规章	（1）控制项目的政府支付责任，防止政府支付责任过重加剧财政收支矛盾； （2）开展财政承受能力论证，促进中长期财政可持续发展； （3）积极运用 TOT、ROT 等方式，将融资平台公司存量公共服务项目转型为 PPP 项目，在征得债权人同意的前提下，将政府性债务转换为非政府性债务； （4）严禁融资平台公司通过保底承诺等方式参与政府和社会资本合作项目，进行变相融资
《关于印发〈PPP 物有所值评价指引（试行）〉的通知》（财金〔2015〕167号）	财政部 2015年 12月18日	部门规章	各级财政部门（或 PPP 中心）应加强物有所值评价数据库的建设，做好定性和定量评价数据的收集、统计、分析和报送等工作

制度名称	发文部门与时间	法律效力位阶	关键要求
《关于规范政府和社会资本合作（PPP）综合信息平台运行的通知》（财金〔2015〕166 号）	财政部 2015 年 12 月 18 日	部门规章	（1）规范发布和使用综合信息。对于 PPP 项目基础信息，以及 PPP 项目的采购信息，综合信息平台与中国政府采购网实现信息共享。各省、市、县级财政部门、行业主管部门、实施机构、社会资本、咨询服务机构、金融机构、专家、公众等用户，可通过互联网在线访问、查询 PPP 相关信息； （2）未纳入综合信息平台项目库的项目，不得列入各地 PPP 项目目录，原则上不得通过财政预算安排支出责任
《关于进一步共同做好政府和社会资本合作（PPP）有关工作的通知》（财金〔2016〕32 号）	财政部 国家发展改革委 2016 年 5 月 28 日	部门规章	（1）各地要通过合理确定价格和收费标准、运营年限，确保政府补贴适度，防范中长期财政风险； （2）杜绝固定回报和变相融资安排，在保障社会资本获得合理收益的同时，实现激励相容
《关于印发〈政府和社会资本合作项目财政管理暂行办法〉的通知》（财金〔2016〕92 号）	财政部 2016 年 9 月 24 日	部门规章	（1）行业主管部门应按照预算编制要求，编报 PPP 项目收支预算； （2）各级财政部门应依据绩效评价结果合理安排财政预算资金； （3）PPP 项目执行过程中形成的负债，属于项目公司的债务，由项目公司独立承担偿付义务； （4）严禁以 PPP 项目名义举借政府债务； （5）财政部门应根据财政承受能力论证结果和 PPP 项目合同约定，严格管控和执行项目支付责任； （6）财政部驻各地财政监察专员办事处应对 PPP 项目财政管理情况加强全程监督管理，切实防范财政风险
《关于在公共服务领域深入推进政府和社会资本合作工作的通知》（财金〔2016〕90 号）	财政部 2016 年 10 月 11 日	部门规章	（1）防止政府以固定回报承诺、回购安排、明股实债等方式承担过度支出责任，避免将当期政府购买服务支出代替 PPP 项目中长期的支出责任，加剧地方政府财政债务风险隐患； （2）要加强项目全生命周期的合同履约管理，政府支出责任与公共服务绩效挂钩

续表

制度名称	发文部门与时间	法律效力位阶	关键要求
《国家发展改革委关于印发〈传统基础设施领域实施政府和社会资本合作项目工作导则〉的通知》（发改投资〔2016〕2231号）	国家发展改革委 2016年10月24日	部门规章	（1）PPP项目融资责任由项目公司或社会资本方承担，当地政府及其相关部门不应为项目公司或社会资本方的融资提供担保；（2）绩效评价结果应作为项目公司或社会资本方取得项目回报的依据
《国家发展改革委 国家林业局关于运用政府和社会资本合作模式推进林业建设的指导意见》（发改农经〔2016〕2455号）	国家发展改革委 国家林业局 2016年11月21日	部门规章	（1）项目融资责任由项目公司或社会资本方承担，当地政府及其相关部门不应提供融资担保；（2）定期对项目运营服务进行绩效评价
《关于进一步规范地方政府举债融资行为的通知》（财预〔2017〕50号）	财政部 国家发展改革委 司法部 人民银行 银监会 证监会 2017年4月26日	部门规章	严禁地方政府利用PPP、政府出资的各类投资基金等方式违法违规变相举债，除国务院另有规定外，地方政府及其所属部门参与PPP项目、设立政府出资的各类投资基金时，不得以任何方式承诺回购社会资本方的投资本金，不得以任何方式承担社会资本方的投资本金损失，不得以任何方式向社会资本方承诺最低收益，不得对有限合伙制基金等任何股权投资方式额外附加条款变相举债
《财政部 农业部关于深入推进农业领域政府和社会资本合作的实施意见》（财金〔2017〕50号）	财政部 农业部 2017年5月31日	部门规章	加强本辖区内PPP项目财政支出责任统计和超限预警，严格政府债务管理，严禁通过政府回购安排、承诺固定回报等方式进行变相举债，严禁项目公司债务向政府转移
《财政部 住房城乡建设部 农业部 环境保护部关于政府参与的污水、垃圾处理项目全面实施PPP模式的通知》（财建〔2017〕455号）	财政部 住房城乡建设部 农业部 环境保护部 2017年7月1日	部门规章	（1）强化按效付费机制，防止变相举借政府债务；（2）政府可以在符合PPP相关政策规定的前提下对项目给予必要的支持，但不得为项目融资提供担保，不得对项目商业风险承担无限责任，不得以任何方式承诺回购社会资本方的投资本金，不得以任何方式承担社会资本方的投资本金损失，不得以任何方式向社会资本方承诺最低收益

续表

制度名称	发文部门与时间	法律效力位阶	关键要求
《关于规范政府和社会资本合作（PPP）综合信息平台项目库管理的通知》（财办金〔2017〕92号）	财政部办公厅 2017年 11月10日	部门规章	（1）未通过财政承受能力论证的项目不得入库； （2）各级财政部门集中清理未按规定开展财政承受能力论证的入库项目； （3）各级财政部门集中清理构成违法违规担保举债的项目，包括由政府或政府指定机构回购社会资本投资本金或兜底本金损失的；政府向社会资本承诺固定收益回报的；政府及其部门为项目债务提供任何形式担保的； （4）各级财政部门集中清理未按规定披露项目财政承受能力论证信息的项目
《财政部关于进一步加强政府和社会资本合作（PPP）示范项目规范管理的通知》（财金〔2018〕54号）	财政部 2018年 4月24日	部门规章	（1）合同中不得约定由政府方或其指定主体回购社会资本投资本金，不得弱化或免除社会资本的投资建设运营责任，不得向社会资本承诺最低投资回报或提供收益差额补足； （2）落实年度预算安排，加强项目绩效考核，落实按效付费机制； （3）通过PPP综合信息平台及时上传项目财政承受能力论证报告等重要附件及相关批复文件。及时更新财政支出责任、绩效产出、预算执行等信息
《文化和旅游部 财政部关于在文化领域推广政府和社会资本合作模式的指导意见》（文旅产业发〔2018〕96号）	文化和旅游部 财政部 2018年 11月13日	部门规章	（1）严格入库审核把关，严禁突破财政承受能力上项目。严禁利用PPP项目违法违规变相举债融资； （2）强化财政资金监督管理，切实提升投资有效性和公共资金使用效益

制度名称	发文部门与时间	法律效力位阶	关键要求
《中华人民共和国预算法》（2018 修正）	全国人大常委会 2018 年 12 月 29 日	法律	（1）经国务院批准的省、自治区、直辖市的预算中必需的建设投资的部分资金，可以在国务院确定的限额内，通过发行地方政府债券举借债务的方式筹措。除前款规定外，地方政府及其所属部门不得以任何方式举借债务； （2）除法律另有规定外，地方政府及其所属部门不得为任何单位和个人的债务以任何方式提供担保； （3）国务院建立地方政府债务风险评估和预警机制、应急处置机制以及责任追究制度。国务院财政部门对地方政府债务实施监督
《关于推进政府和社会资本合作规范发展的实施意见》（财金〔2019〕10 号）	财政部 2019 年 3 月 7 日	部门规章	（1）财政支出责任占比超过 5% 的地区，不得新上政府付费项目； （2）新签约项目不得从政府性基金预算、国有资本经营预算安排运营补贴支出。对财政支出责任占比超过 7% 的地区进行风险提示，对超过 10% 的地区严禁新项目入库； （3）不得出现政府方或政府方出资代表向社会资本回购投资本金、承诺固定回报或保障最低收益的行为。禁止通过签订阴阳合同，或由政府方或政府方出资代表为项目融资提供各种形式的担保、还款承诺等方式，由政府实际兜底项目投资建设运营风险的行为。存在此行为的已入库项目应当予以清退，项目形成的财政支出责任，应当认定为地方政府隐性债务，依法依规提请有关部门对相关单位及个人予以严肃问责； （4）不得出现政府支出事项与项目产出绩效脱钩的行为。禁止未按规定通过财政承受能力论证或规避财政承受能力 10% 红线，自行以 PPP 名义实施的行为。存在上述行为的项目应在限期内进行整改，涉及增加地方政府隐性债务的，依法依规提请有关部门予以问责和妥善处置； （5）对于包装不规范 PPP 项目增加隐性债务风险的 PPP 咨询机构和专家，要按照规定严肃追究责任

续表

制度名称	发文部门与时间	法律效力位阶	关键要求
《国家发展改革委关于依法依规加强 PPP 项目投资和建设管理的通知》（发改投资规〔2019〕1098 号）	国家发展改革委 2019 年 6 月 21 日	部门规章	（1）PPP 项目的融资方式和资金来源应符合防范化解地方政府隐性债务风险的相关规定，严防地方政府债务风险；（2）加强 PPP 项目监管。依照规定将存在严重失信行为的地方政府、社会资本，通过"信用中国"网站等平台向社会公示，由相关部门依法依规对其实施联合惩戒
《关于印发〈政府和社会资本合作（PPP）项目绩效管理操作指引〉的通知》（财金〔2020〕13 号）	财政部 2020 年 3 月 16 日	部门规章	各级财政部门应认真审核 PPP 项目财政收支预算申请及 PPP 项目绩效目标和指标体系，充分考虑本级财政承受能力，合理安排财政预算

通过上述列表可总结我国 PPP 项目财政支出责任债务风险防控制度的特点：一是对 PPP 项目财政支出责任与地方政府债务关系的定位出现反转。直至 2016 年，政策仍鼓励采用 PPP 模式化解融资平台存量债务，以减轻政府债务压力；之后伴随 PPP 模式的泛化、异化，便统一口径为严禁以 PPP 名义举借政府债务。但对于 PPP 财政支出责任的债务属性辨别等关键问题，并未出台统一、详细、可执行的规定。二是要求逐步严格、细化。以财预 2017 年 50 号文为分界，前期发文以命令性规则为主，主要举措包括纳入年度预算和中期财政规划管理、加强财承论证、按效付费、明确项目公司债务与政府债务的界限、增加对特定领域 PPP 项目的财政支持等；后期发文以禁止性规则为主，以"四个不得"为代表，相继增加不得安排预算、不得新上政府付费项目、不得签订阴阳合同、不得入库等规定，辅之以项目整改、退库、对引致债务风险的咨询机构和专家等进行追责的举措。三是发文机构由财政主导向多部委联合转变。行业部委联合国家发展改革委和财政部发文的数量增多，规范 PPP 财政支出行为、防控债务风险成为发文"标配"。四是作为发文主体的部门规章的效力层级低于法律的效力层级。除《中华人民共和国预算法》中的"地方政府不得违规提供担保"成为"PPP 项目中政府不得为社会资本提供担保"规定的直接法律依据外，防控 PPP 项目财政支出责任债务风险的

规定，均以在我国法律效力位阶中处于最低层级的部门规章的形式体现。

值得注意的是，早在 2016 年，国务院法制办①便牵头制定 PPP 上位法，并于 2017 年 7 月发布《基础设施和公共服务领域政府和社会资本合作条例（征求意见稿）》，但之后 PPP 立法工作一直没有实质性进展。2020 年财政部颁布《财政部关于公布废止和失效的财政规章和规范性文件目录（第十三批）的决定》（财政部令第 103 号），将表 3-1 中列举的三项政策作出失效的决定，失效的文件包括《关于印发政府和社会资本合作模式操作指南（试行）的通知》（财金〔2014〕113 号）、《财政部关于印发〈政府和社会资本合作项目财政承受能力论证指引〉的通知》（财金〔2015〕21 号）和《关于印发〈PPP 物有所值评价指引（试行）〉的通知》（财金〔2015〕167 号）。其中，操作指南和物有所值评价已超出政策规定的适用期限，财承论证指引以操作指南为制定依据，均属于失效文件范畴，而此三项政策，是现阶段防控我国 PPP 项目财政支出责任债务风险的主力军，新版政策尚未出台，因而，现阶段我国 PPP 财政支出责任债务风险防控制度面临法律基础薄弱和核心政策规定失效的双重困境。

3.2 我国 PPP 项目财政支出责任债务风险防控的制度建设现状

3.2.1 正式规则的建设现状

正式规则包括政治（和司法）规则、经济规则和契约，以此为基础分析我国 PPP 项目财政支出责任债务风险防控制度在正式规则方面的建设情况，可进一步分解为规范 PPP 财政支出行为的法律法规及部门规章，和构成决策及管理结构的正式的组织体系。本章"我国 PPP 项目财政支出责任债务风险防控的制度沿革与特点"一节中已详细介绍了相关正式规则的建设情况，下文将重点梳理我国 PPP 项目财政支出责任的决策及管理组织体系。

---

① 2018 年国务院机构改革后，国务院法制办并入司法部，目前，PPP 立法工作已由司法部承担。

PPP 财政支出行为是 PPP 项目的重要管理内容，我国 PPP 主管部门的决策与管理结构的特点将影响财政支出行为的管理效果，具体表现为：

一是已建立从中央至地方的相对完整的管理体系。我国于 2014 年成立了由财政部经济建设司、金融司、条法司等 18 个司级成员单位组成的财政部 PPP 工作领导小组，同年年底成立了财政部政府和社会资本合作中心，配合财政部承担政策研究、咨询培训、项目管理等工作，地方也相继成立了 PPP 管理部门。截至 2020 年底，在我国的省、自治区、直辖市和计划单列市中，共成立了 15 个省级与副省级（对应计划单列市）的 PPP 管理中心，统筹辖区内的 PPP 工作，其他省级财政部门虽然尚无专职管理部门，但 PPP 工作也基于各省的财政分工而归口于债务金融、经济建设、投资评审等部门，对上承接中央决策，对下协调地方工作。同时，综合信息平台专设"PPP 项目财政承受能力监测模块"，动态更新、汇总、监测各行政区的 PPP 财承信息。

二是体现为具有一定地方色彩的科层结构。因 PPP 模式的综合性，国家发展改革委和财政部在不同阶段和管理侧重点上均有一定的决策及管理权力，但单就 PPP 财政支出行为管理而言，以部委的职责分配为基础，财政部具有决策及管理优势，有关论证财政承受能力、规范财政支出行为的核心规定大多由财政部在党中央、国务院的领导下制定，再由地方负责执行落实，体现了中央与地方在管理 PPP 财政支出责任上分工明确、规则统一的特点。同时，部分地方结合自身的财政管理要求进行了创新，如，四川省制定的《四川省政府与社会资本合作（PPP）项目财政承受能力论证办法》（川财金〔2017〕91 号）[1]，增加了支出责任的测算方法，在财承限额管理规定的基础上考虑各级可统筹财力、支出结构差异与综合债务水平等因素，调整了核定市县各级 PPP 财承限额的方法。再如，江苏省发布《关于进一步加强政府和社会资本合作（PPP）项目财政承受能力动态管理的意见》（苏财金〔2021〕9 号）[2]，强

---

[1] 四川省财政厅.四川省政府与社会资本合作（PPP）项目财政承受能力论证办法（川财金〔2017〕91 号）[EB/OL]. http://czt.sc.gov.cn/sccczt/c102389/2018/1/2/749c98e6f5104fd0860a1a8553a88161.shtml，2018−01−02.

[2] 江苏省财政厅.关于进一步加强政府和社会资本合作（PPP）项目财政承受能力动态管理的意见（苏财金〔2021〕9 号）[EB/OL]. http://czt.jiangsu.gov.cn/art/2021/1/22/art_7973_9652202.html，2021−01−22.

调在采购竞价、项目边界变更、支付时点变化等情形下根据项目的实际支出对财政支出总量和财承管理予以动态调整的原则。以上规定提高了 PPP 财政支出责任监管规则的地方适应性。

三是地方管理能力仍存在一定差距。从横向看，由于不同地方的发展水平、对 PPP 理念的认识程度及财政管理队伍的能力不同，各省级财政部门对相关政策的把握，及本省 PPP 项目财政支出责任债务风险的防控效果具有一定差异。从纵向看，专业管理能力和监管力度会伴随政府层级向下延伸而递减，不同地区的政府监管尺度不一，有些地区的监管部门把政府承担最低需求风险产生的支出责任，甚至是政府付费项目产生的支出责任直接等同于政府隐性债务，扰乱了地方正常的 PPP 市场；同时，基层地区的 PPP 财政支出乱象多于上级，不少基层地区尚无意识将本级可用财力、本级可用财承空间及本级发展需求等方面进行综合考虑，因此加剧了 PPP 财政支出责任向政府债务转化的风险。

由此总结，在正式规则建设方面，不论是制度建设，还是管理组织的构建，均已形成相对完备的体系，并在防控 PPP 项目财政支出责任债务风险方面发挥了巨大作用，但因我国地区差异大，PPP 理论与制度仍在发展完善阶段，有待提高制度的前瞻性、科学性与细致程度，提升管理组织的学习能力与专业程度，以增强正式规则对防控债务风险的核心支撑作用。

3.2.2 非正式约束的建设现状

非正式约束表现为不在正式规则范畴却在特定群体或领域中具有公认约束力的行事准则及惯例，是为解决特定问题、在参与者的重复博弈下演化而成，并通过建立信息网络或特定的制裁机制等方式，让契约的自我实施机制在低成本下得以实现，是正式规则的重要补充。但对我国 PPP 项目财政支出责任债务风险防控制度而言，很多 PPP 交易规则仍在探索阶段，非正式约束的作用渠道有限，产生的约束力较弱，在部分情况下甚至可能加剧风险。

在 PPP 项目财政支出责任债务风险防控方面，非正式约束表现为防控风险的共识、诚信守诺契约意识的培养以及政企关系的影响，其中，前两者可抑制风险行为的产生，后者却可能产生一定程度的反向效果。其一，在防范化解重大风险攻坚战的背景下，国家政令频出，监管力度增加，不规范 PPP 财政支出行为在短时间内得到压制。其二，我国颁布实施的《优化营商环境条例》（国务院令第 722 号），以法治推动政府与市场明晰职责分工，深化政府"放、管、服"改革和保护市场主体的合法权利，旨在营造平等、透明、开放、高效的营商环境，培养主体的诚信意识，有助于降低 PPP 项目中政府和社会资本的机会主义行为，降低不规范财政支出行为的发生概率。其三，PPP 模式所倡导的政府与社会资本的平等合作关系最终要遵从于我国市场中的政企关系。一方面，我国政企关系由以社会主义改造完成为背景的"政企合一"，到以改革开放为背景逐渐实现政企合作，再到现阶段在市场化改革导向下以政企分开为主、新型政企合作关系尚未成熟，政府和企业的互动关系因不同阶段的发展战略和政策导向而呈现较明显的阶段特征。基于我国仍是发展中国家的定位，及政府在经济社会发展中仍扮演着不可或缺的角色，完全实现西方国家式政企分开的情况还需经历较长的进程，因而现阶段合作仍将是政府和社会资本的互动主基调。另一方面，受"以和为贵"的文化影响，政府和社会资本很少用"非黑即白"的思想指导自身行为，极少会因为一个项目的得失而改变他们对政企合作关系的整体、长远布局，加之可能受政府不当干预市场行为的威胁，社会资本希望维护良好的政企合作关系，便使得政府在 PPP 伙伴关系中的主导地位凸显，无法真正实现平等合作。因此，至少在现阶段，非正式约束对型塑 PPP 行业规则、遏制不规范财政支出行为的作用仍极为有限。

3.2.3 实施机制的现状

目前的市场表现出以专业化相互依存为特征的非人际关系交换特点，重复交易的概率大为降低，契约很少以"一手交钱，一手交货"的即时交易形式存在，跨越时间和空间的复杂交易普遍出现，增加了契约的不完备性，这些特点在 PPP 交易中尤为凸显，因而需要可靠的承诺及可置信的威胁，亟需探索建立有效且低成本的实施机制，才能使得相关契约或制度目标最终达成。

而建立在信息互通基础上的声誉机制、监督合同执行的第三方实施机制和背信违规行为的惩罚机制，是实现复杂契约自我实施的关键。

现阶段，我国 PPP 项目财政支出责任债务风险防控制度的实施机制具有以下特点：

第一，信息公开平台和主体信用评价处于初期建设阶段。综合信息平台已公开了入库项目各阶段已知的重要信息，并专设"PPP 财政承受能力监测模块"，部分弥补了政府、社会资本及公众之间在 PPP 财政支出方面的信息沟壑，PPP 公开透明原则通过制度规定和数据平台已在相当程度上得以贯彻，某政府或社会资本若因背信违规造成信用折损，会影响它们未来的发展机会。虽说 PPP 公开透明原则增加了单次违法或不诚信行为的成本，但政府和社会资本仍存在"信息盲区"。对社会资本而言，政府的可用财承额度并不等同于可支配财力，要真正评估某行政区的履约能力，需结合本地区的债务风险水平、自有财力、以往的政府履约记录等信息，而这些信息尚未对社会公布。对政府而言，受限于财力、精力和专业力，对社会资本的了解渠道有限，摸清其行为的真实意图、企业责任意识和信用评价需要以较高的信息成本为代价。加之我国并未实现 PPP 参与方在资质、信贷、采购、守法守规情况等方面的信息连接互通，且缺少以此为基础的主体信用评价机制，由此增加了因政府不履约而造成的财政支出责任的违约与显性债务风险，以及因社会资本利用契约漏洞与歧义，误导或迫使政府采取不规范 PPP 财政支出行为而造成的隐性债务风险。

第二，公正有效的第三方实施机制尚未成型。其一，政府作为第三方实施主体，具有强制力的前提是保持公正与客观，但政府作为 PPP 合同的缔约一方，若本级政府进行自我监管的可信度存疑，则需将监管权从 PPP 项目实施主体分离出去，而可选择的主体是独立的政府监管部门和上级部门。目前，财政部已亲自或通过省级财政部门实现对下级 PPP 项目的合规监管，财政部所属各级监督评价局及其他监管机构也不定期开展监管工作，发现、整改了一批可能带来债务风险的项目。但官方并未就 PPP 财政支出责任与政府债务的关系给出详细、统一的判定标准，由于各地监管尺度不一，会导致在监管上出现过犹不及的问题。其二，PPP 合同性质归于行政法还是民法仍是争论焦点，而 2019 年中华人民共和国最高人民法院 [①] 指出，"行政机关为了实现行政管理或者公共服务目标，与公民、法人或其他组织协商订立的具有行政法上权利义务内容的协议，属于行政诉讼法第十二条第一款第十一项规定的行政协议" [②]，此项条文将 PPP 合同的行政法属性往前推进了一步。但在 PPP 项目招标完成后的建设运营期，社会资本通过公平竞争已得到与政府主体平等合作的资格，多数合同纠纷问题也产生于这一时期，而部分问题的主要责任方在政府。如部分地方政府在项目完成建设后迟迟不竣工验收，并以此为由延迟向社会资本付费，却让项目进行运营、让社会资本履行公共服务供给责任，此情形实质为社会资本"垫资"进行项目建设和运营，却存在被政府拒绝付费的"正当理由"。若 PPP 合同归属行政协议管辖、遵从行政诉讼程序，社会资本或将面临极高的维权成本和极低的维权胜诉率，如此便更加降低了政府诚信履约的威慑，增加了社会资本对政府诚信的担忧以及社会资本向政府索取隐性财政资源保障的动机，由此推高政府债务风险。其三，非官方的 PPP 行业自律组织的缺位，让型塑 PPP 行业交易规则缺少自下而上的创新力、认同力与凝聚力。国内虽已出现"山西 PPP 促进会"等非官方组织，但这种意识并未在更多地区萌生，更未上升到全国层面，也未探索出行之有效的、抑制不规范财政支出行为的、自发性的惩戒举措或行为准则，使得 PPP 契约自我实施机制缺少了助力。

我国以加大信息公开力度、强化政府监管为重点，在建立 PPP 项目财政支出责任债务风险防控制度的实施机制方面初见成效，但总体而言，尚未打开系统性、全局性的机制建设局面，尤其在第三方实施方面，行政、司法、社会公众并未形成合力，导致制度的自我实施可能性降低、成本增加。

---

① 中华人民共和国最高人民法院 . 最高人民法院关于审理行政协议案件若干问题的规定（法释〔2019〕17 号）[EB/OL]. http://www.npc.gov.cn/npc/c30834/201912/04879660c0bb466f86cb2001a9a1c950.shtml，2019–11–27.

② 《中华人民共和国行政诉讼法》第十二条第一款第十一项规定的受案范围是，"认为行政机关不依法履行、未按照约定履行或者违法变更、解除政府特许经营协议、土地房屋征收补偿协议等协议的。"

3.3 我国 PPP 项目财政支出责任债务风险防控制度的分析与评价

3.3.1 现有制度的贡献

第一，坚持将债务风险防控作为 PPP 财政管理及相关制度的重要目标。从制度沿革可以看出，我国在推广伊始便意识到 PPP 模式可能带来的政府债务风险，并始终将防控债务风险作为制度建设的关键原则，说明现有制度具有一定的前瞻性与科学性。同时，制度能根据 PPP 实操发展及时调整管理重点，在意识到不规范 PPP 财政支出行为已对政府债务构成风险隐患时，通过密集发文和项目督导，刹住了项目"大干快上"的步伐，整改了一批隐藏政府债务风险的不规范项目，抑制了潜在风险的继续集聚，自上而下推动 PPP 从高速发展转为高质量发展，增强了制度对实操的适应性。

第二，形成一些领先国际水平的创新举措。我国在引入 PPP 模式时同步引进了物有所值评价和财政承受能力评估的新概念与新做法，这两项政策业已成为财政部门对 PPP 项目财政支出责任债务风险进行事前评估和过程监管的重要工具。同时，以我国财政的分级管理为基础，在项目层面规定了测算 PPP 项目财政支出责任的具体方法，在区域层面要求各级政府执行财承限额管理规定，并配套开发了"PPP 财政承受能力监测模块"，初步实现了实时评估、监控和预警，建立了适应我国国情的 PPP 财政支出责任债务风险监测体系。

第三，对控制 PPP 项目财政支出责任债务风险总量具有突出贡献。一方面，在本级政府的财承额度达到 5% 不得新上政府付费项目、超过 7% 实行地区风险预警、达到 10% 禁止新项目入库等系列规定下，我国 PPP 项目财政支出责任债务风险总体得到了有效控制，推动政府对是否采用 PPP 模式及 PPP 项目实施优先顺序等问题进行理性思考，抑制了非必要 PPP 财政支出的增长。另一方面，按财政绩效管理的总体原则和思路，我国不断优化 PPP 按效付费机制，挤出财政付费中的不合理水分，逐步实现了财政资金与公共服务产出的一一对应。

3.3.2 现有制度的问题

3.3.2.1 制度建设滞后于实践发展

中央政府对 PPP 模式的高位推进与相关制度的不完善催生出模式泛化、异化下的大规模政府债务风险。PPP 模式在国内的大规模兴起固然与深化市场经济体制改革和推动"放、管、服"改革的导向，及推进基本公共服务均等化和新型城镇化发展的需求相契合，但在高速发展期，部分地方用政治压力传导、"隐性"纳入政绩考核范畴的方式让许多缺乏基本认知、理论知识与实操经验的地方政府，在未充分考虑 PPP 模式的地方适应性的基础上"突击"开展项目，项目的识别论证、采购签约、融资管理与建设运营虽有详细的指南文件可依据，但也无法兼顾制度的地区适应性，这在一定程度上抑制了地方的实践创新力。在制度建设落后于实践发展的情况下，各级政府没有恰当把握 PPP 模式的改革与发展节奏，是 PPP 泛化、异化之下带来政府债务风险的重要原因。

3.3.2.2 正式规则建设存在的问题

第一，虽已形成防控政府债务风险的共持信念，但未凝练出影响各方决策和行为的清晰规则。我国从中央到地方、从主管部委到参与部委均已形成防控债务风险的共识，但因缺少 PPP 财政支出责任与政府债务关系的详细判定依据而往往形成不了意愿中的规定执行效果，胆子大的政府利用制度漏洞"包装"违规支出行为，胆子小的政府"一刀切"地将财政支出责任等同于政府隐性债务，项目主管、实施部门同监管部门经常就同一问题各执一词，行政自由裁量权的过度、甚至是扭曲的运用，降低了制度的可信承诺和威慑力。究其原因，在于相关制度虽然明确了目标，却未给出通向目标的统一路径和可操作细则。

第二，相关制度以部门规章为主，强制效力较低，不足以支撑共有信念的贯彻落实。PPP 条例尚未出台，现有相关规定法律位阶低，在司法裁决中更多发挥"参考"价值，可能降低引致债务风险的行为的惩罚概率与力度，因此降低了制度执行效果，提高了制度运行成本。目前防控债务风险的部分核心部门规章已失效，而新政策尚未出台，以致出现政策"空窗期"。此外，由于配套制度建设尚未到位，PPP 产权管理、第三方审计、税收管理等方面出现政策缺位，存在的制度漏洞滋生了参与人"或可一试"的冒险心理，违规后不被发现的侥幸心理，或在评估违规收益超过违规成本后催生违规动机，无法保障规定的执行到位。

第三，地方政府管理 PPP 的能力参差不齐，制度执行存在区域异质性。截至 2021 年 9 月底，全国已有 2758 个包含省级、市级、县级在内的行政区开展了 PPP 项目[①]，并有对应级别的主管部门负责辖区内 PPP 项目的管理，但各级主管部门对 PPP 专业知识的了解、财政综合管理能力的素养、与各部门协同配合的能力并非全部达到了实现 PPP 良好治理的要求。此外，因 PPP 项目需要因地制宜、因行业制宜，各行政区主管部门需要基于各地的制度基础、发展需求、管理目标和营商环境，对中央出台的规定进行适度补充、完善与创新，以增强债务风险防控规定的地区和行业适应性，但就现阶段各行政区的管理情况看，加强 PPP 管理能力的培养仍是重要且应持续关注的问题。

3.3.2.3 非正式约束建设存在的问题

第一，政府和社会资本之间尚未完全建立平等互信的激励约束式伙伴关系。社会资本现阶段难以充分获得与政府相当的话语权，是国内市场环境、PPP 合同属性和社会资本维权等因素综合作用的结果。实力强的社会资本是 PPP 市场的主要参与方，但对于规模较小、民营性质的企业而言，政府将主导合作方向，决定风险分担与收益分配方案，影响社会资本可获得的合法权益，如社会资本面对政府在无充分理由下推迟项目的竣工验收以延迟财政付费期等问题时，尚无理想的应对方法，民营企业更是难以拓展自身在 PPP 市场的发展空间。对于 PPP 合同属性的定位并未达成共识，但将其定位为行

[①] 财政部政府和社会资本合作中心. 全国 PPP 综合信息平台管理库项目 2021 年三季度报 [EB/OL]. https://www.cpppc.org/jb/1001093.jhtml，2021–10–29.

政协议的观点得到多方支持，加之社会资本的维权渠道有限，因而政府和社会资本难以处于平等的合作地位。在此背景下，PPP项目财政支出责任将成为政社博弈焦点，增加财政支出责任的不确定性，进而增加相应的政府债务风险。

第二，重信守约、合规运作尚未扎根于PPP市场交易的行为规范，政府和社会资本均有违规动机和条件。对政府而言，较为突出的问题是部分政府的诚信意识不强，不按约付费、借PPP合作方式让社会资本承担过度的"公共品负担"、承诺社会资本的条件在合同签订后迟迟不落实，这些问题影响了政府的信用，滋生了社会资本"隐性"索取更多财政资源以保障自身权益的心理。对社会资本而言，会利用信息不对称和合同的不完备性增加机会主义的发生概率，从而增加PPP交易的复杂性和政府监管难度。

3.3.2.4 实施机制建设存在的问题

第一，信息公开力度需进一步加强，"信息黑箱"与"信息孤岛"问题并存。一方面，PPP项目在建设运营阶段的信息公开不到位，如，项目建设信息、公共服务的供给情况、绩效考核与政府按效付费情况等关键信息难以通过公开渠道查询，也难以完全保证已公开信息的真实性，政府与市场间和中央与地方间存在信息沟壑，削减了社会监管力度。另一方面，一个项目涉及的采购、融资、法律、主体资信、财政管理等信息尚未实现互通共建，信息的碎片化管理会增加信息不对称及由此引发的诸多问题的发生概率。

第二，政府监管职能有待优化，降低了监管效果。政府监管问题突出体现在不同部门对PPP项目财政支出责任与政府债务关系的监管标准的意见不统一、监管尺度不一致、监督过程透明性不强，由此增加了监管成本，降低了监管效率，不利于稳定市场预期。此外，实操中出现的部分监管误判会增加不必要的项目整改成本，影响了公共服务的正常供给，降低了政府监管的权威性。

第三，综合考虑组织机构共识达成度、政府监管有效性与非官方的行业自律组织的建设情况，现有制度尚未形成有效的自我实施机制。有效且低成本的实施机制是制度实现预设目标的有力保障，PPP交易市场不断扩容存在的无数买方和卖方，降低了可维系重复交易的诚信的作用，必须构建信息共享、统一规则、惩戒明确的第三方实施机制。但我国并未成立行业自律组织，PPP 治理以官方为主，PPP 行业的发展缺少民间助力，难以通过民间治理形成有利于规范交易的行为准则或惯例，PPP 项目财政支出责任债务风险也不在政社共担的风险范畴，制度的自我实施机制也并未成型。

3.3.3 对制度供需情况的分析

基于对制度现状的分析，本书认为，现有的制度供给无法完全满足防控 PPP 项目财政支出责任债务风险所需的制度需求。为抑制不规范的 PPP 财政支出行为，强化风险防控效果，构建的制度需满足下列基本特点：一是具备坚实法律基础，保障明文规定的令行禁止。二是制度公平、透明，以维护社会公众利益为首要目标，同时保障政府和社会资本的平等合作基础，达到各方合理利益的均衡点，保证相关规定对受众群体一视同仁，提高政府决策过程和结果的透明度，稳定双方的合作信心，提高监管效果。三是制度完整统一、可理解，不仅要有明确的制度目标、方向与科学的框架，还需对制度框架进一步明确细化，保障制度执行的不偏不倚。四是制度稳定、可预期，根据管理目标与实践发展情况对制度进行调整完善是必要的，应在评估规则变化综合影响的基础上审慎决定制度的变迁方式。但不论是相关规定的快速调整还是缓慢的边际调整，都应给予市场方合理的适应期，让其行为决策集合转变到制度界定的范围内，尽量降低对市场的震动。五是制度以维护公共利益为宗旨，为社会资本的公平竞争提供充足保护。PPP 模式的主要目标是通过政府与市场合作，优化公共服务供给，增进社会福祉，PPP 制度框架要以此原则为基本取向；同时，为了更好实现政社平等合作、优势互补，需重视维护社会资本的合法权益，保证其合作的话语权，激发市场的参与积极性，形成良性竞争格局，更好发挥市场价值。六是具备完善的实施机制，根据正式规则和非正式约束各自的特点，建立健全对应的实施机制，推动制度贯彻执行。我国现阶段的制度建设对应上述特点，存在法律基础薄弱、执行细则尚待优化、从大力推进到严控严管的制度导向转折过于迅速、对 PPP 领域的公平竞争关系保护力度不足、政府监管与市场自发形成的制度实施机制仍需完善等问题，并未达到制度供需的均衡点，影响了债务风险的防控效果（制度供需分析表见 3-2，其中，"制度需求"的六项判断准则借鉴了联合国贸法会于 2019 年发布的《PPP 立法指南》[①]中提出的 PPP 立法框架的基本原则[②]）。

表 3-2　我国 PPP 项目财政支出责任债务风险防控制度的供需情况分析

制度需求	制度供给现状	供需情况分析
法治基础健全	我国 PPP 项目财政支出责任债务风险防控制度以部门规章为主，法律效力层级较低	PPP 法治化进程滞后，影响制度执行效果
制度公平、透明	我国推行 PPP 模式的首要目标是实现公共服务供给的提质增效，分析项目的落地规模和执行情况可知实践效果良好；关于项目操作、审批流程和规范发展的要求，绝大部分以正式规则的形式向社会公布，但 PPP 项目合同属性属于行政法范畴还是民法范畴尚无定论，影响了社会资本维权，PPP 市场中政社话语权的不对等也影响了制度公平维护各方利益的效果；实操中存在项目决策及实施流程不透明、不按制度要求行事、假公济私、官商勾结等问题	在公平性方面，政社平等合作是 PPP 基本原则之一，但由于政府具有制度制定、监察执行的主导权，市场难以在制度建设中发声，公平性有待提升；在透明度方面，政府的正式发文方式提升了制度透明，但存在单体项目的决策、审批流程，及与 PPP 项目财政支出责任债务风险相关的信息披露不足等问题
制度完整统一、可理解	党中央、国务院及所属部门和地方政府已形成防控债务风险的共识，制度导向明确；但对 PPP 项目财政支出责任与地方政府债务关系的判定标准等关键问题并未出台可供执行的细则，各方意见不统一，影响了制度的可理解性	已达成防控债务风险的制度目标和共识，但可理解性有待提升

---

① UNCITRAL. UNCITRAL Legislative Guide on Public-Private Partnerships[R].New York：United Nations，2020.

②《PPP 立法指南》所提立法基本原则包括：维护公共利益；制度透明；制度公平、稳定、可预期；制度完整统一、可理解；符合经济与效率要求；具有长期稳定性；维护 PPP 领域的竞争性。

续表

制度需求	制度供给现状	供需情况分析
制度稳定、可预期	一方面，以财预 2017 年 50 号文提出"四个不得"的要求为标志，政策取向从"防范和化解政府性债务风险的工具"转变为"严禁地方政府利用 PPP 等方式违法违规变相举债"，制度目标的转变是基于实操变化、推动 PPP 高质量发展的必然要求，但合理的过渡措施不完善，对市场产生较大影响；另一方面，防控 PPP 项目财政支出责任债务风险的三项核心部门规章已失效，新政策尚未出台，出现"政策空窗期"	对制度的稳定性与可预期性重视不够，新政策的出台速度缓慢，需进一步提升制度决策的审慎性和科学性，合理把握政策出台节奏
维护公共利益和 PPP 领域的竞争性	我国发起 PPP 改革的重要目标是在公共服务供给领域引入市场机制，弥补政府独立供给的短板，各项制度以此为原则进行制定；多项政策强调建立平等合作的伙伴关系，但规定不够细化、法律层级不高，存在政府操纵招标程序等实操问题，尚未形成多元化的争端解决机制，司法裁决偏向以行政法为基础，社会资本的维权渠道少、难度大、成本高	PPP 模式增进社会福祉、维护公共利益的目标贯穿于整个制度框架，但维护 PPP 公平竞争的制度规定不够具体细化，违规行为缺少问责惩罚机制的震慑，社会资本维权难度大，不利于提高 PPP 领域的竞争度
实施机制完善	政府监管标准有待统一、监管流程有待优化；PPP 项目财政支出责任的相关信息公开程度有待提升；民间机构参与的社会治理发展处于起步阶段，合规导向下自发形成的 PPP 交易准则尚未成型	尚未形成低成本、有效的制度的自我实施机制，影响了制度的落实和债务风险防控目标的实现

本章通过梳理 24 份与 PPP 项目财政支出责任债务风险防控相关的全国层面的主要规定，形成对制度沿革及特点的认知。值得注意的是，薄弱的法治基础成为此方面制度的痛点和很多制度执行问题的根源。更进一步，在制度经济学的框架下，本章将制度分解为正式规则、非正式约束和实施机制三大要素，以此为切入点分析了各制度要素的建设现状，得出以下主要结论：

第一，正式规则作为制度的基石和支柱，建设已相对完善，在防控债务风险方面发挥了中流砥柱的作用，但仍存在法治基础薄弱、部分核心部门规章已然失效且新政策尚未出台、规定细化度不高等问题；非正式约束作为对正式规则的补充和润滑，现阶段发挥的作用极其有限，有待引导发展；实施机制作为制度落地的保障已初建框架，但具有强制力的政府监管机制尚待完善，不具有强制力的客观第三方监管缺位，存在信息公开不到位、PPP 项目合同属性存在争议进而影响争议解决机制与社会资本维权、对违规行为的惩戒举措强制力不足等问题，制度的自我实施机制并未成型。

第二，由于相关政策规定未能落实到法律和司法层面，不能从单一视角判定 PPP 项目财政支出责任与政府债务的关系，更不能忽视对此问题的详细剖析于夯实制度建设的重要意义，唯有统一了判定标准和监管标尺，赋予其法律效力，才能有效制止"上有政策、下有对策"的地方乱象，强化制度执行效果。

第三，现有制度对控制 PPP 项目财政支出责任债务风险总量、抑制潜在风险聚集发挥了较为突出的作用，但整体而言，制度呈现出"供不应求"的状态，存在的制度短板为政府和社会资本在"PPP 项目财政支出责任债务风险的引致与分担"方面提供了博弈空间，如要进一步优化制度设计，需从博弈双方的行为动机、策略集合与均衡结果中剖析债务风险的生成机理，找到防控债务风险的关键因素。

4　我国 PPP 项目财政支出责任的债务属性分析与规模测算

我国对 PPP 项目财政支出责任的管理，现行规定是在项目层面纳入 PPP
合同和本级预算，以及在区域层面进行财承限额管理，构成了 PPP 财政支出
责任履行与管理的两个法定维度：依法纳入项目合同管理与预算管理。财政
支出责任得到有效管理的条件是，合同安排依法依规；同一笔财政支出责任
在合同安排与预算安排上一致对称；政府依据绩效结果按期履约；区域内项
目遵守本级财承限额管理要求。现实问题在于，"抽屉协议"等行为安排了
一些不合规的财政支出责任；合同安排与预算安排在某些情况下存在"对抗
性"；政府不履约、少履约；少数地区突破财承限额管理规定，引发了 PPP 项
目财政支出责任的政府债务风险。因此，本章把规范程度不同的各种 PPP 行
为的财政支出责任纳入分析框架，运用政策规定、实践现状和法律适用性的
综合视角，剖析不同行为下 PPP 项目财政支出责任可能具有的显性和隐性、
直接和或有的债务属性，建立我国 PPP 项目财政支出责任的债务风险矩阵，
为统一 PPP 项目财政支出责任与地方政府债务关系的认定标准奠定理论基础。
在此基础上，基于 PPP 项目财政支出责任相关数据，定量估算了截至 2020 年
底入库项目的财政支出责任产生的政府债务规模和可能产生的政府债务风险
规模，为政府债务及风险的分类管理提供参考。

4.1 债务属性的分析框架

4.1.1 财政风险矩阵的借鉴与调整修改

汉娜（1998）[1] 提出财政风险矩阵，按照是否具有法定属性，将政府债
务划分为显性债务和隐性债务，按照事件发生的可能性将附着其上的政府债
务划分为直接债务和或有债务，是已为学界所熟知的政府债务分析框架（参

---

[1] Brixi H P. Contingent Government Liabilities：A Hidden Risk for Fiscal Stability[R]. Washington：World
Bank，1998.

见表 4-1）。但因国内外财政体制和法律政策环境差异较大，此矩阵的分类标准并不完全适用于我国的政府债务体系。本研究认为，财政风险矩阵将当期预算支出纳入显性直接债务，此为理论分析上概念定义的一家之言未尝不可，但在我国实践中，通常的共识与预算编制规则是把当期的预算支出与债务严格区分开来，支出是支出，债是债。因此，本书认可并采用这一财政风险矩阵中直接与或有债务、显性与隐性债务的划分框架，但将"当期的预算支出"，即纳入年度财政预算及中期财政规划（下文所述"当期预算"均包含年度财政预算和中期财政规划的情形）的显性直接支出剥离出政府债务体系，以期在国内政策语意和预算规则下，准确剖析 PPP 项目财政支出责任的债务属性。

表 4-1　汉娜提出的财政风险矩阵

债务	直接债务（基于确定事项的责任）	或有债务（某一特定事项发生时才需承担的责任）
显性债务（由法律或合同认定的政府债务）	（1）国内外主权借款，中央政府的贷款和发行债券； （2）预算法定支出； （3）法定长期预算支出（公务员的工资和养老金）	（1）对非主权借款、地方政府、公共部门及私人部门（包括开发银行）的国家担保； （2）国家对各种贷款的保护性担保（如抵押贷款、学生贷款、农业贷款、小企业贷款）； （3）国家担保（对贸易、外汇、国外主权国家和私人投资的担保）； （4）国家保险计划（对存款、私人养老基金最低收益，及发生农业灾害、水灾、战争等的保险）
隐性债务（主要反映公众期望和利益群体压力的政府"道义性"债务）	（1）未来发生的公共投资项目成本； （2）法律未规定的未来公共养老金（相对于公务员养老金）； （3）法律未规定的社会保障计划； （4）法律未规定的未来医疗支出	（1）地方政府、公共或私人实体违约拖欠的无担保债务和其他债务； （2）私有化实体的债务清偿； （3）银行破产（超出国家保险范围外）； （4）（用以社会性保护中小投资者的）无担保的养老基金、就业基金或社会保障基金投资失败时（的救助）； （5）（因无法履行汇率合约、维护货币稳定、维护国际收支稳定等导致的）中央银行的债务拖欠； （6）对私人资本逆向资金流（亏损）的紧急财政救助； （7）对生存环境破坏、发生灾害时的救助，军事开支及类似开支

资料来源：Brixi H P. Contingent Government Liabilities：A Hidden Risk for Fiscal Stability[R]. Washington：World Bank，1998. 笔者译。

4.1.2 PPP 项目财政支出行为的划分标准

PPP 项目财政支出责任是相关财政支出行为的结果，而财政支出责任是否会引发政府债务风险，根源在于支出行为是否违反了相关制度规定。为分析某 PPP 项目财政支出行为产生的财政支出责任的债务属性，本书提炼了责任主体、履行责任的资金来源、责任履行的完全性和可监控程度等可剖析支出责任本质的分析要点。基于上文分析，现阶段防控 PPP 项目财政支出责任债务风险制度可分为以财承限额管理规定为代表的区域层面控制 PPP 财政支出责任总量的规定，和以"四个不得"为代表的项目层面规范行为的规定。区域层面的规定法律位阶低，其与"公序良俗"的衔接也将直接影响规定的执行效果与法律后果，且现有的相关实操案例与法律规定，并未就此关系达成共识，影响了财承限额管理规定的强制效力。故本书将区域层面的财承限额管理行为与项目层面的财政支出行为区分研究，使所有的 PPP 项目财政支出行为作为一个完整的分析对象，剖析其产生的财政支出责任可能具有的政府债务属性。

第一，在项目层面，可对 PPP 财政支出行为做"规范"与"不规范"的区分。考虑到 PPP 项目运作涉及融资、建设、运营多阶段，又涉及财务、法律、行业等多领域，极具综合性，规范 PPP 项目行为的制度体系不仅包含 PPP 专项规定，还包含为项目所有参与主体实现项目运作目标而发生的行为提供依据的相关制度规定，如规范社会资本采购行为的《中华人民共和国政府采购法》，规范 PPP 项目合同体系制定、签署与执行的《中华人民共和国民法典》，规范财政支出责任将其纳入预算管理的《中华人民共和国预算法》等，因而严格意义上，只有 PPP 项目的所有参与主体在项目各阶段的所有行为均符合相关制度要求，才可称为"规范的 PPP 项目"。但并非所有的 PPP 项目行为都能影响财政支出责任的债务属性。PPP 项目的各阶段行为并不必然影响其他阶段的实施效果，如违反采购法规定而进行形式招标的项目，若在财政支出责任安排方面不存在可引致政府债务风险的行为，此项目虽在采购阶段确属违规，却不会扭曲项目财政支出责任的债务属性。因研究对象是不同 PPP 项目行为下财政支出责任的债务属性，可对"规范的 PPP 项目财政支出行为"进行聚焦理解，故界定，"规范的 PPP 项目财政支出行为"是在项目层面的制度规定下，可实现双方依合同履约、产生法定的财政支出责任、不产生政府隐性债务或不应承担的或有债务因素、符合财政支出绩效管理要求的财政支出行为。与之相反，"不规范的 PPP 项目财政支出行为"会因违反 PPP 项目财政支出责任债务风险防控制度在项目层面的规定而使产生的财政支出责任包含政府债务风险因素。

第二，在区域层面，财承限额管理规定与项目层面规范具体行为的规定对 PPP 项目财政支出责任债务属性具有不同的影响。区域层面的规定主要包括财承占比超过 5% 不得新上政府付费项目、超过 7% 实行地区风险预警、超过 10% 禁止新项目入库[①]，项目行为层面的规定主要包括不得回购社会资本的资本金、不得承担社会资本的资本金损失、不得提供保底收益和违规担保、不得进行明股实债、不得弱化绩效、不得签订"抽屉协议"、对引致债务风险的咨询机构和专家问责惩处等。因区域层面的规定仅体现于部门规章中，实践情况中也不会被纳入 PPP 项目合同进行约定，因此在理论上有两种观点：一是财承限额管理规定不构成"公序良俗"，不能因项目违反财承区域层面的规定而否认合同所约定的财政支出责任的法定属性，也不会对债务属性产生从显性到隐性的根本性影响；二是财承限额管理规定构成"公序良俗"，一旦违反便构成让合同部分条款无效或合同整体无效的要件，但基于目前的司法规定和实践，这一观点并未形成共识并产生大规模的实践影响。鉴于对此规定的认知分歧，政府在本级财承已达限额时实施的 PPP 项目，若项目的财政支出安排均符合其他规定，司法部门将难以本级财承超限为由判定超限项目的财政支出责任不合法，因而需具体问题具体分析，难以直接对其财政支出责任明确定位债务属性。

综上所述，本书将项目层面和区域层面的 PPP 项目财政支出行为进行区分，分别分析不同情形下财政支出责任的政府债务属性，为构建我国 PPP 项目财政支出责任债务风险矩阵奠定分析基础。

---

① 财政部 . 关于推进政府和社会资本合作规范发展的实施意见（财金〔2019〕10 号）[EB/OL]. http://www.gov.cn/xinwen/2019-03/10/content_5372559.htm，2019-03-07.

4.1.3 对 PPP 项目财政支出责任债务属性的理解

对"债务"的界定应追溯到法律关系,《中华人民共和国民法通则》（1986）对"债"进行了界定:债是按照合同的约定或者依照法律的规定,在当事人之间产生的特定的权利和义务关系[1]。2020 年 5 月 28 日十三届全国人大第三次会议通过的《中华人民共和国民法典》规定,"债权是因合同、侵权行为、无因管理、不当得利以及法律的其他规定,权利人请求特定义务人为或者不为一定行为的权利。"按照负债主体的不同,对私营部门和公共部门的债务管理规定也不尽相同,但债务人均负有对债权人按合同约定偿还债务的义务。对 PPP 项目而言,根据政府和社会资本权利义务的划分,双方均有可能基于不同性质的合同承担债务人或类似"债务人"的角色。一方面,社会资本基于项目融资责任,会以银行贷款等方式进行融资,与金融机构等市场主体产生债权债务关系,并按融资合同的规定履行还债责任。另一方面,因不同行业、地区的 PPP 项目的自主经营能力不同,大部分项目无法自负盈亏,因而我国 PPP 项目对财政付费的依赖度较高。政府基于公共服务供给责任,根据社会资本所提供服务的绩效考核水平,按 PPP 合同规定向社会资本付费。值得注意的是,政府向社会资本的付费责任,是按合同约定的支付规则向社会资本支付用以购买公共服务的费用,不是单纯的资金借贷,财政给付没有附加利息,给付金额会根据绩效考核水平而变化,故不属于融资负债或具有金融属性,即便形式上与债权债务关系相似,但实质上却有根本区别。

根据笔者在"财政风险矩阵的借鉴与调整修改"一节中的分析,纳入当期预算的财政支出不属于政府债务范畴,但因 PPP 项目财政支出行为贯穿项目的全生命周期,具有"合规"与"不合规"的区分,即便依本书对相关概念的界定下,已纳入当期预算的 PPP 项目财政支出责任不属于政府债务,但在超出当期预算的未来周期发生的合规的 PPP 项目财政支出行为,以及各种不合规的财政支出行为所产生的 PPP 项目财政支出责任,将会产生汉娜提出的

---

[1] 本规定援引《中华人民共和国民法通则》（1986）第八十四条。

财政风险矩阵所示的政府债务特征，本书将以"法定"为标准和以"或有"为标准交叉形成的、具有不同的政府债务特征表述为"政府债务属性"，具体包括"显性直接债务属性""显性或有债务属性""隐性直接债务属性"和"隐性或有债务属性"，不同的 PPP 项目财政支出行为产生的财政支出责任，也会具有不同的债务属性和对应的债务风险水平。在合规导向下，政府对社会资本的长期付费责任全部纳入 PPP 合同管理和预算管理的双重法律保障体系下，原则上只会产生显性直接和显性或有债务。但由于 PPP 模式的泛化、异化，及不规范的财政支出行为和政府履约能力的变化带来的不确定性，将部分本应由社会资本承担的风险通过财政资源的不当支持，或财政资源支持的不到位，转化为依附于或有事项的隐性或有债务，和超出法定支出范畴的隐性直接债务，增加了 PPP 项目财政支出责任债务属性的分类，且因隐性债务具有极强的隐匿性、不纳入预算实行公开管理等特征，导致 PPP 项目财政支出乱象的出现，形成由财政支出责任向不同类型的政府债务演化的渠道，提升了不同情形下 PPP 项目财政支出责任的债务属性的判别难度。因此，以政府债务属性为基准，对标不同情形下财政支出责任所具有的特征，是本章的主要分析方法。

值得注意的是，"政府债务"是从预算管理视角提出的概念，"政府负债"是从会计管理视角提出的概念。根据财政部规定[①]，"政府负债"是指"政府会计主体过去的经济业务或者事项形成的，预期会导致经济资源流出政府会计主体的现时义务"[②]。通过对比"政府债务"与"政府负债"，可得出以下结论：一是两者既有交集，也有各自的管理对象，特定条件下可相互转化。"政府负债"中诸如"应付职工薪酬"等纳入当期预算的财政支出责任，不属于"政府债务"。当政府主体作为债务人，承担了未来可预期的财政支出义务时，此"义务"应纳入"政府债务"范畴，且当此"义务"可确认为"现时义务"时，便满足了确认为"政府负债"的条件。例如，根据当前政府会计准则确

---

① 财政部.政府会计准则——基本准则（财政部令第 78 号）[EB/OL]. http://www.gov.cn/gongbao/2016-01/18/content_5033892.htm, 2015-10-23.

② 根据规定，"现实义务"是指政府会计主体在现行条件下已承担的义务，未来发生的经济业务或者事项形成的义务不属于现时义务，不应当确认为负债。

认的"预计负债"①的范围小于实践中因未来或有事项产生的政府或有债务的范围,而当这些政府或有债务的会计核算条件日益清晰时,便满足了确认为"预计负债"的条件。二是对本书而言,对 PPP 项目财政支出责任债务属性的分析更多聚焦于超出当期预算的未来时期的各种情况,从预算管理视角提出的"政府债务"概念更符合本书的分析思路,但可进一步剖析 PPP 财政支出责任中"政府债务"和"政府负债"的关系②。已纳入当期预算的 PPP 财政支出责任在应付未付时满足"由过去事项形成、预期会导致经济资源流出的政府现时义务"的特征,可确认为"政府负债",不属于"政府债务"。其中,纳入年度预算的、满足负债确认条件的应付未付支出责任属于暂时性的"政府流动负债",包含依附于或有事项而产生的"预计负债"部分;而在超出年度预算的未来周期中,财政支出责任确认为"政府负债"需满足下列条件:一是项目完成建设,可保证提供公共服务的实体已存在,且建设风险由社会资本承担,从而消除政府为公共服务发生支出责任的最大不确定性;二是纳入 PPP 合同的项目绩效考核标准细化到满足政府的未来支出责任可计量的条件,由此,依 PPP 合同约定可计量支付金额、明确支付时间的支出责任构成"政府非流动负债"的组成部分,亦包含依附于或有事项且满足政府负债确认条件的"预计负债"部分。值得注意的是,条件二尚需项目的绩效考核标准科学、健全,然现实与此条件存在差距。若上述条件得以满足,可认为 PPP 财政支出责任产生的显性直接债务符合"非流动负债"的确认条件。因 PPP 项目财政支出责任产生的政府隐性债务不具有法定属性,不纳入预算管理,理论上不会纳入政府资产负债表、成为"政府负债"。但我国的政府预算科目与政府资产负债表的资产负债项目并非一一对应关系,且实践中不排除政府为此类违法违规支出编制合法科目,从而使其成为"政府负债"的可能,故 PPP 项目产生的政府隐性债务可能包含"政府非流动负债",产生的隐性或有

---

① 根据《财政部关于印发〈政府会计准则第 8 号——负债〉的通知》(财会〔2018〕31 号)的规定,"预计负债"指与或有事项相关且满足政府负债确认条件的现时义务。

② 根据财政部发布的《〈政府会计准则第 10 号——政府和社会资本合作项目合同〉应用指南》(财会〔2020〕19 号)规定,政府向社会资本的付费义务,按照《政府会计准则第 8 号——负债》进行会计处理,确认的政府负债应同时确认当期费用,在履行支付义务时相应冲减负债的账面余额。

债务可能包含"预计负债"（条件满足时的 PPP 项目财政支出责任中"政府负债"和"政府债务"的关系见图 4-1）。

图 4-1 条件满足时的 PPP 项目财政支出责任中"政府负债"与"政府债务"的关系

4.1.4 对 PPP 项目财政支出责任债务属性的综合分析视角

因我国 PPP 条例尚未出台，部门规章支撑起了 PPP 制度主架构，本书以此为基础对 PPP 财政支出责任进行债务属性分析，同时增加了实践与法律维度：其一，PPP 项目涵盖准备、采购、执行各阶段，涉及政策、法律、财务、行业各领域，周期长且综合性强，实操千变万化，政策尚无法全面规定。其二，法律法规和部门规章的制定与执行分属不同体系，强制效力不同，某些 PPP 核心规定的法律效力低，一旦进入司法程序，这些核心规定因难以落地成为"空中楼阁"。鉴于 PPP 专项规定与实操、法律存在一定程度的差距，本书在分析某一 PPP 行为的财政支出责任时，多将实操与政策对标，再考虑法律与政策存在差距时相关规定落地的可能性，以客观评估 PPP 项目财政支出责任所具有的债务属性和实操、政策及法律的综合风险与后果。

4.2 项目层面 PPP 项目财政支出行为产生的支出责任债务属性分析

在不考虑区域层面财承限额管理规定的情况下，下文将分别分析规范 PPP 项目财政支出行为和不规范 PPP 项目财政支出行为产生的财政支出责任可能具有的政府债务属性。

4.2.1 规范的 PPP 项目财政支出行为产生的支出责任债务属性分析

4.2.1.1 规范的 PPP 项目财政支出行为产生的支出责任不是地方政府隐性债务

对规范的 PPP 项目财政支出行为而言，不存在违反项目层面关于支出行为的规定，本级政府是所属本级项目的财政支出的预决算主体，履行支出义务是其法定责任；其产生的财政支出责任的履行来源于预算和依法可用的其他财政资源，并纳入当期预算管理，支出行为可获得充分阳光化的完全监管，不具有当下与未来的隐性支出因素，其与政府隐性债务不存在交集（参见表4-2）。

表 4-2　规范的 PPP 项目财政支出行为产生的支出责任与地方政府隐性债务的对比

对比项	规范 PPP 项目财政支出行为的支出责任	地方政府隐性债务（支出责任）
责任主体	PPP 项目财政支出责任是政府为获取项目提供的公共服务、在绩效考核基础上支付财政资金和资源的对价，属于政府法定支出责任	非政府主体（如融资平台、国有企业等）的债务，政府或出于道义、救助心理，或违法承诺了部分或全部的偿债责任，实质是将其他主体的法定偿债责任及风险转移至政府，不属于政府法定支出责任
履行责任的法定资金来源	可依法使用财政资源，如符合预算管理的全口径全预算列支渠道，经依法评估可用的土地、厂房等国有资产	无法定来源。因政府非债务合同一方当事人，在编列预算或安排财政资源时并未考虑相关支出
责任履行的完全性	政府必须履行：合同约定的股权投资、运营补贴和配套投入支出需完全履行；风险承担支出根据合同约定和风险事项发生情况决定其履行时的责任金额大小	政府是否履行与事件属性、主体影响力等因素相关：债务附着的事件或负债主体影响力广泛，一旦发生债务危机将引发公共风险；负债主体与政府是隐性的"利益共同体"，以上将增加政府承担债务的可能
可监控程度	完全可监控。监控渠道包括：项目财政承受能力论证报告、PPP 财政承受能力监测模块、本级政府 PPP 项目财政支出台账等	难以及时、有效监控。虽然财政部已建立隐性债务线上监管平台，但未公布统计标准和情况；地方政府可能瞒报、漏报；生成机制复杂且不断演变，判断难度大；不计入政府负债率，公众无监管渠道

4.2.1.2 规范的 PPP 项目财政支出行为产生的支出责任可能具有的债务属性

第一，规范的 PPP 项目财政支出行为产生的支出责任应以纳入当期预算为界限区分其债务属性。首先，本研究认为我国地方政府显性债务应为原由法律或合同认定的政府债务中，除去当期预算支出后的支出责任，此范围显然不与当期预算安排的 PPP 项目财政支出责任重合。其次，政策已指出，符合条件的 PPP 项目形成的政府支出事项，是政府为公众享受公共服务提供运营补贴形成的经常性支出 [①]。同时，因我国已要求 PPP 项目的运营补贴支出完全与绩效评价结果挂钩，政府在确认 PPP 资产时不存在"无条件支付款项的义务"，依法签订的规范的 PPP 合同不会增加政府债务 [②]。依我国工作部门定义下的学理逻辑，这适合于当期预算的情形，在未来预算中，则有产生显性直接及或有债务的可能。因此本书认为，在国内的政策语意下，PPP 项目财政支出责任中，在当期预算安排内的属于经常性支出（也不排除有时会体现为资本性支出），并非显性债务；由于这种支出责任而发生的未来的预算安排支出，则可认为具有显性债务属性。

第二，政府违约不履行或不完全履行的财政支出责任不属于隐性债务。本书认为，若合同依法依规安排，所约定的财政支出责任具有完全法律效力，无论政府是否将合同约定的支出责任纳入预算管理，这一财政内部管理程序都无法改变此项支出的法定属性。若政府不履行或不完全履行支出责任，在当期预算将构成政府支出责任的违约，在未来周期可产生显性债务，但并非隐性债务；如是由于无履约能力造成的，本书将结合区域层面的财承限额管理规定，在下文进行分析。

第三，按回报机制进行的项目分类不应作为判断其产生的财政支出责任是否为政府隐性债务的依据。据了解，某些政府工作部门曾将合规的政府付

[①] 财政部. 关于推进政府和社会资本合作规范发展的实施意见（财金〔2019〕10 号）[EB/OL]. http://www.gov.cn/xinwen/2019-03/10/content_5372559.htm，2019-03-07.

[②] 财政部. 财政部会计司有关负责人就印发《政府会计准则第 10 号——政府和社会资本合作项目合同》答记者问 [EB/OL]. http://www.gov.cn/zhengce/2019-12/24/content_5463631.htm，2019-12-24.

费项目产生的财政支出责任视为政府隐性债务，实则是将 PPP 财政支出责任等同于政府隐性债务。经上文分析，规范的 PPP 财政支出行为产生的支出责任在承担主体、履约资源保障、责任承担的法定性等方面与隐性债务不存在交集，是政府在绩效评价的基础上向社会资本进行付费形成的支出责任，在当期预算不属于政府债务，在未纳入预算的未来期间则可具有显性债务属性。但上述工作方法并未从支出责任属性和债务特征对应的角度分析两者的区别，动摇了 PPP 模式存在的根基和国家推广 PPP 模式的合理性，本研究并不认同此种判别 PPP 项目财政支出责任债务属性的方法。

值得注意的是，在项目合规导向下，不同的回报机制可能产生的财政支出责任债务属性有所不同。理论上，使用者付费项目除了政府依合同约定承担的风险支出外，无需财政资源的支持，因而不存在显性直接债务属性，但不排除未来期间因政策变化、宏观经济局面恶化而产生的系统性风险，及自然灾害等不可抗力影响项目的正常运作，从而需要财政支持的情况，故可能具有显性或有债务属性。政府付费项目的收入完全来自财政资源，通过 PPP 合同约定的长期财政支付责任凸显了其显性直接债务属性，同时也不排除因合同约定范畴内的或有事项发生时产生的显性或有债务。可行性缺口补助项目所需的财政付费额度会根据项目经营情况的变化而发生波动，因而其财政支出责任产生的债务属性中，显性直接债务的比重将与项目收入中财政补助金额的占比呈正相关。

4.2.2 不规范的 PPP 项目财政支出行为产生的支出责任债务属性分析

从中央到地方都重视整顿 PPP 引发地方政府债务风险的问题，主要原因是市场风险的不当承担、市场回报的提前锁定和绩效考核的丧失约束等泛化、异化行为形成政府违法违规融资负债通道，引致了本来不在政府承担之列的责任和风险，突破了政府法定责任范畴。

4.2.2.1 社会资本不当转移项目风险，对政府的兜底预期强烈

若政府"让利"过度，会增加社会资本的救助依赖，表现为政府不当承担项目风险。

第一，政府违规提供担保和还款承诺。《中华人民共和国预算法》规定，除法律另有规定外，地方政府及所属部门不得为任何单位和个人的债务以任何方式提供担保。而实践中，部分政府、政府出资代表或其关联企业为PPP项目的债权融资提供担保，此行为可能因违反法律的强制性规定存在导致合同部分条款无效或合同整体无效的风险，政府担保责任的履行取决于担保事项是否成为现实，由此产生隐性或有债务。第二，政府不当回购社会资本的资本金或承担资本金损失。部分项目会在合同中约定政府和社会资本在合作期结束前的指定年份，或项目收益不达预期时，政府、政府出资代表或指定机构回购社会资本全部或部分股权；或因非政府方原因导致社会资本出现资本金损失时，政府方予以补偿。对此，财预〔2017〕50号文件规定，除国务院另有规定外，地方政府及其所属部门参与PPP项目、设立政府出资的各类投资基金时，不得以任何方式承诺回购社会资本的投资本金，不得以任何方式承担社会资本的投资本金损失。

除上述承诺回购的情形应被禁止之外，对实际发生的回购行为，还应注意"两分法"，从行为合理性入手确认其与转让股权的区别。若政府回购股权是在项目正常运作时的无合理理由回购，可分两种情形：其一，非规范地损害社会资本利益，即便相关行为可以"违背公序良俗"等为由、经司法程序判定原合同无效而强行实施，但不排除可被认为属于政府行为不当加上了"司法不公"。其二，社会资本为尽早抽身，通过政府回购行为而以政府和公众利益换取自身利益。上述行为均属于非正常的股权转让行为，可纳入不当回购股权范畴。但此处还有具备正当理由的情况，即由于政策变化、项目运营需要或实现公共利益最大化，确需政府回购社会资本股权的，政府和社会资本以规范协议合意达成的回购事项。当然，为保证实质和形式均合法合规，合同应明确约定合理的回购条件，前提是监管部门和司法当局（如涉及时）能以实质重于形式的原则加以认可。对实际发生的回购行为，若行为合理且通过规范的协议加以约定，则属当期预算支出；若行为不合理，双方存在共同虚假意思表示，则可以"虚假的意思表示"为由判定回购约定无效，由此产生政府隐性债务。

政府提供担保和还款承诺或承诺回购实际发生的承担社会资本资本金损失等行为，实质是承担了社会资本应承担的风险，不论是从法定角度，还是道义救助角度，政府都不应发生该项支出，其中"承诺"的行为结果应认定为隐性或有债务，"实际发生的"行为结果应认定为隐性直接债务。

4.2.2.2 以非规范担保方式，提前锁定社会资本回报

政府的非规范担保方式通常包括：第一，明股实债，即以股权为表现形式的债权投资行为，股权投资回报类似于"本金返还＋可预期利息"，部分或全部来源于财政资金，不与项目经营挂钩。第二，政府方承诺最低收益，即政府按特定收益水平测算财政付费金额，是锁定社会资本回报底线的"政府兜底"安排。以上行为不属于保证、抵押等典型而规范的担保行为，但政府以差额补足等方式承担社会资本的风险，违反了财预〔2017〕50 号文件"政府方不得以任何方式向社会资本承诺最低收益"的规定，但该规定属于财政部出台的规范性文件，尚未达到法律和行政法规层级，文件本身不足以作为认定合同无效的依据，实操中财政兜底部分可能被认定为隐性债务，但本书认为此行为实质为政府承担了本应由市场承担的风险，不属于法定支出，应被认定为隐性债务。

此外，政府在特定领域承担的最低市场需求风险并非最低收益的"变形"，而是科学风险分担机制的体现。因为污水处理、垃圾处理等领域的市场需求取决于城市规划的科学程度与发展水平、市场实际需求量、项目密集度与分布的合理性等，非社会资本可控，设置保底量是市场主体进入相关公共领域的基本保障。同时，当项目实际流量低于保底量时，社会资本只有在绩效考核达标后才能获得基于保底量衡量的收入，并非确定收入，不属于政府承诺最低收益的范畴。

4.2.2.3 绩效考核机制流于形式，弱化对社会资本的激励约束

绩效考核是财政资金使用能否"物有所值"的关键防线，财金〔2019〕10 号文件规定，"建立完全与项目产出绩效相挂钩的付费机制，不得通过降低考核标准等方式，提前锁定、固化政府支出责任"。但下列行为会打破这一规定：一是降低与绩效挂钩的付费比例。因财金〔2019〕10 号文件新规不溯

及既往，此前实施的部分项目，或与绩效挂钩的付费比例低，或把付费责任区分为对应建设成本与效果的可用性付费和对应运营成本与效果的运营维护服务费，通过用政府性基金预算大额提前支付可用性付费的方式，锁定了社会资本的大部分收益，由此可能导致政府的实际支出责任大于基于绩效考核的应付支出责任，产生隐性直接债务。二是绩效考核的约束力低下。不清晰的考核目标、不合理的指标设计、不系统的考核方法和浮于表面的考核流程，将会使财政实际支付金额大于应支付金额，产生的隐性债务不仅包含绩效未达标而政府"多支付"的部分，还有因无法及时发现并获得有效控制的项目风险所引致的"现实后果"，即本可防患于未然的风险事项发生时产生的财政支出责任，从而成为隐性或有债务。

由此可总结PPP财政支出责任是否为地方政府隐性债务的判定原则：一是支出法定原则，具体包含两层含义：第一，PPP合同约定的支出均由规范的PPP财政支出行为产生；第二，合同确定的支出责任应对等安排进入预算，保证支出行为与支出来源均合法。二是公众直接受益原则。PPP财政支出责任的直接受益人是政府代表的社会公众，将社会资本风险不当转移至政府而发生的财政支出行为，受益人既非政府也非公众，否定了支出的合理性。三是支出绩效导向原则。法定支出不直接等于合理支出，PPP按效付费是支出合法前提下的合理保障，绩效考核"虚化"带来"无效"的财政支出，必须通过有约束力的绩效考核挤出PPP财政支出责任中的此类隐性债务属性。

4.3 区域层面PPP项目财政支出行为产生的支出责任债务属性分析

区域层面主要体现了本级实际支付能力、财承限额管理规定及其法律效力三者之间因信息不对称和主体机会主义行为而具有的实操机动性，及由此产生的矛盾问题。下面将分情形讨论此问题。

情形一：本级财承限额管理规定能否作为认定PPP项目合同无效的依

据？2015 年，财政部出台规定 ①，要求未纳入综合信息平台项目库的项目，原则上不得通过预算安排支出责任。财金 2019 年 10 号文进一步规定，财承超 10% 的地区严禁新项目入库。依这两条规定可得出：地方超过本级财承限额后新上的 PPP 项目，原则上不得从预算安排支出责任，这便从财政管理的合规角度否认了支出的法定属性。对于超过本级财承限额情况下签署的 PPP 合同约定的财政支出责任，显然违反了 PPP 管理性规定，但能否"一刀切"地将其认定为隐性债务？下文从两个层面剖析此问题。

若地方有多余财力，结合政策规定和司法解释有两种观点。其一，认为由于财承限额管理规定属于财政部出台的规范性文件，尚未达到法律和行政法规层级，该文件本身不足以作为认定合同无效的依据。财承限额衡量的并非一级政府可负担财政支出责任的真实能力，而是一种财政管理和风险防控指标，若地方在本级财承限额之上仍有可用财力，缔约双方均有合同履约能力、意思表示真实且合同约定合法合规，进而不存在因违反法律、行政法规的强制性规定致使合同无效的情形，便不构成隐性债务。其二，《中华人民共和国民法典》及《最高人民法院关于印发〈全国法院民商事审判工作会议纪要〉的通知》（法〔2019〕254 号）提出了违反"公序良俗"进而认定合同无效的情形。违反金融安全、市场秩序、国家宏观政策等公序良俗的合同，可被认定为无效，司法实践中能否扩大解释，需看法院能否穿透形式落脚实质。严控财政金融风险符合党中央、国务院政策要求，落实财承限额管理要求是 PPP 财政风险总量防控的主要抓手，已达成实践共识和惯例，若将财承限额管理规定纳入"公序良俗"进而判定合同无效，即便政府有能力履约，也应认定为隐性债务。本研究认为，地方有多余财力时，突破本级财承限额但在合同中约定的支出是预算内的显性支出，不论在当期或在未来，都不应存在隐性债务，关键是其形成当地财政行为的违规，属于应由政策文件的约束力去解决的问题。

若政府无多余财力，履行新增 PPP 项目的财政支出责任则会对本地区的

---

① 财政部 . 关于规范政府和社会资本合作（PPP）综合信息平台运行的通知（财金〔2015〕166 号）[EB/OL]. http://jrs.mof.gov.cn/ppp/zcfbppp/201512/t20151228_1634970.html，2015 – 12 – 18.

财政可持续、政府信用带来威胁。如政府本身不具备 PPP 合同的履约能力，进而不具备合同生效要件中的"当事人意思表示真实"，且双方均存在共同虚假意思表示，若以"虚假的意思表示"为由判定项目合同无效，便否认了合同约定的财政支出责任的合法属性，可构成政府隐性债务。

另外，实践中部分政府为规避财承限额管理要求不申请项目入库，但不入库不代表政府不应履行 PPP 合同约定的财政支出责任，也不改变此种预算安排与支出行为的显性特征。而在政府无力履约时，在当期预算构成"政府支出责任的违约"，在未来为显性债务。凡有规范化依据列入政府预算，或明确地要走预算程序安排的 PPP 支出，在原来未作充分估计、后来实际发生需要通过预算解决追加支出问题的财力负担时，如政府和社会资本签署补充协议加以约定且有履约能力，在当期预算应视为经常性或资本性支出；在未来则属于显性债务。如出现未来无力履约窘境，应归于由不确定性所带来的显性或有债务，理论分析上不宜将此混同于隐性债务。

情形二：地方被动违反财承限额管理规定是否构成隐性债务？财承限额管理规定要求本地区所有年度中 PPP 项目支出均不得超过 10%，除当年数据外，未来年度的占比均为预测值。在此暂不考虑人为主观调整参数的情况，假设参数在预测年度均合理，可能由于宏观经济处于下行周期等原因，导致预测年度实际的一般公共预算支出规模低于预测值、进而使本地区财承超限额。本书认为，情形一中无论政府行为是否"善意"，都是政府选择导致主动超限，情形二却是政府不可预见的被动超限。不论合同缔约双方有无能力继续履约，都不能以财承被动超限为由直接否定合同有效性，情形二并不构成隐性债务，但可能成为未来的显性债务。

情形三：不规范的财承管理是否可归为 PPP 引发隐性债务的诱因之一？在本级未突破财承限额时，通过虚高本级一般公共预算支出增长率夸大未来财政支出规模，增加可用财承额度，或主观忽略本级可用财力与财承限额的匹配度，出现可用财力不足以兑付合同约定的支出责任的问题。上述行为虽未违反政策规定，但可能出现政府无法履约的情况。因财承限额管理规定在目前不足以作为认定合同无效的依据，只要 PPP 项目不存在因违法而引发隐性债务的行为，且其财政支出责任在 PPP 合同中予以明确约定，便不宜以隐性债务问题视之，但可能会带来"政府支出责任的违约"和显性或有债务。

通过上述分析可得出：第一，以"一级政府、一级预算"下本级财承不超限额为前提，纳入 PPP 合同的规范的财政支出责任，在当期预算中不属于政府债务（遑论显性和隐性债务）；政府不履约、少履约的财政支出责任，不改变这部分支出的法定责任，属于"政府支出责任的违约"，亦不属于隐性债务。第二，若本级财承超限，不论是政府主动作为还是被动接受，也不论政府有无实际履约能力，在财承限额管理规定尚未构成"公序良俗"，或无法律、行政法规的强制性规定等其他上位法为其支撑时，此规定都不足以作为认定合同约定无效的依据，不改变政府支出的显性特征。在政府有能力且按约定履约时，不产生隐性债务。在未来如政府无履约能力时，可能发生显性债务，而且相比于"发生"之前，这种债务可认为是潜在的，但此实为政府面对的未来具有不确定性的显性或有债务。只有当项目隐含的违法违规因素因公开暴露而出现导致合同部分条款无效或合同整体无效的颠覆性结果时，其相关债务属性才转变性质，由无履约的支出责任生成隐性债务。

4.4 PPP 项目财政支出责任债务风险矩阵的构建与总结

总结关于 PPP 项目财政支出责任债务属性的分析，可列出表4-3：

表4-3　PPP 项目财政支出责任债务属性分析

PPP 项目财政 支出行为	支出责任的债务属性分析	特点
在本级财承限 额内规范的 PPP 项目 支出行为	若财承管理合规且合同双方具备履约能力，在当期预算属于正常的政府支出责任；在未来属于显性债务	政府是代表公众利益的直接受益方；纳入预算管理，支出法定；政府有履约能力；可监控支出行为及防范风险
	若虚增本级财承空间，或政府实际可用财力不足以履约，不产生隐性债务，但可能产生政府支出责任的违约和显性或有债务	政府是代表公众利益的直接受益方；纳入预算管理，支出法定；政府可能无履约能力；可监控支出行为，并在一定程度上防范风险

续表

PPP项目财政支出行为	支出责任的债务属性分析	特点
在本级财承限额外规范的PPP项目支出行为	若政府有履约能力，分两种情况：一是财承限额规定的法律效力低于约定支出责任的PPP合同的法律效力，当期预算属于正常的政府支出责任，未来属于显性债务；二是规定构成"公序良俗"时，突破限额可导致合同部分条款无效或合同整体无效，产生隐性债务	政府是代表公众利益的直接受益方，有履约能力；行为违反了PPP财承限额管理规定，但因规定的法律效力低于合同的法律效力，司法实践中可能会根据项目情况认定为不同属性；若支出责任列入预算，可监控支出行为及防范风险
	若政府无履约能力，可能判定合同部分条款无效或合同整体无效，构成隐性直接债务（股权投资、运营补贴及配套投入支出）与或有债务（风险承担支出）	政府是代表公众利益的直接受益方，无履约能力；相关财政支出责任无法定属性；若支出责任列入预算，可监控行为，但难以防范风险
本级财承被动超限额	没有主观违反政策规定，若政府有履约能力，则不属于政府隐性债务，在当期预算属于正常的政府支出责任；在未来属于显性债务	政府是代表公众利益的直接受益方；纳入预算管理，支出法定；政府可能有履约能力；可监控支出行为及防范风险
政府提供违规担保和还款承诺	违反《中华人民共和国预算法》等规定，属于隐性或有债务	政府不应是法定债务人；不应纳入预算，支出非法定；不能有效监控支出行为及防范风险
政府不当回购社会资本的资本金	若回购资本金违规不合理，实以政府代表的公共利益换取社会资本利益，应判定合同部分条款无效或合同整体无效，"承诺"行为产生隐性或有债务；"实际"行为产生隐性直接债务	政府行为违反规定；若政府或其指定的事业单位回购，可能纳入预算管理，并监控支出行为及风险；若政府指定融资平台等市场主体回购，则不纳入预算管理，不能监控风险
政府承诺承担社会资本的资本金损失	政府实质性承担了应由社会资本承担的风险，产生隐性或有债务	政府支出非法定；难以监控支出行为及防范风险
明股实债或政府提供最低收益	政府兜底市场风险，违反了按效付费原则，产生隐性债务	政府不应是法定债务人；即便纳入合同及预算管理，但可能因合同无效导致支出非法定；可监控支出行为及防范风险
绩效考核流于形式	致使政府的实际支付金额大于应支付金额，其中多支付的部分产生隐性直接债务；因未按绩效监管要求而隐藏的项目风险变为"现实后果"而可能发生的财政支出责任产生隐性或有债务	政府是代表公众利益的受益方；纳入预算管理，实际支出多于按效付费的部分理论上非法定；可部分监控支出行为及风险（因考核流于形式的隐匿风险一旦失控，难以监控潜在财政支出），造成支出责任的"预算软约束"和隐性债务

比照汉娜的财政风险矩阵，本研究分析了中国 PPP 实操情况，可列出"一揽子"表达的 PPP 项目财政支出责任债务风险矩阵（见表 4-4）：

表 4-4　中国 PPP 项目财政支出责任债务风险矩阵

债务	直接债务	或有债务
显性债务	（1）财承限额内＋支出责任（股权投资、运营补贴及配套投入支出）规范（不含当期预算支出）＋政府可履约； （2）财承规定法律效力低于 PPP 合同法律效力时：财承限额外＋支出责任（股权投资、运营补贴及配套投入支出）规范（不含当期预算支出）＋政府可履约； （3）财承被动超限＋支出责任（股权投资、运营补贴及配套投入支出）规范（不含当期预算支出）＋政府可履约	（1）财承限额内＋支出责任（风险承担支出）规范（不含当期预算支出）＋政府可履约； （2）财承限额内＋支出责任规范＋政府无力履约（当期预算产生"财政支出责任的违约"）； （3）财承被动超限＋支出责任（风险承担支出）规范（不含当期预算支出）＋政府可履约
隐性债务	（1）财承规定构成"公序良俗"：财承限额外＋支出责任（股权投资、运营补贴及配套投入支出）规范（不含当期预算支出）＋政府可履约； （2）财承限额外＋支出责任（股权投资、运营补贴及配套投入支出）规范（不含当期预算支出）＋政府无力履约； （3）政府"实际"不当回购社会资本资本金； （4）政府"实际"承担社会资本资本金损失； （5）明股实债或政府提供最低收益； （6）绩效考核流于形式致使实际支付金额大于应支付金额部分	（1）财承规定构成"公序良俗"：财承限额外＋支出责任（风险承担支出）规范（不含当期预算支出）＋政府可履约； （2）财承限额外＋支出责任（风险承担支出）规范（不含当期预算支出）＋政府无力履约； （3）政府提供违规担保和还贷承诺形成的支出责任； （4）政府"承诺"不当回购社会资本资本金； （5）政府"承诺"承担社会资本资本金损失； （6）绩效考核流于形式致使隐藏的项目风险成为"现实后果"后可能发生的财政支出责任

注：在本书定义下，规范的 PPP 项目财政支出行为的支出责任（分析时默认此部分支出已纳入 PPP 合同）在当期预算安排的支出属于正常的财政支出，表 4-4 不体现对此类支出的分析。

4.5 PPP 项目财政支出责任债务规模测算与风险评估

本节以上文总结的"中国 PPP 项目财政支出责任债务风险矩阵"为分类标准，以 2020 年底入库项目为研究对象，分别测算出这些项目的全生命周期财政支出责任可能产生的政府债务规模和对应的风险规模，以期为各类债务及风险治理措施提供参考。

4.5.1 PPP 项目财政支出责任债务规模的测算

4.5.1.1 测算条件与思路

从"中国 PPP 项目财政支出责任债务风险矩阵"中，可提炼出测算所需的假设条件及对应参数：

第一，本书暂不考虑未来年度新增的 PPP 项目数量及产生的财政支出责任规模，以截至 2020 年底已入综合信息平台管理库的项目为测算对象，分析这些项目的全生命周期财政支出责任可能产生的各类政府债务存量规模。因部分项目已进入财政付费期且发生了实际的财政支出责任，而根据本书定义，已纳入当期预算[①]的财政支出责任不属于政府债务范畴，故作进一步聚焦，将截至 2020 年底已入库项目在 2023 年以后（不包含 2023 年）发生的财政支出责任作为分析对象。同时，因为 PPP 项目财政支出责任中，股权投入、运营补贴和配套投入支出是在项目财政承受能力测算时，根据项目结构安排和运营需要可基本确认的财政支出，而风险承担对应的财政支出责任是在特定风险事件发生时才会产生的实际财政支出，因而前者归于直接债务，后者归于或有债务。根据项目财政承受能力测算报告编制的一般规则和项目实操情况，本书将风险承担支出占项目财政支出责任的比例设定为 15%。

第二，因某行政区是否符合财承限额管理规定会影响此行政区应负担的财政支出责任的债务属性分类，故设定参数"财承超限率"，表示全国有已入库 PPP 项目的行政区的财承超限情况，反映全国整体的财承超限水平。因综合信息平台于 2020 年才公布月度的财承超限行政区数据，且经过 2017—2019 年对财承超限地区的管理制度逐步规范，全国的超限行政区数量趋于稳定，本书用 2020 年度财承超限行政区数量的变化情况估算全国财承超限率的一般水平。

[①] 此处具体指纳入 2021 年的年度预算和纳入 2021 年中期财政规划的 2022—2023 年的财政支出责任。

第三，因本级政府财力有限、无法按合同规定进行财政付费履约，可导致 PPP 项目财政支出责任产生显性或有债务和隐性债务，故本书设定参数"财政支出责任违约率"，反映 PPP 项目财政支出责任的政府违约水平。

第四，若项目存在政府不当回购社会资本的资本金、承担社会资本的资本金损失、明股实债或提供最低收益及绩效考核失真等不规范的 PPP 项目财政支出行为，会引发 PPP 项目财政支出责任隐性债务，故需估算存在因不规范 PPP 项目财政支出行为而引发隐性债务的项目比例，为测算因此产生的隐性债务规模提供依据。

在上述假设条件和参数的基础上形成 PPP 项目财政支出责任债务规模测算的具体思路，见表 4-5。

表 4-5　PPP 项目财政支出责任债务规模测算思路

PPP 项目财政支出责任债务属性		对应债务规模测算思路
显性直接债务	财承限额内＋支出责任（股权投资、运营补贴及配套投入支出）规范（不含当期预算支出）＋政府可履约	（1－财承超限率）×2023 年以后的全国 PPP 项目财政支出责任（股权投资、运营补贴及配套投入支出）×（1－财政支出责任违约率）
	财承规定法律效力低于 PPP 合同法律效力时：财承限额外＋支出责任（股权投资、运营补贴及配套投入支出）规范（不含当期预算支出）＋政府可履约	财承超限率×2023 年以后的全国 PPP 项目财政支出责任（股权投资、运营补贴及配套投入支出）×（1－财政支出责任违约率）
	财承被动超限＋支出责任（股权投资、运营补贴及配套投入支出）规范（不含当期预算支出）＋政府可履约	——[a]
显性或有债务	财承限额内＋支出责任（风险承担支出）规范（不含当期预算支出）＋政府可履约	（1－财承超限率）×2023 年以后的全国财政支出责任（风险承担支出[b]）×（1－财政支出责任违约率）
	财承限额内＋支出责任规范＋政府无力履约（当期预算产生"财政支出责任的违约"）	（1－财承超限率）×2023 年以后的全国 PPP 项目财政支出责任×财政支出责任违约率
	财承被动超限＋支出责任（风险承担支出）规范（不含当期预算支出）＋政府可履约	财承超限率×2023 年以后的全国 PPP 项目财政支出责任（风险承担支出）×（1－财政支出责任违约率）

续表

PPP 项目财政支出责任债务属性		对应债务规模测算思路
隐性直接债务	财承规定构成"公序良俗"：财承限额外＋支出责任（股权投资、运营补贴及配套投入支出）规范（不含当期预算支出）＋政府可履约	——c
	财承限额外＋支出责任（股权投资、运营补贴及配套投入支出）规范（不含当期预算支出）＋政府无力履约	财承超限率×2023 年以后的全国 PPP 项目财政支出责任（股权投资、运营补贴及配套投入支出）×财政支出责任违约率
	存在政府不当回购社会资本资本金、承担资本金损失、明股实债或提供最低收益、绩效考核弱化等不规范财政支出行为导致的已发生的隐性债务	2018—2020 年间，因存在不规范财政支出行为引致隐性债务而退库的项目的财政支出责任 d
隐性或有债务	财承规定构成"公序良俗"：财承限额外＋支出责任（风险承担支出）规范（不含当期预算支出）＋政府可履约	——e
	财承限额外＋支出责任（风险承担支出）规范（不含当期预算支出）＋政府无力履约	财承超限率×2023 年以后的全国 PPP 项目财政支出责任（风险承担支出）×财政支出责任违约率
	存在政府不当回购社会资本资本金、承担资本金损失、明股实债或提供最低收益、绩效考核弱化等不规范财政支出行为导致的未来期间可能发生的债务规模	因不规范财政支出行为而引发隐性债务的项目比例×2023 年以后的全国 PPP 项目财政支出责任×（1－财政支出责任违约率）

注：

a "财承被动超限"的情形从结果导向看，包含于全国超限行政区的数据中，故此处的测算结果包含于产生"显性直接债务"的第二种情况。

b 根据 PPP 项目财政承受能力论证报告的编制规则和实操情况，风险承担支出一般占项目财政支出责任的 15%。

c "财承限额管理规定构成'公序良俗'"是本书的一种假设情形，目前并不成立，测算时认为财承限额管理规定的法律效力弱于约定财政支出责任的 PPP 合同的法律效力，不会产生政府隐性债务。

d 2021 年因不规范财政支出行为引致的隐性债务情况尚无法统计，故只统计了 2018—2020 年因此原因导致的隐性债务规模。

e 同情况 c。

4.5.1.2 测算过程与结果分析

第一，关于 PPP 项目财政支出责任的测算。据不完全统计，截至 2020 年底已入综合信息平台管理库的项目在 2023 年以后所需要支付的财政支出责任约 15.5 万亿元[①]，按风险承担支出 15% 的占比测算，股权投资、运营补贴及配套投入支出对应的财政支出责任约 13.175 万亿元，风险承担支出对应的财政支出责任约 2.325 万亿元。

第二，关于财承超限率的测算。本书用 2020 年度的财承超限行政区数量的变化情况反映未来年度全国行政区财承超限的一般水平。其中，月度财承超限率 = 某月财承超限的行政区数量 / 当月有入库项目的累计行政区数量，2020 年全国 PPP 项目的财承超限行政区情况见表 4-6。

表 4-6 2020 年全国 PPP 项目的财承超限行政区情况

时间	当月有入库项目的累计行政区数量（个）	当月财承占比超过 10% 的行政区数量（个）	超限行政区数量占比（%）
2020 年 1 月	2626	18	0.69
2020 年 2 月	2632	18	0.68
2020 年 3 月	2637	18	0.68
2020 年 4 月	2635	18	0.68
2020 年 5 月	2601	19	0.73
2020 年 6 月	2624	19	0.72
2020 年 7 月	2646	19	0.72
2020 年 8 月	2645	19	0.72
2020 年 9 月	2660	19	0.71
2020 年 10 月	2661	29	1.09
2020 年 11 月	2693	28	1.04
2020 年 12 月	2723	26	0.95

数据来源：全国 PPP 综合信息平台。

[①] 根据综合信息平台、明树数据和其他公开数据渠道统计整理。

根据表 4-6，因当月有入库项目的行政区数量为累计值，且各行政区的财政能力短期内不会发生明显改变，故本书用 2020 年 12 月的超限行政区数量占比 0.95% 估算未来期间全国层面的财承超限率。

第三，关于财政支出责任违约率的测算。因所测算项目的财政履约信息并未完全公开，又因综合信息平台按照"能进能出"的动态管理原则，对于存在不规范问题且在规定期限内无法完成整改的项目，经核证后需做退库处理。库内的项目需接受各省级财政厅、财政部政府和社会资本合作中心的入库核查及日常检查，项目规范度较高，故本书以 2018—2020 年间[①] 的 3719 个退库项目为分析对象，通过梳理退库项目的退库原因中，存在财政支出责任违约问题的项目比例，估算全国财政支出责任违约率的一般水平。

通过对退库项目的退库原因进行整理与分类[②]，其中因本级财力有限、无法进行财政付费而导致退库的项目约 171 个，此 3 年间因政府履约能力不足导致的项目总体退库率为 4.60%，当年的曾在库项目、退库项目和因财政履约不力退库项目的关系见图 4-2，2018—2020 年财政支出责任违约情况见表 4-7。

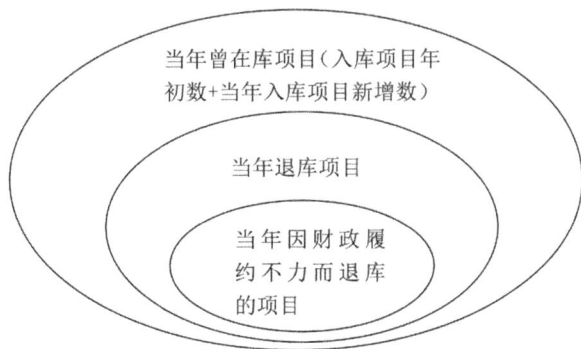

图 4-2 年度曾在库项目、退库项目和因财政履约不力退库项目的关系

---

① 全国 PPP 综合信息平台于 2018 年采取"能进能出"的动态管理原则，故退库项目从 2018 年开始产生。

② 本书根据综合信息平台、明树数据和其他公开数据渠道统计、整理 2018—2020 年的退库项目情况，统计数据与实际情况可能存在误差。

表 4-7   2018—2020 年因财政履约不力导致退库的项目情况

	2018 年	2019 年	2020 年
入库项目年初数（个）	7137	8654	9440
当年入库项目净增数（个）	1517	786	484
当年入库项目退库数（个）	2557	648	514
当年入库项目新增数（个）	4074	1434	998
当年曾在库项目数（个）	11211	10088	10438
当年因财政履约不力导致的退库数（个）	37	6	128
当年财政履约不力的项目比例（%）	0.33	0.06	1.23

注：此表中，当年入库项目净增数 = 当年入库项目新增数 − 当年入库项目退库数，

当年曾在库项目数 = 入库项目年初数 + 当年入库项目新增数，

当年财政履约不力的项目比例 = 当年因财政履约不力导致的退库数 / 当年曾在库项目数。

数据来源：全国 PPP 综合信息平台、明树数据和其他公开数据渠道。

从表 4-7 可看出，2020 年财政履约不力的项目比例为 1.23%，高于 2018 年、2019 年的同比数据，综合考虑宏观经济周期下地方的财政能力情况与进入付费期项目财政支出责任的连续性，本书用 2020 年财政履约不力的项目比例 1.23% 作为全国财政支出责任违约率的一般水平。

第四，关于存在不规范财 PPP 项目政支出行为而引发隐性债务的项目比例的测算。与测算财政支出责任违约率的思路类似，因目前无法查询所有入库项目的合同以判断项目是否存在不规范的财政支出行为，故本书以退库项目中，因存在不规范财政支出行为并可能导致隐性债务的项目比例为标准，衡量全国 PPP 项目中存在不规范财政支出行为的一般水平。在退库项目中，因存在不规范的财政支出行为而产生隐性债务风险，进而导致退库的项目约 718 个，对应的财政支出责任约为 8000 万元[1]，此期间因存在可产生隐性债务的不规范财政支出行为导致的项目退库率为 19.30%。当年的曾在库项目、退库项目和存在可产生隐性债务的不规范财政支出行为的退库项目的关系见图 4-3，2018—2020 年存在不规范财政支出行为的项目情况见表 4-8。

---

[1] 根据综合信息平台、明树数据和其他公开数据渠道统计、整理，统计数据与实际情况可能存在误差。

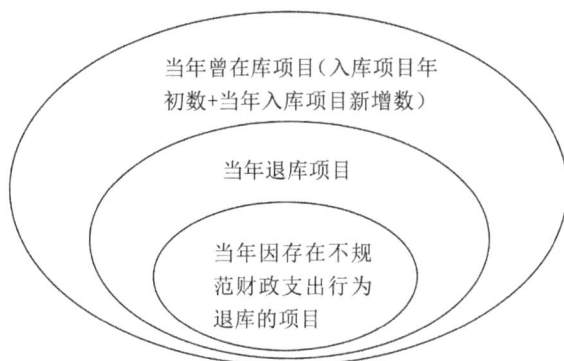

图 4-3　年度曾在库项目、退库项目和因存在不规范财政支出行为退库项目的关系

表 4-8　2018—2020 年因存在不规范财政支出行为退库的项目情况分析

	2018 年	2019 年	2020 年
入库项目年初数（个）	7137	8654	9440
当年入库项目净增数（个）	1517	786	484
当年入库项目退库数（个）	2557	648	514
当年入库项目新增数（个）	4074	1434	998
当年曾在库项目数（个）	11211	10088	10438
当年因不规范财政支出行为引发隐性债务的退库数（个）	592	27	99
当年存在不规范支出引发隐性债务的项目比例（%）	5.28	0.27	0.95

注：此表中，当年存在不规范支出引发隐性债务的项目比例 = 当年因不规范财政支出行为引发隐性债务的退库数 / 当年曾在库项目数。

数据来源：全国 PPP 综合信息平台、明树数据和其他公开数据渠道。

由表 4-8 可看出，2018 年存在不规范支出行为引发隐性债务的项目比例最高，这是 2017 年起开始整顿 PPP 项目隐性债务风险问题、短期内挤出不规范水分的结果。2019 年因新入库项目较少，且存在问题的项目大多在 2018 年被发现并整改，故此比例达到最低，仅为 0.27%；进入 2020 年后，在防控 PPP 项目财政支出责任债务风险的制度尚未完善的背景下，政府监管力度较 2017 年有所减弱，存在不规范财政支出行为的问题有所增加，最能代表现阶段存在不规范财政支出行为的水平，故本书用 0.95% 作为现阶段因存在不规范财政支出行为而引发隐性债务的项目比例。

将上述参数代入表4-5，可估算2020年底已入库项目在2023年以后发生的财政支出责任所产生的政府债务规模，见表4-9。

表4-9　截至2020年底已入库项目的财政支出责任所产生的政府债务规模

PPP 项目财政支出责任债务属性		债务规模（万亿元）	占债务总规模的比例（%）
显性直接债务	财承限额内＋支出责任（股权投资、运营补贴及配套投入支出）规范（不含当期预算支出）＋政府可履约	（1-0.95%）×13.175×（1-1.23%）=12.8893	13.01	79.13
	财承规定法律效力低于 PPP 合同法律效力时：财承限额外＋支出责任（股权投资、运营补贴及配套投入支出）规范（不含当期预算支出）＋政府可履约	0.95%×13.175×（1-1.23%）=0.1236		
	财承被动超限＋支出责任（股权投资、运营补贴及配套投入支出）规范（不含当期预算支出）＋政府可履约	——		
显性或有债务	财承限额内＋支出责任（风险承担支出）规范（不含当期预算支出）＋政府可履约	（1-0.95%）×2.325×（1-1.23%）=2.2746	2.49	15.11
	财承限额内＋支出责任规范＋政府无力履约（当期预算产生"财政支出责任的违约"）	（1-0.95%）×15.5×1.23%=0.1888		
	财承被动超限＋支出责任（风险承担支出）规范（不含当期预算支出）＋政府可履约	0.95%×2.325×（1-1.23%）=0.0218		
隐性直接债务	财承规定构成"公序良俗"：财承限额外＋支出责任（股权投资、运营补贴及配套投入支出）规范（不含当期预算支出）＋政府可履约	——	0.80	4.87
	财承限额外＋支出责任（股权投资、运营补贴及配套投入支出）规范（不含当期预算支出）＋政府无力履约	0.95%×13.175×1.23%=0.0015		
	存在政府不当回购社会资本资本金等不规范财政支出行为导致的已发生的隐性债务	0.8		

续表

PPP 项目财政支出责任债务属性		债务规模（万亿元）		占债务总规模的比例（%）
隐性或有债务	财承规定构成"公序良俗"：财承限额外＋支出责任（风险承担支出）规范（不含当期预算支出）＋政府可履约	——	0.15	0.89
	财承限额外＋支出责任（风险承担支出）规范（不含当期预算支出）＋政府无力履约	0.95%×2.325×1.23%=0.0003		
	存在政府不当回购社会资本资本金等不规范财政支出行为导致的未来期间可能发生的债务规模	0.95%×15.5×（1-1.23%）=0.1454		

根据表 4-9，可得出以下结论：

第一，2020 年底入库项目在 2023 年以后的财政支出责任产生的显性直接债务规模约 13.01 万亿元，显性或有债务规模约 2.49 万亿元，隐性直接债务规模约 0.80 万亿元，隐性或有债务规模约 0.15 万亿元。PPP 项目财政支出责任产生的显性债务规模占所产生的政府债务总规模的比重约 94.24%，隐性债务规模的比重约 5.76%，从现有数据分析，PPP 财政支出责任产生的隐性债务规模较小，且在隐性直接债务规模中，2018—2020 年间因已确认的不规范财政支出行为导致的债务规模占比约 99.81%，这些问题经查证后需由所属各级政府进行整改化解，进一步降低了截至 2020 年底已入库项目的财政支出责任的隐性债务规模。值得注意的是，其一，因测算对象包含了 2020 年底尚处在准备阶段的已入库项目，其中将有部分项目或因不符合 PPP 模式要求而难以通过审批，或后期改用其他方式运作，或在运作过程中因某些原因提前终止合作，进而导致对应的政府债务规模缩小。其二，未来期间将有新增 PPP 项目，进而产生新增财政支出责任和政府债务规模。其三，影响隐性债务规模的关键参数财政支出责任违约率和存在不规范财政支出行为而引发隐性债务的项目比例的测算数据获取渠道极为有限，无法保证入库项目中不存在因抽屉协议隐藏的不规范财政支出行为，有些履约不力的政府也不一定会将项目的财政支付的真实情况予以公开，实践中还存在部分地区的政府不对已完工项目进行竣工验收、以此延迟政府付费，但却要求项目实际运营的情形，这种行为在形式上不违规，但实质上存在政府不付费问题，会提升财政支出责任违约率。故这两个参数的估计值应小于实际值，同样，亦不排除实操中有实际运营的未入库 PPP 项目，这些项目也可能存在不规范的财政支出行为、财政无力履约且违反地区财承限额管理规定而产生隐性债务的问题，因而可能存在的隐性债务规模会高于测算的规模。以上因素将影响政府债务规模测算的精准度。

第二，四项债务规模总计约 16.45 万亿元，与测算对象，即截至 2020 年底已入库项目在 2023 年以后所需要支付的财政支出责任 15.5 万亿元相差约 0.95 万亿元，此 0.95 万亿元对应的债务规模的组成部分包括在隐性直接债务中，因存在不规范财政支出行为导致的于 2018—2020 年已发生的隐性债务 0.80 万亿元，和在隐性或有债务中，因存在不规范财政支出行为导致的未来期间可能发生的债务规模 0.15 万亿元。存在差异的原因为：一方面，因存在不规范财政支出行为导致的于 2018—2020 年已发生的隐性债务规模对应 2018—2020 年发生的财政支出责任，不包含于测算对象，而将其纳入测算结果，是因为不确定这部分因过去事项发生的隐性债务目前是否已全部化解（化解方式包括由财政资金偿还，或按社会资本的过失比例转为部分社会资本债务），因而，此三年曾在库的 PPP 项目所产生的财政支出责任仍对现阶段的 PPP 项目财政支出责任导致的隐性债务规模产生影响。另一方面，本书用 2020 年发生不规范财政支出行为的项目比例估算未来周期可能因此产生的隐性或有债务规模，并不必然表示这部分或有债务将会出现。如果在截至 2020 年底的入库项目中，在未来不存在不规范的财政支出行为，由此产生的隐性或有债务则为零，而本书的测算对象 15.5 万亿元并不包含因未来周期的不规范财政支出行为所产生的"或有的"财政支出增量。

第三，根据本书对"PPP 项目财政支出责任债务风险"的界定可知，"债务风险"由不确定事项引发，对应到表 4-9 的测算，集中体现为在未来周期中，财政是否可履约和财政支出行为是否规范。因而，在 PPP 项目财政支出责任债务规模中，与政府无力履约和可能存在不规范财政支出行为相关的情形可引发债务风险，具体包含在财承限额内而财政无力履约导致的显性或有债务0.1888万亿元、在财承限额外而财政无力履约导致的隐性直接债务0.0015万亿元、在财承限额外而财政无力履约导致的隐性或有债务0.0003万亿元以及因在未来可能存在不规范财政支出行为导致的隐性或有债务0.1454万亿元。因此，在量化统计口径下的PPP项目财政支出责任债务风险规模总计约0.336万亿元，债务风险规模总体可控。在2018—2020年因不规范财政支出行为产生的隐性直接债务0.80万亿元在现阶段已不属于风险事项，是确实产生的隐性直接债务。

4.5.2 PPP项目财政支出责任债务规模的地区分布测算

4.5.2.1 基本情况分析

据粗略统计，华北、东北、华东、华中、华南、西南及西北各地区2023年以后的PPP项目财政支出责任在2024—2026年进入集中支付期，之后各地区的财政付费压力有所缓解。其中，华东、西南和华中地区在未来周期需承担的财政支出责任较其他地区更高，付费压力更大（我国七大地理分区2023年以后的PPP项目财政支出责任[①]统计见表4-10）。

表4-10 我国七大地理分区2023年以后的PPP项目财政支出责任统计

	2023年以后的PPP项目财政支出责任（万元）		各地理分区财政支出责任占比（%）
华北地区	23000	股权投资、财政补贴及配套投入支出：19550	14.84
		风险承担支出：3450	
东北地区	9300	股权投资、财政补贴及配套投入支出：7905	6.00
		风险承担支出：1395	
华东地区	38000	股权投资、财政补贴及配套投入支出：32300	24.52
		风险承担支出：5700	
华中地区	27000	股权投资、财政补贴及配套投入支出：22950	17.42
		风险承担支出：4050	
华南地区	12800	股权投资、财政补贴及配套投入支出：10880	8.26
		风险承担支出：1920	

---

① 因数据统计渠道有限，各地理分区2023年以后所需承担的PPP项目财政支出责任为不完全统计，与实际情况存在一定差距。

续表

	2023 年以后的 PPP 项目财政支出责任（万元）		各地理分区财政支出责任占比（%）
西南地区	32300	股权投资、财政补贴及配套投入支出：27455	20.84
		风险承担支出：4845	
西北地区	12600	股权投资、财政补贴及配套投入支出：10710	8.13
		风险承担支出：1890	

数据来源：全国 PPP 综合信息平台、明树数据和其他公开数据渠道。

我国七大地理分区 2023 年以后的 PPP 项目财政支出责任的年度分布见图 4-4。

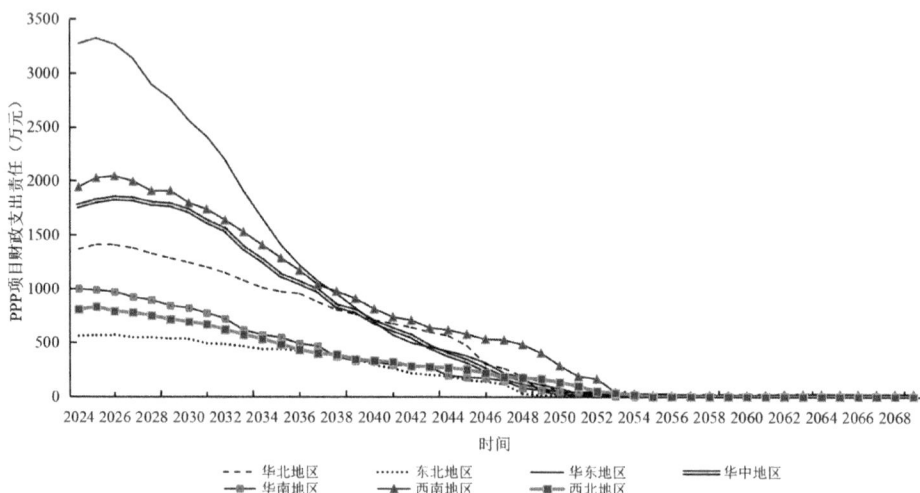

图 4-4　我国七大地理分区 2023 年以后的 PPP 项目财政支出责任的年度分布

注：

a 因数据统计渠道有限，图中数据为粗略测算，表示各地理分区在 2023 年以后各年度的所需承担的 PPP 项目财政支出责任的分布及走向。

b 在数据统计中，华北地区包括北京市、天津市、河北省、山西省和内蒙古自治区，此图暂将内蒙古自治区所辖项目全部纳入华北地区的项目进行统计；东北地区包括黑龙江省、辽宁省和吉林省；华东地区包括上海市、江苏省、浙江省、安徽省、福建省、江西省和山东省，因数据难以获取，暂未统计台湾省情况；华中地区包括河南省、湖北省和湖南省；华南地区包括广东省、广西壮族自治区和海南省，因数据难以获取，暂未统计香港特别行政区和澳门特别行政区情况；西南地区包括重庆市、云南省、四川省、贵州省和西藏自治区；西北地区包括陕西省、甘肃省、青海省、宁夏回族自治区、新疆维吾尔自治区和新疆生产建设兵团。

数据来源：全国 PPP 综合信息平台、明树数据和其他公开数据渠道。

4.5.2.2 测算过程与结果分析

对我国各地理分区在 2023 年以后所需承担的 PPP 项目财政支出责任可能产生的政府债务规模及风险规模的测算思路和基本参数与全国的测算情况一致，因各地理分区在政府履约、财承超限和不规范财政支出行为发生概率等方面的信息公开不完全，故本书用全国的财承超限率 0.95%、财政支出责任违约率 1.23% 和因不规范财政支出行为而引发隐性债务的项目比例 0.95% 作为基本参数，估算各地理分区的 PPP 项目财政支出责任产生的政府债务及风险情况，但因各地区的经济基础和发展前景、财政状况及履约能力、营商环境及法治情况等有所区别，故此测算结果与各地理分区的实际结果存在一定差距。

据上文测算，因在退库项目中，由于存在不规范的财政支出行为而产生隐性债务，进而导致退库的项目对应的财政支出责任约为 8000 万元，本书以各地理分区所承担的 2023 年以后的 PPP 项目财政支出责任，占 2023 年以后全国 PPP 财政支出责任 15.5 万亿元的比例为依据，估算各地理分区在 2018—2020 年度因不规范财政支出行为产生的政府隐性债务规模，具体测算结果见表 4-11。

表 4-11　2018—2020 年因不规范财政支出行为产生的政府隐性债务的地区分布

	2023 年以后的 PPP 项目财政支出责任（万元）	各地理分区财政支出责任占比（%）	2018—2020 年因不规范财政支出行为产生的政府隐性债务估算规模（万元）
华北地区	23000	14.84	1187.10
东北地区	9300	6.00	480.00
华东地区	38000	24.52	1961.29
华中地区	27000	17.42	1393.55
华南地区	12800	8.26	660.65
西南地区	32300	20.84	1667.10
西北地区	12600	8.13	650.32

根据上文测算思路，华北地区截至 2020 年底已入库项目在 2023 年以后产生的 PPP 项目财政支出责任债务规模测算结果见表 4-12。

表4-12　截至 2020 年底华北地区已入库项目的财政支出责任所产生的政府债务规模

PPP 项目财政支出责任债务属性		债务规模（万元）	占债务总规模的比例（%）
显性直接债务	财承限额内＋支出责任（股权投资、运营补贴及配套投入支出）规范（不含当期预算支出）＋政府可履约	（1-0.95%）×19550×（1-1.23%）=19126.09	
	财承规定法律效力低于 PPP 合同法律效力时：财承限额外＋支出责任（股权投资、运营补贴及配套投入支出）规范（不含当期预算支出）＋政府可履约	0.95%×19550×（1-1.23%）=183.44	19309.54　79.13
	财承被动超限＋支出责任（股权投资、运营补贴及配套投入支出）规范（不含当期预算支出）＋政府可履约	——	
显性或有债务	财承限额内＋支出责任（风险承担支出）规范（不含当期预算支出）＋政府可履约	（1-0.95%）×3450×（1-1.23%）=3375.19	
	财承限额内＋支出责任规范＋政府无力履约（当期预算产生"财政支出责任的违约"）	（1-0.95%）×23000×1.23%=280.21	3687.78　15.11
	财承被动超限＋支出责任（风险承担支出）规范（不含当期预算支出）＋政府可履约	0.95%×3450×（1-1.23%）=32.37	
隐性直接债务	财承规定构成"公序良俗"：财承限额外＋支出责任（股权投资、运营补贴及配套投入支出）规范（不含当期预算支出）＋政府可履约	——	
	财承限额外＋支出责任（股权投资、运营补贴及配套投入支出）规范（不含当期预算支出）＋政府无力履约	0.95%×19550×1.23%=2.28	1189.38　4.87
	存在政府不当回购社会资本资本金等不规范财政支出行为导致的已发生的隐性债务	1187.10	
隐性或有债务	财承规定构成"公序良俗"：财承限额外＋支出责任（风险承担支出）规范（不含当期预算支出）＋政府可履约	——	
	财承限额外＋支出责任（风险承担支出）规范（不含当期预算支出）＋政府无力履约	0.95%×3450×1.23%=0.40	216.22　0.89
	存在政府不当回购社会资本资本金等不规范财政支出行为导致的未来期间可能发生的债务规模	0.95%×23000×（1-1.23%）=215.81	

根据表4-12的测算，华北地区的2020年底入库项目在2023年以后的财政支出责任产生的政府债务规模约24403万元，其中，显性直接债务规模约19309.54万元，占产生的政府债务规模比例约79.13%；显性或有债务规模约3687.78万元，占比约15.11%；隐性直接债务规模约1189.38万元，占比约4.87%；隐性或有债务规模约216.22万元，占比约0.89%。显性债务规模比例达到94%，隐性债务规模占比不到6%。对此作出以下分析：其一，因存在已入库项目可能退库、未来将有新增项目以减少或增加对应的政府债务规模，及财政支出责任违约率等基本参数存在区域差异性等原因，上述测算结果将会因PPP项目财政支出责任和相关参数的变化而动态波动。其二，PPP项目财政支出责任产生的债务规模总计24403万元，与其测算基数，即华北地区2023年以后的PPP项目财政支出责任23000万元相差约1403万元，差异表现为2018—2020年因不规范财政支出行为已形成的隐性直接债务1187.10万元，和在隐性或有债务中，因存在不规范财政支出行为导致的未来期间可能发生的债务规模215.81万元。其三，华北地区PPP项目财政支出责任的债务风险规模包括在财承限额内而财政无力履约导致的显性或有债务280.21万元、在财承限额外而财政无力履约导致的隐性直接债务2.28万元、在财承限额外而财政无力履约导致的隐性或有债务0.40万元以及因在未来可能存在不规范财政支出行为导致的隐性或有债务215.81万元，总计约498.7万元，因而，财政履约能力和不规范财政支出行为的发生概率是影响可能产生的债务风险规模的主要因素。

东北地区截至2020年底已入库项目在2023年以后产生的PPP项目财政支出责任的政府债务规模测算结果见表4-13。

表 4-13　截至 2020 年底东北地区已入库项目的财政支出责任所产生的政府债务规模

PPP 项目财政支出责任债务属性		债务规模（万元）	占债务总规模的比例（%）
显性直接债务	财承限额内 + 支出责任（股权投资、运营补贴及配套投入支出）规范（不含当期预算支出）+ 政府可履约	（1−0.95%）×7905×（1−1.23%）=7733.59	7807.77	79.13
	财承规定法律效力低于 PPP 合同法律效力时：财承限额外 + 支出责任（股权投资、运营补贴及配套投入支出）规范（不含当期预算支出）+ 政府可履约	0.95%×7905×（1−1.23%）=74.17		
	财承被动超限 + 支出责任（股权投资、运营补贴及配套投入支出）规范（不含当期预算支出）+ 政府可履约	——		
显性或有债务	财承限额内 + 支出责任（风险承担支出）规范（不含当期预算支出）+ 政府可履约	（1−0.95%）×1395×（1−1.23%）=1364.75	1491.14	15.11
	财承限额内 + 支出责任规范 + 政府无力履约（当期预算产生"支出责任的违约"）	（1−0.95%）×9300×1.23%=113.30		
	财承被动超限 + 支出责任（风险承担支出）规范（不含当期预算支出）+ 政府可履约	0.95%×1395×（1−1.23%）=13.09		
隐性直接债务	财承规定构成"公序良俗"：财承限额外 + 支出责任（股权投资、运营补贴及配套投入支出）规范（不含当期预算支出）+ 政府可履约	——	480.92	4.87
	财承限额外 + 支出责任（股权投资、运营补贴及配套投入支出）规范（不含当期预算支出）+ 政府无力履约	0.95%×7905×1.23%=0.92		
	存在政府不当回购社会资本资本金等不规范财政支出行为导致的已发生的隐性债务	480.00		
隐性或有债务	财承规定构成"公序良俗"：财承限额外 + 支出责任（风险承担支出）规范（不含当期预算支出）+ 政府可履约	——	87.43	0.89
	财承限额外 + 支出责任（风险承担支出）规范（不含当期预算支出）+ 政府无力履约	0.95%×1395×1.23%=0.16		
	存在政府不当回购社会资本资本金等不规范财政支出行为导致的未来期间可能发生的债务规模	0.95%×9300×（1−1.23%）=87.26		

根据表4-13的测算，东北地区的2020年底入库项目在2023年以后的财政支出责任产生的政府债务规模约9867万元，其中，显性直接债务规模约7807.77万元，显性或有债务规模约1491.14万元，隐性直接债务规模约480.92万元，隐性或有债务规模约87.43万元。PPP项目财政支出责任产生的债务规模总计9867万元与其测算基数，即东北地区2023年以后的PPP项目财政支出责任9300万元相差约567万元，差异表现为2018—2020年因不规范财政支出行为已形成的隐性直接债务480.00万元和因存在不规范财政支出行为导致的未来期间可能发生的隐性或有债务87.26万元，其PPP项目财政支出责任产生的债务风险规模总计约201.64万元。

华东地区截至2020年底已入库项目在2023年以后的PPP项目财政支出责任的政府债务规模测算结果见表4-14。

表4-14 截至2020年底华东地区已入库项目的财政支出责任所产生的政府债务规模

PPP项目财政支出责任债务属性		债务规模（万元）		占债务总规模的比例（%）
显性直接债务	财承限额内＋支出责任（股权投资、运营补贴及配套投入支出）规范（不含当期预算支出）＋政府可履约	$(1-0.95\%)\times32300\times(1-1.23\%)=31599.63$	31902.71	79.13
	财承规定法律效力低于PPP合同法律效力时：财承限额外＋支出责任（股权投资、运营补贴及配套投入支出）规范（不含当期预算支出）＋政府可履约	$0.95\%\times32300\times(1-1.23\%)=303.08$		
	财承被动超限＋支出责任（股权投资、运营补贴及配套投入支出）规范（不含当期预算支出）＋政府可履约	——		
显性或有债务	财承限额内＋支出责任（风险承担支出）规范（不含当期预算支出）＋政府可履约	$(1-0.95\%)\times5700\times(1-1.23\%)=5576.41$	6092.85	15.11
	财承限额内＋支出责任规范＋政府无力履约（当期预算产生"财政支出责任的违约"）	$(1-0.95\%)\times38000\times1.23\%=462.96$		
	财承被动超限＋支出责任（风险承担支出）规范（不含当期预算支出）＋政府可履约	$0.95\%\times5700\times(1-1.23\%)=53.48$		

续表

PPP 项目财政支出责任债务属性		债务规模（万元）	占债务总规模的比例（%）
隐性直接债务	财承规定构成"公序良俗"：财承限额外＋支出责任（股权投资、运营补贴及配套投入支出）规范（不含当期预算支出）＋政府可履约	——	1965.06
	财承限额外＋支出责任（股权投资、运营补贴及配套投入支出）规范（不含当期预算支出）＋政府无力履约	0.95%×32300×1.23%=3.77	
	存在政府不当回购社会资本资本金等不规范财政支出行为导致的已发生的隐性债务	1961.29	
隐性或有债务	财承规定构成"公序良俗"：财承限额外＋支出责任（风险承担支出）规范（不含当期预算支出）＋政府可履约	——	357.23
	财承限额外＋支出责任（风险承担支出）规范（不含当期预算支出）＋政府无力履约	0.95%×5700×1.23%=0.67	
	存在政府不当回购社会资本资本金等不规范财政支出行为导致的未来期间可能发生的债务规模	0.95%×38000×（1-1.23%）=356.56	

※ 占债务总规模的比例（%）列：隐性直接债务 4.87，隐性或有债务 0.89

根据表 4-14 的测算，华东地区的 2020 年底入库项目在 2023 年以后的财政支出责任产生的政府债务规模 40317.85 万元，其中，显性直接债务规模约 31902.71 万元，显性或有债务规模约 6092.85 万元，隐性直接债务规模约 1965.06 万元，隐性或有债务规模约 357.23 万元。PPP 项目财政支出责任产生的债务规模总计 40317.85 万元与其测算基数，即华东地区 2023 年以后的 PPP 项目财政支出责任 38000 万元相差约 2317.85 万元，差异表现为 2018—2020 年因不规范财政支出行为已形成的隐性直接债务 1961.29 万元，和在隐性或有债务中，因存在不规范财政支出行为导致的未来期间可能发生的债务规模 356.56 万元，其 PPP 项目财政支出责任产生的债务风险规模总计约 823.96 万元。

华中地区截至 2020 年底已入库项目在 2023 年以后产生的 PPP 项目财政支出责任的政府债务规模测算结果见表 4-15。

表 4-15 截至 2020 年底华中地区已入库项目的财政支出责任所产生的政府债务规模

PPP 项目财政支出责任债务属性		债务规模（万元）		占债务总规模的比例（%）
显性直接债务	财承限额内 + 支出责任（股权投资、运营补贴及配套投入支出）规范（不含当期预算支出）+ 政府可履约	(1-0.95%)×22950×(1-1.23%)=22452.37	22667.72	79.13
	财承规定法律效力低于 PPP 合同法律效力时：财承限额外 + 支出责任（股权投资、运营补贴及配套投入支出）规范（不含当期预算支出）+ 政府可履约	0.95%×22950×(1-1.23%)=215.34		
	财承被动超限 + 支出责任（股权投资、运营补贴及配套投入支出）规范（不含当期预算支出）+ 政府可履约	——		
显性或有债务	财承限额内 + 支出责任（风险承担支出）规范（不含当期预算支出）+ 政府可履约	(1-0.95%)×4050×(1-1.23%)=3962.18	4329.13	15.11
	财承限额内 + 支出责任规范 + 政府无力履约（当期预算产生"财政支出责任的违约"）	(1-0.95%)×27000×1.23%=328.95		
	财承被动超限 + 支出责任（风险承担支出）规范（不含当期预算支出）+ 政府可履约	0.95%×4050×(1-1.23%)=38		
隐性直接债务	财承规定构成"公序良俗"：财承限额外 + 支出责任（股权投资、运营补贴及配套投入支出）规范（不含当期预算支出）+ 政府可履约	——	1396.23	4.87
	财承限额外 + 支出责任（股权投资、运营补贴及配套投入支出）规范（不含当期预算支出）+ 政府无力履约	0.95%×22950×1.23%=2.68		
	存在政府不当回购社会资本资本金等不规范财政支出行为导致的已发生的隐性债务	1393.55		
隐性或有债务	财承规定构成"公序良俗"：财承限额外 + 支出责任（风险承担支出）规范（不含当期预算支出）+ 政府可履约	——	253.82	0.89
	财承限额外 + 支出责任（风险承担支出）规范（不含当期预算支出）+ 政府无力履约	0.95%×4050×1.23%=0.47		
	存在政府不当回购社会资本资本金等不规范财政支出行为导致的未来期间可能发生的债务规模	0.95%×27000×(1-1.23%)=253.35		

根据表 4-15 的测算，华中地区的 2020 年底入库项目在 2023 年以后的财政支出责任产生的政府债务规模约 28647 万元，其中，显性直接债务规模约 22667.72 万元，显性或有债务规模约 4329.13 万元，隐性直接债务规模约

1396.23 万元，隐性或有债务规模约 253.82 万元。PPP 项目财政支出责任产生的债务规模总计 28647 万元，与其测算基数即华中地区 2023 年以后的 PPP 项目财政支出责任 27000 万元相差约 1647 万元，差异表现为 2018—2020 年因不规范财政支出行为已形成的隐性直接债务 1393.55 万元，和在隐性或有债务中，因存在不规范财政支出行为导致的未来期间可能发生的债务规模 253.35 万元，其 PPP 项目财政支出责任产生的债务风险规模总计约 585.45 万元。

华南地区截至 2020 年底已入库项目在 2023 年以后产生的 PPP 项目财政支出责任的政府债务规模测算结果见表 4-16。

表 4-16　截至 2020 年底华南地区已入库项目的财政支出责任所产生的政府债务规模

PPP 项目财政支出责任债务属性		债务规模（万元）		占债务总规模的比例（％）
显性直接债务	财承限额内＋支出责任（股权投资、运营补贴及配套投入支出）规范（不含当期预算支出）＋政府可履约	$(1-0.95\%) \times 10880 \times (1-1.23\%) = 10644.09$	10746.18	79.13
	财承规定法律效力低于 PPP 合同法律效力时：财承限额外＋支出责任（股权投资、运营补贴及配套投入支出）规范（不含当期预算支出）＋政府可履约	$0.95\% \times 10880 \times (1-1.23\%) = 102.09$		
	财承被动超限＋支出责任（股权投资、运营补贴及配套投入支出）规范（不含当期预算支出）＋政府可履约	——		
显性或有债务	财承限额内＋支出责任（风险承担支出）规范（不含当期预算支出）＋政府可履约	$(1-0.95\%) \times 1920 \times (1-1.23\%) = 1878.37$	2052.33	15.11
	财承限额内＋支出责任规范＋政府无力履约（当期预算产生"财政支出责任的违约"）	$(1-0.95\%) \times 12800 \times 1.23\% = 155.94$		
	财承被动超限＋支出责任（风险承担支出）规范（不含当期预算支出）＋政府可履约	$0.95\% \times 1920 \times (1-1.23\%) = 18.02$		

PPP 项目财政支出责任债务属性		债务规模（万元）		占债务总规模的比例（%）
隐性直接债务	财承规定构成"公序良俗"：财承限额外＋支出责任（股权投资、运营补贴及配套投入支出）规范（不含当期预算支出）＋政府可履约	——	661.92	4.87
	财承限额外＋支出责任（股权投资、运营补贴及配套投入支出）规范（不含当期预算支出）＋政府无力履约	0.95%×10880×1.23%=1.27		
	存在政府不当回购社会资本资本金等不规范财政支出行为导致的已发生的隐性债务	660.65		
隐性或有债务	财承规定构成"公序良俗"：财承限额外＋支出责任（风险承担支出）规范（不含当期预算支出）＋政府可履约	——	120.33	0.89
	财承限额外＋支出责任（风险承担支出）规范（不含当期预算支出）＋政府无力履约	0.95%×1920×1.23%=0.22		
	存在政府不当回购社会资本资本金等不规范财政支出行为导致的未来期间可能发生的债务规模	0.95%×12800×（1-1.23%）=120.10		

根据表 4-16 的测算，华南地区的 2020 年底入库项目在 2023 年以后的财政支出责任产生的政府债务规模约 13580.76 万元，其中，显性直接债务规模约 10746.18 万元，显性或有债务规模约 2052.33 万元，隐性直接债务规模约 661.92 万元，隐性或有债务规模约 120.33 万元。PPP 项目财政支出责任产生的债务规模总计 13580.76 万元与其测算基数，即华南地区 2023 年以后的 PPP 项目财政支出责任 12800 万元相差约 780.76 万元，差异表现为 2018—2020 年因不规范财政支出行为已形成的隐性直接债务 660.65 万元，和在隐性或有债务中，因存在不规范财政支出行为导致的未来期间可能发生的债务规模四舍五入为 120.10 万元，其 PPP 项目财政支出责任产生的债务风险规模总计约 277.54 万元。

西南地区截至 2020 年底已入库项目在 2023 年以后产生的 PPP 项目财政

支出责任的政府债务规模测算结果见表4-17。

表4-17　截至2020年底西南地区已入库项目的财政支出责任所产生的政府债务规模

PPP 项目财政支出责任债务属性		债务规模（万元）		占债务总规模的比例（%）
显性直接债务	财承限额内＋支出责任（股权投资、运营补贴及配套投入支出）规范（不含当期预算支出）＋政府可履约	（1-0.95%）×27455×（1-1.23%）=26859.69	27117.30	79.13
	财承规定法律效力低于 PPP 合同法律效力时：财承限额外＋支出责任（股权投资、运营补贴及配套投入支出）规范（不含当期预算支出）＋政府可履约	0.95%×27455×（1-1.23%）=257.61		
	财承被动超限＋支出责任（股权投资、运营补贴及配套投入支出）规范（不含当期预算支出）＋政府可履约	———		
显性或有债务	财承限额内＋支出责任（风险承担支出）规范（不含当期预算支出）＋政府可履约	（1-0.95%）×4845×（1-1.23%）=4739.95	5178.92	15.11
	财承限额内＋支出责任规范＋政府无力履约（当期预算产生"财政支出责任的违约"）	（1-0.95%）×32300×1.23%=393.52		
	财承被动超限＋支出责任（风险承担支出）规范（不含当期预算支出）＋政府可履约	0.95%×4845×（1-1.23%）=45.46		
隐性直接债务	财承规定构成"公序良俗"：财承限额外＋支出责任（股权投资、运营补贴及配套投入支出）规范（不含当期预算支出）＋政府可履约	———	1670.31	4.87
	财承限额外＋支出责任（股权投资、运营补贴及配套投入支出）规范（不含当期预算支出）＋政府无力履约	0.95%×27455×1.23%=3.21		
	存在政府不当回购社会资本资本金等不规范财政支出行为导致的已发生的隐性债务	1667.10		
隐性或有债务	财承规定构成"公序良俗"：财承限额外＋支出责任（风险承担支出）规范（不含当期预算支出）＋政府可履约	———	303.64	0.89
	财承限额外＋支出责任（风险承担支出）规范（不含当期预算支出）＋政府无力履约	0.95%×4845×1.23%=0.57		
	存在政府不当回购社会资本资本金等不规范财政支出行为导致的未来期间可能发生的债务规模	0.95%×32300×（1-1.23%）=303.08		

根据表 4-17 的测算，西南地区的 2020 年底入库项目在 2023 年以后的财政支出责任产生的政府债务规模约 34270.17 万元，其中，显性直接债务规模约 27117.30 万元，显性或有债务规模约 5178.92 万元，隐性直接债务规模约 1670.31 万元，隐性或有债务规模约 303.64 万元。PPP 项目财政支出责任产生的债务规模总计 34270.17 万元，与其测算基数即西南地区 2023 年以后的 PPP 项目财政支出责任 32300 万元相差约 1970.17 万元，差异表现为 2018—2020 年因不规范财政支出行为已形成的隐性直接债务 1667.10 万元，和在隐性或有债务中，因存在不规范财政支出行为导致的未来期间可能发生的债务规模 303.08 万元，其 PPP 项目财政支出责任产生的债务风险规模总计约 700.37 万元。

西北地区截至 2020 年底已入库项目在 2023 年以后产生的 PPP 项目财政支出责任的政府债务规模测算结果见表 4-18。

表 4-18　截至 2020 年底西北地区已入库项目的财政支出责任所产生的政府债务规模

PPP 项目财政支出责任债务属性		债务规模（万元）		占债务总规模的比例（%）
显性直接债务	财承限额内 + 支出责任（股权投资、运营补贴及配套投入支出）规范（不含当期预算支出）+ 政府可履约	（1-0.95%）×10710×（1-1.23%）=10477.77	10578.27	79.13
	财承规定法律效力低于 PPP 合同法律效力时：财承限额外 + 支出责任（股权投资、运营补贴及配套投入支出）规范（不含当期预算支出）+ 政府可履约	0.95%×10710×（1-1.23%）=100.49		
	财承被动超限 + 支出责任（股权投资、运营补贴及配套投入支出）规范（不含当期预算支出）+ 政府可履约	——		
显性或有债务	财承限额内 + 支出责任（风险承担支出）规范（不含当期预算支出）+ 政府可履约	（1-0.95%）×1890×（1-1.23%）=1849.02	2020.26	15.11
	财承限额内 + 支出责任规范 + 政府无力履约（当期预算产生"财政支出责任的违约"）	（1-0.95%）×12600×1.23%=153.51		
	财承被动超限 + 支出责任（风险承担支出）规范（不含当期预算支出）+ 政府可履约	0.95%×1890×（1-1.23%）=17.73		

续表

PPP 项目财政支出责任债务属性		债务规模（万元）	占债务总规模的比例（%）
隐性直接债务	财承规定构成"公序良俗"：财承限额外＋支出责任（股权投资、运营补贴及配套投入支出）规范（不含当期预算支出）＋政府可履约	——	
	财承限额外＋支出责任（股权投资、运营补贴及配套投入支出）规范（不含当期预算支出）＋政府无力履约 $0.95\% \times 10710 \times 1.23\%$ $=1.25$ 651.57		4.87
	存在政府不当回购社会资本资本金等不规范财政支出行为导致的已发生的隐性债务 650.32		
隐性或有债务	财承规定构成"公序良俗"：财承限额外＋支出责任（风险承担支出）规范（不含当期预算支出）＋政府可履约	——	
	财承限额外＋支出责任（风险承担支出）规范（不含当期预算支出）＋政府无力履约 $0.95\% \times 1890 \times 1.23\%$ $=0.22$ 118.45		0.89
	存在政府不当回购社会资本资本金等不规范财政支出行为导致的未来期间可能发生的债务规模 $0.95\% \times 12600 \times (1-1.23\%) =118.23$		

根据表 4-18 的测算，西北地区的 2020 年底入库项目在 2023 年以后的财政支出责任产生的政府债务规模约 13368.55 万元，其中，显性直接债务规模约 10578.27 万元，显性或有债务规模约 2020.26 万元，隐性直接债务规模约 651.57 万元，隐性或有债务规模约 118.45 万元。PPP 项目财政支出责任产生的债务规模总计 13368.55 万元，与其测算基数即西北地区 2023 年以后的 PPP 项目财政支出责任 12600 万元相差约 768.55 万元，差异表现为 2018—2020 年因不规范财政支出行为已形成的隐性直接债务 650.32 万元，和在隐性或有债务中，因存在不规范财政支出行为导致的未来期间可能发生的债务规模 118.23 万元，其 PPP 项目财政支出责任产生的债务风险规模总计约 273.21 万元。

综合前文分析，我国各地理分区在 2023 年后应承担的 PPP 项目财政支出责任产生的政府债务规模构成情况见图 4-5。

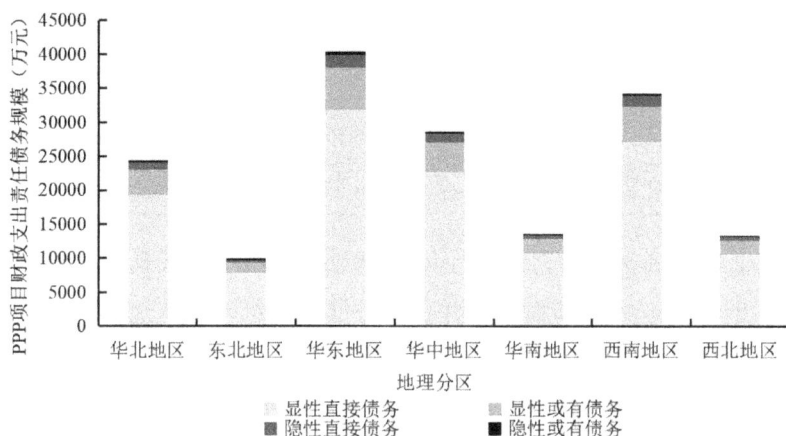

图 4-5 我国七大地理分区 2023 年以后的 PPP 项目财政支出责任政府债务规模

经分析可得出以下结论：

第一，各地理分区将在 2023—2026 年进入集中财政付费期，2025 年将达到支出峰值，财政付费压力较大，2027 年之后财政支出压力有所缓解。2017—2021 年全国一般公共预算支出的增长率情况见表 4-19，由表 4-19 可看出，2020年及以后全国一般公共预算支出增长率较前期降幅明显，为审慎估算未来年度的全国一般公共预算支出增长率和对应的全国 PPP 财承限额，本书采用 2021 年的全国一般公共预算支出增长率预计数 1.80%[①] 估算未来 5 年的全国一般公共预算支出增长情况（见表 4-20）。2025 年估算的全国 PPP 项目财政支出责任占当年全国一般公共预算支出预计数的比例约 4.08%，低于 PPP 财承限额 10%。

表 4-19 2017—2021 年全国一般公共预算支出增长率

	2017	2018	2019	2020	2021
全国一般公共预算支出（亿元）	203330.03	220906.07	238874.02	245588.03	250120.00
增长率（%）	7.70	8.70	8.10	2.80	1.80

数据来源：根据财政部官网公布的各年度全国预算执行情况的报告统计，其中，2017—2020 年增长率为预算决算数，2021 年增长率为预计数。

---

① 财政部. 关于 2020 年中央和地方预算执行情况与 2021 年中央和地方预算草案的报告（摘要）[EB/OL]. http://www.mof.gov.cn/zhengwuxinxi/caizhengxinwen/202103/t20210306_3666607.htm，2021-03-06.

表 4-20 2022—2026 年全国一般公共预算支出规模预测

	2022	2023	2024	2025	2026
全国一般公共预算支出预测（亿元）	254622.16	259205.36	263871.06	268620.74	273455.90
增长率（%）	1.80	1.80	1.80	1.80	1.80

第二，结合各地理分区未来年度 PPP 项目财政支出责任产生的政府债务规模与各地理分区的经济基础和财政能力情况分析，华东地区产生的政府债务规模位居第一，但上海、江苏、浙江、福建、山东 2020 年的全省 GDP 排名位居全国前十行列，安徽、江西亦属于第二梯队，华中地区所属的河南、湖北、湖南三省的 GDP 排名也均居于全国前十行列，华北地区所属省份的GDP 排名多在第二梯队，华南地区所属的广东的经济实力最强，广西和海南表现欠佳，但这两个省份的 PPP 投资规模不大，因而华东、华中、华北和华南地区的 PPP 财政付费能力较强。相较而言，西南、西北和东北地区的多数省份 GDP 排名靠后，即便东北和西北地区 PPP 财政支出责任产生的政府债务规模不大，但对比其财政给付能力，仍存在一定的财政支出责任违约风险。

第三，各地理分区的 PPP 项目财政支出责任产生的显性债务规模占所产生的政府债务规模的比例均超过 94%，即使考虑到测算参数的地区差异对测算结果具有一定影响，但可纳入政府预算、进行全过程透明管理的显性债务是 PPP 项目财政支出责任政府债务的主要构成部分，只要能通过预算合规管理这部分显性债务，严格控制地方的财承超限行为，以本级可支配财力为约束理性开发 PPP 项目，严禁发生不规范的财政支出行为，PPP 项目财政支出责任产生的政府债务及债务风险便可得到良好的控制与治理。

4.5.3 PPP 项目财政支出责任债务规模的政府层级分布测算

4.5.3.1 基本情况分析

据粗略统计，省级、市级和县级 2023 年以后的财政支出责任分布情况[①]

[①] 因数据统计渠道有限，各层级政府 2023 年以后所需承担的 PPP 项目财政支出责任为不完全统计，与实际情况存在一定差距。

见表 4-21，各政府层级的 PPP 项目财政支出责任的年度分布见图 4-6。

表 4-21　我国 2023 年以后的 PPP 项目财政支出责任的政府层级分布

	2023 年以后的 PPP 项目财政支出责任（万元）		各政府层级财政支出责任占比（%）
省级	10600	股权投资、财政补贴及配套投入支出：9010	6.84
		风险承担支出：1590	
市级	55000	股权投资、财政补贴及配套投入支出：46750	35.48
		风险承担支出：8250	
县级	89400	股权投资、财政补贴及配套投入支出：75990	57.68
		风险承担支出：13410	

数据来源：全国 PPP 综合信息平台、明树数据和其他公开数据渠道。

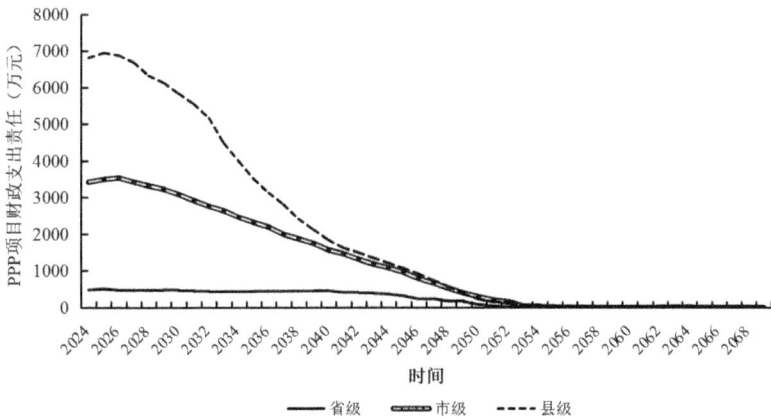

图 4-6　我国各层级政府 2023 年以后的 PPP 项目财政支出责任的年度分布

数据来源：全国 PPP 综合信息平台、明树数据和其他公开数据渠道。

4.5.3.2 测算过程与结果分析

此部分测算思路与前文一致，测算参数采用全国层面的数据反映。本书以省级、市级和县级所承担的 2023 年以后的 PPP 项目财政支出责任，占全国财政支出责任 15.5 万亿元的比例为依据，测算相应层级政府在 2018—2020 年度因不规范财政支出行为产生的政府隐性债务规模，具体测算结果见表 4-22。

表 4-22　2018—2020 年因不规范财政支出行为产生的政府隐性债务的政府层级分布

	2023 年以后的 PPP 项目财政支出责任（万元）	各政府层级财政支出责任占比（％）	2018—2020 年因不规范财政支出行为产生的政府隐性债务估算规模（万元）
省级	10600	6.84	547.10
市级	55000	35.48	2838.71
县级	89400	57.68	4614.19

数据来源：全国 PPP 综合信息平台、明树数据和其他公开数据渠道。

根据前文测算思路，可得省级、市级和县级 PPP 项目财政支出责任产生的政府债务规模（见表 4-23，图 4-7）。

表 4-23　PPP 项目财政支出责任政府债务规模的政府层级分布（单位：万元）

	显性直接债务	显性或有债务	隐性直接债务	隐性或有债务
省级	8899.18	1699.58	548.15	99.65
市级	46174.98	8818.60	2844.17	517.04
县级	75055.32	14334.23	4623.07	840.42

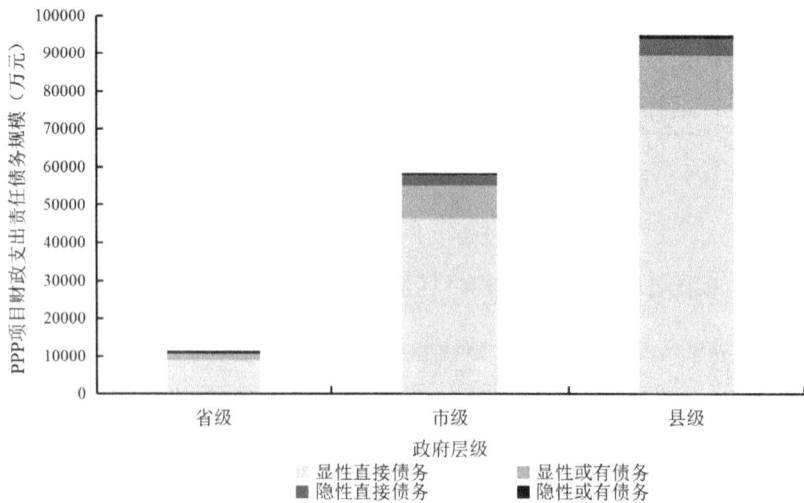

图 4-7　PPP 项目财政支出责任政府债务规模的政府层级分布

根据表 4-23 和图 4-7，可得下列结论：

第一，县级承担的财政支出责任所产生的政府债务规模占 PPP 项目财政支出责任债务规模的比例为 57.68%，而截至 2020 年底，在已进入采购阶段的项目中，45.90%的PPP投资额分布在县级，两个比例存在差距的原因为：一方面，测算对象的范围不同。57.68%表示县级承担的截至2020年底入库项目产生的财政支出责任，包含处于准备阶段的项目，而45.90%表示截至2020年底已进入采购阶段且立项在县级的项目投资规模，因项目投资规模不等于项目产生的财政支出责任，且这一测算范围不包含处于准备阶段的项目，因而比例更小。另一方面，部分立项在省级和市级的PPP项目，需要由处于项目服务辐射的县级承担一定比例的财政付费责任，由此导致县级实际承担的财政支出责任要大于县级立项的PPP项目产生的财政支出责任，在一定程度上反映了PPP财政支出责任有向下级政府转移的情况。值得注意的是，上级政府分担下级政府项目的财政支出责任的情况很少，虽然公共服务供给应遵循"谁受益、谁承担"原则，但鉴于我国部分县级财力有限而公共服务需求大的客观情况，为降低部分基层地区的财政履约压力，可考虑建立上级对下级的财政支持渠道，缓解基层政府的政府债务风险。

第二，延续上文的测算方法进行估算，省级承担的PPP项目财政支出责任产生的债务风险规模约230万元，市级产生的债务风险规模约1193万元，县级产生的债务风险规模1938万元，主要由财政支出责任违约行为和不规范财政支出行为所致。相较而言，县级的经济实力较弱、财政支出刚性较强、对上级政府的转移支付依赖度更大，因而可自由支配财力更低；加之政府监管力度伴随政府层级的降低而减弱，发生不规范财政支出行为的可能性更大，因而债务风险成为现实的概率更高。

第三，显性直接债务与显性或有债务占PPP项目财政支出责任债务规模的比例约94.24%，但鉴于县级财力的有限性和波动程度，显性债务到财政支付年度时转变为"财政支出责任的违约"的概率将有所提升。因而，对县级PPP项目财政支出责任债务及风险管理而言，重点在于：一方面，审慎新增项目，增强县级财政的履约能力，降低财政支出责任违约的发生情况；另一方面，加强政府监管，减少不规范的财政支出行为，以更好控制因此产生的隐性债务规模及风险规模。

4.5.4 对 PPP 项目财政支出责任债务风险的评价

4.5.4.1 对显性直接债务风险的评价

根据上文的测算结果，PPP 项目财政支出责任在未来产生的显性直接债务规模占债务总规模的八成左右，但因显性直接债务均是 PPP 项目合同规定的合法合规的财政支出责任，在未来支付年度要纳入当期预算，进行全面、公开、合法的管理，只要各级财政运营情况稳定、可持续，这部分债务规模引发债务风险的可能性极低。具体而言，PPP 项目财政支出责任产生的显性直接债务主要源于三方面：一是项目的财政支出行为均合规，且本级项目符合财承限额管理规定，未纳入当期预算的政府确定性财政支出责任（不包含因合同约定的或有事项发生时产生的直接或有债务情况）。这部分财政支出责任有预算和 PPP 合同的双重法律保障，政府有能力履约，更为恰当的评价是，这部分支出责任具有显性直接债务属性。二是财承限额管理规定的法律效力弱于 PPP 合同时，对于 PPP 财政支出行为规范、相关支出责任已纳入 PPP 项目合同且政府有能力履约的项目，若在本级财承超限的情况下实施，这部分确定性支出责任仍具有法定属性，政府的履约保障能力降低了引发显性直接债务风险的可能。三是当本级财承被动超限时，因支出法定且政府可履约，故具有显性直接债务属性。上述三种情况均不排除因财政情况恶化导致履约不力，进而在当期预算引发"财政支出责任的违约"的风险可能。

4.5.4.2 对显性或有债务风险的评价

PPP 项目财政支出责任可产生的显性或有债务规模占债务总规模的比例约 15%，可引发显性或有债务风险的财政支出行为亦包含三种情况。一是在支出法定、政府有履约能力且符合财承限额管理规定的情况下，在风险分担框架下，因不在当期预算周期的未来或有事项导致的直接或有支出。政府较强的履约保障能力使得这部分支出引发显性或有债务风险的概率极低。二是在支出法定、符合财承限额管理规定的情况下，政府因可能没有履约能力而引发显性或有债务风险。截至 2021 年 9 月，在已进入采购阶段的项目中，45.1% 的投资额分布在县级，政府付费和可行性缺口补助项目的投资额占县级总投资的比例约96%，对上级财政转移支付占本级财力比重较高、自主财力有限的县级财政而言，其面临的PPP财政支出责任压力远高于省、市级，有可能出现无法按合同履约的问题。此外，东北、西北等地区的经济欠发达行政区较多，存在区域性履约能力与所担支出责任不匹配的可能。据调研社会资本，地方政府尤其是基层政府不履约、少履约的情况时有发生，在未来期间会引发较高的显性或有债务风险。三是本级财承被动超限但政府有履约能力，当发生合同约定的共担或有事项时，政府可支付相应的财政支出责任，故引发显性或有债务风险的可能性很低。

4.5.4.3 对隐性直接债务风险的评价

引发隐性直接债务风险的情况包括：一是财承限额管理规定构成"公序良俗"进而具有更高的法律效力时，即便政府有履约能力且PPP项目层面的财政支出行为合规，在本级财承超限实施项目的情况下，相关确定性的财政支出仍将产生隐性直接债务。但结合目前国内PPP立法进展分析，短期内将财承限额管理规定纳入"公序良俗"或直接赋予其与PPP合同相当的法律效力的可能性较低，因而此种情况引发隐性直接债务风险的概率较低。二是PPP项目层面的财政支出合规，但本级财承已超限且政府无履约能力，即便财承限额规定的法律效力弱，因政府隐瞒真实财力状况，且双方均存在共同虚假意思表示，也可构成合同部分条款无效或合同整体无效的要件进而使这部分支出责任不具有法定属性。目前，我国可通过综合信息平台实时监测财承超限的地区，并要求这些地区不得新上项目，但也不排除某些政府为多上项目而隐报项目的情况，因而此情况引发隐性直接债务风险的可能性为中等。三是当不规范的财政支出行为发生实际财政资源流出时，将产生隐性直接债务。如上文分析，2018—2020年因不规范财政支出行为导致的隐性债务规模已在化解期，风险可控，因此对应的风险水平为中等。四是绩效考核流于形式致使实际支付金额大于应支付金额部分可引发隐性直接债务风险。现阶段，我国已发布专项规范性文件[1]，明确了PPP项目的绩效考核要求，PPP合同也

---

[1] 财政部.关于印发《政府和社会资本合作（PPP）项目绩效管理操作指引》的通知（财金〔2020〕13号）[EB/OL]. http://www.gov.cn/zhengce/zhengceku/2020-03-31/content_5497463.htm，2020-03-16.

设专章规定了绩效考核标准，及政府和社会资本在此方面的权利与义务，此风险可控，但也存在实操中政府考核"放水"，或社会资本隐瞒真实情况以获得高绩效评价的情况，故总体风险评价为中等。

4.5.4.4 对隐性或有债务风险的评价

引发隐性或有债务风险的情况主要包括：一是财承限额管理规定构成"公序良俗"时，即便政府有履约能力且 PPP 项目层面的财政支出行为合规，在本级财承超限实施的情况下，因未来的或有事项产生的财政支出责任仍将引发隐性或有债务。但或有事项的发生存在随机性，故此风险水平较低。二是 PPP 项目层面的财政支出责任合规，但本级财承已超限且政府无履约能力，未来或有事项产生的财政支出责任将引发隐性或有债务风险，因缺乏财政履约保障能力，故此风险水平较高，且与地区财力情况密切相关。三是政府承诺提供不规范财政支出行为时，因财政资源尚未流出政府，故形成隐性或有债务风险。现阶段，在制度不健全的情况下政府和社会资本均有违规动机，政府监管也未达到预期效果，项目采取不规范财政支出行为的方式日益多样和隐蔽，可能因不规范财政支出行为的发生概率的上升而引发较高的风险水平。四是绩效考核流于形式致使隐藏的项目风险成为"现实后果"后可能发生的财政支出责任。根据上文对 PPP 绩效管理现状的分析，笔者认为此风险可控，但也应警惕潜在风险演变为实发风险的情形（PPP 项目财政支出责任债务风险的评价见表 4-24）。根据债务规模的量化测算和对引发政府债务风险的各种 PPP 财政支出行为的分析，本研究认为，我国现阶段的 PPP 项目财政支出责任债务规模及风险规模总体可控，但需重视制度短板与问题，防止显性债务向隐性债务的转变和隐性债务规模的扩大，进而，由此推高因 PPP 项目导致的政府债务风险水平。

表 4-24 PPP 项目财政支出责任债务风险的评价

政府债务风险类别	PPP 财政支出行为	评价
显性直接债务风险	财承限额内 + 支出责任（股权投资、运营补贴及配套投入支出）规范（不含当期预算支出）+ 政府可履约	低
	财承规定法律效力低于 PPP 合同法律效力时：财承限额外 + 支出责任（股权投资、运营补贴及配套投入支出）规范（不含当期预算支出）+ 政府可履约	低
	财承被动超限 + 支出责任（股权投资、运营补贴及配套投入支出）规范（不含当期预算支出）+ 政府可履约	低
显性或有债务风险	财承限额内 + 支出责任（风险承担支出）规范（不含当期预算支出）+ 政府可履约	低
	财承限额内 + 支出责任规范 + 政府无力履约（当期预算产生"支出责任的违约"）	高
	财承被动超限 + 支出责任（风险承担支出）规范（不含当期预算支出）+ 政府可履约	低
隐性直接债务风险	财承规定构成"公序良俗"：财承限额外 + 支出责任（股权投资、运营补贴及配套投入支出）规范（不含当期预算支出）+ 政府可履约	低
	财承限额外 + 支出责任（股权投资、运营补贴及配套投入支出）规范（不含当期预算支出）+ 政府无力履约	中
	政府"实际"不当回购社会资本资本金	中
	政府"实际"承担社会资本资本金损失	中
	明股实债或政府提供最低收益	中
	绩效考核流于形式致使实际支付金额大于应支付金额部分	中
隐性或有债务风险	财承规定构成"公序良俗"：财承限额外 + 支出责任（风险分担支出）规范（不含当期预算支出）+ 政府可履约	低
	财承限额外 + 支出责任（风险承担支出）规范（不含当期预算支出）+ 政府无力履约	高
	政府提供违规担保和还贷承诺形成的支出责任	高
	政府"承诺"不当回购社会资本资本金	高
	政府"承诺"承担社会资本资本金损失	高
	绩效考核流于形式致使隐藏的项目风险成为"现实后果"后可能发生的财政支出责任	中

本章分析了不同财政支出行为的支出责任所具有的政府债务属性，主要结论如下：

第一，以部门规章为主的 PPP 项目财政支出责任债务风险防控制度因法律基础薄弱，影响政策落地效果，在分析某一 PPP 财政支出行为的支出责任所具有的政府债务属性时，需综合考虑财政支出行为对相关制度规定的遵从程度、合同的约定条款、法律及司法的规定情况等因素，从责任主体、履行责任的资金来源、责任履行的完全性及可监管程度等属性判定其与政府债务的关系，部门规章的规定不能作为唯一的判定依据。

第二，对于规范的 PPP 财政支出行为产生的支出责任，应将其与政府隐性债务作泾渭分明的划分，但也不能忽视其在超出当期预算的未来期间可能具有的显性债务属性，以增强支出责任与可用预算资源的中长期匹配度，夯实 PPP 财政可持续的根基；对于不规范的 PPP 财政支出行为产生的支出责任，应充分考虑行为实质后判定其违规程度与债务风险的引致后果。如政府在不影响项目正常运作的前提下，基于本地区经济规划或项目实际需求确需在合理范围内以正当途径回购社会资本股权，或因本级一般公共预算支出实际值小于预测值造成的财承被动超限等行为，不宜"一刀切"地将其认定为违规行为，并将对应的财政支出责任界定为政府隐性债务。

第三，本章所构建的"中国 PPP 项目财政支出责任债务风险矩阵"是综合我国预算管理、法律安排、部门规章规定及实践现状等视角得出的分析结果，明确了产生不同债务属性的行为所具有的特征，具有一定的理论借鉴意义。但应以动态思维考察此债务风险矩阵的"适应性"，当构建矩阵所考虑的因素发生变化时，相关财政支出行为产生的支出责任的债务属性也可能发生变化，如当财承限额管理规定的法律层级提高进而与 PPP 合同的法律效力相当，或被界定为"公序良俗"时，不论本级是否有多余财力实施必须的项目，此行为都会导致合同部分条款无效或合同整体无效，进而确认为政府隐性债务。因此，应以变化的视角审视债务风险矩阵，提高其与预算管理、法律规定和实践现状的匹配度。

第四，根据量化测算结果，在总量分析方面，以截至 2020 年底入库项目在未来周期的财政支出责任为研究对象，产生的 PPP 项目财政支出责任债务规模约 16.45 万亿元，其中，显性债务规模占比约 94.24%，隐性债务规模占比约 5.76%，且在隐性债务规模中，2018—2020 年发生并得到查证的由不规范财政支出行为引发的债务规模占比 99.81%，这些债务应由各级政府牵头整改、化解，可进一步降低对财政可持续的侵害程度。同时，基于本书定义和测算统计口径下的，因政府履约能力和存在不规范财政支出行为导致的未来不确定事项所引发的PPP项目财政支出责任债务风险规模总计约0.336万亿元，总体而言，PPP项目财政支出责任债务风险基本可控。只要能通过预算合规管理PPP项目财政支出责任产生的显性债务，严格控制各行政区的财承超限行为，以本级可支配财力为约束理性开发PPP项目，禁止发生不规范的财政支出行为，PPP项目引发的政府隐性债务风险便可得到更好地防控与治理，也从侧面说明提升财承限额管理、强化政府履约管理与禁止不规范PPP财政支出行为等规定的法律效力的重要性。

第五，在量化测算结果的结构分析方面，华东、华中、华北和华南地区的财政付费能力与其承担的PPP项目财政支出责任匹配度更高，西南、西北和东北地区的PPP项目产生政府债务风险的可能性更大。同时，因县级PPP项目较多，实操中存在省级和市级PPP项目的部分财政支出责任由县级承担的情况，进一步增加了县级PPP项目财政支出压力，而县级财力有限、对上级政府的转移支付依赖度大、财政刚性支付比重高，更加剧了县级财政履约能力与应支付的财政支出责任的错位程度，加之县级发生不规范PPP项目财政支出行为的可能性较省级和市级更大，因而县级发生"财政支出责任的违约"和隐性债务风险的概率更高。

第六，为提高财承限额规定的执行效果，短期内应考虑政策效力不足的困局，进一步完善PPP合同规定，切实规范PPP项目财政支出行为；长期内，应重视PPP法律的制定与完善，夯实模式发展的法治根基和实操规范，以化解PPP主管部门与监管部门在PPP项目财政支出责任债务属性判定及处理方面的分歧，稳定市场预期，推动PPP模式的稳健持续发展。

第七，若在未来，PPP项目财政支出责任债务风险防控制度具备坚实的法律基础，对引致政府债务风险的不规范的PPP项目财政支出行为的司法判决，建议以最大程度化解债务风险、减轻项目合作方和社会公众损失为原则，根据违法程度和项目实际情况，给予违法财政支出行为合理的整改空间。

5 我国 PPP 项目财政支出责任债务风险生成机理的博弈模型分析

当前在 PPP 项目财政支出责任债务风险防控制度上存在的漏洞，为参与人在"PPP 项目财政支出责任债务风险的引致与分担"方面提供了博弈空间（从博弈视角看 PPP 项目财政支出责任与政府债务的关系见图 5-1）。以股权融资、债权融资和项目付费为主体的 PPP 项目现金流通过融资可行性和财务可行性，影响了政府实现项目落地和持续运营及社会资本的利润空间，构成政社的主要博弈事项。鉴于政府提供财政资源支持的能力将直接影响社会资本承担风险的比例和投资的安全性，不同情形下的财政支出具有不同的债务属性和风险水平，如若管理不当，可产生政府债务风险。同时，政府若过度转移风险给社会资本会影响社会资本的参与积极性、迫使社会资本以隐性方式再转移给政府、损害社会福利等，进而增加中长期 PPP 项目财政支出责任债务风险。本章将重点分析政府和社会资本在博弈中的策略集合、博弈过程及支付结果，通过剖析可产生债务风险行为的得与失、由此发生的交易费用的组成及成因，及为促成双方行动一致而产生的说服费用，推导出在项目层面和综合制度环境下 PPP 项目财政支出责任债务风险的生成机理。

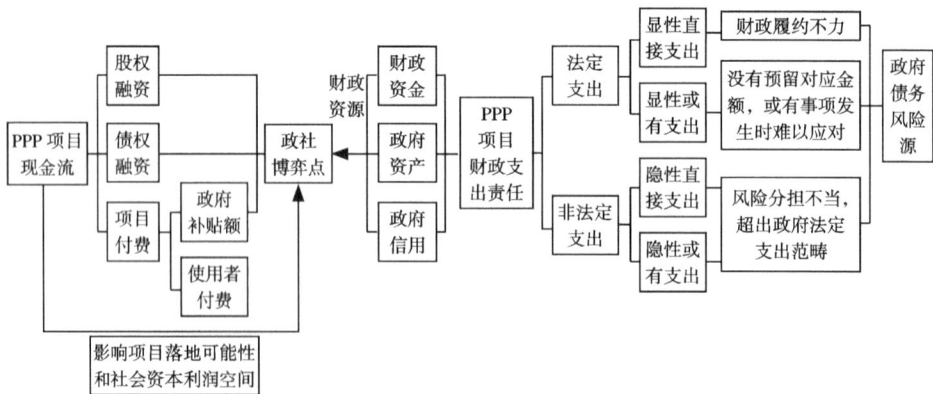

图 5-1　从博弈视角看 PPP 项目财政支出责任与政府债务的关系

5.1 PPP 项目财政支出责任债务风险的政社博弈模型概述

5.1.1 博弈模型的特点

因 PPP 项目参与方无法准确了解其他参与方的所有信息，社会资本通常基于政府对 PPP 项目的意向、初步计划，或公布的招投标文件决定是否应标，政府在与社会资本的沟通中可能影响其策略空间的因素，包括社会资本参与意向的强烈程度、所具有的比较优势、可接受的条件或可作出的退让等，并通过一对一或一对多（此时项目存在多个具有合作意向的潜在社会资本）的多轮谈判，在大致勾勒出对方策略空间的基础上进行博弈。参与人对共同目标的坚持度、对各自利益的追求度及在此基础上作出的策略选择，共同决定博弈的最终结果。

笔者认为，PPP 项目的合作模式和市场特点使得政社博弈的合作性质凸显。一方面，伴随全国 PPP 统一市场的建立，PPP 要素实现了更大范围和更深层次的跨区、跨域流动，政府和社会资本选择合作方的自由度增加，市场竞争更激烈，在未正式签署 PPP 项目合同前，项目参与人不会达成一个对各方行为产生实质约束力的协议，并以利益最大化的导向选择与调整自身策略，具有非合作博弈的特点。另一方面，内嵌于 PPP 项目的公益性间接反映了 PPP 项目具有一定程度的资本和技术门槛，社会资本或需自身综合实力强，或具有可聚拢及协调融资、建设、运营等多主体参与的组织能力，或具有与地方政府良好且稳定的合作关系，小微企业难以在 PPP 市场中突围，某些行业或地区已然形成寡头垄断局面。同时，PPP 项目前期论证费用较高，政府和社会资本的合作若终结于 PPP 项目合同签署前的某一深度环节，不论是因重新寻找合作伙伴所需付出的成本，或已花费的论证成本，或推迟公共服务供给所损失的社会福利，均体现了合作不达成的不经济，从这一角度看，政府和社会资本一旦启动合作计划，双方倾向于最终可达成合作的策略均衡。因此，PPP 项目所要面临的方案设计、招标投标、投资融资、风险分担、建设运营、债务管理等问题，均是参与方在以合作为导向的策略空间中，通过试探、谈判、索取、妥协等多个回合的较量后，相对合意地达成的让各方可接受的均衡点。此处表达"相对合意"，承认了实践中不排除存在某政府凭借公共权力的垄断地位表现出的"强势"，某市场主体凭借与政府之间的"亲密关系"或利益交换而不正当竞争挤掉资质相当乃至更优的另一些市场主体等影响博弈公正的因素；"可接受"则意在表达妥协方在可接受的最小收益或最大损失范围内，对博弈结果的接受程度。

就"PPP 项目财政支出责任债务风险的引致与分担博弈"而言，各参与方期望达成合作的倾向因具有合作路径多、风险可隐匿以及做实风险行为的后果严重等特点而更加明显。其中，第一个特点拓展了参与人的策略空间，第二个特点因降低了违规成本而强化了参与方的行为动机，第三个特点则因前两个特点的存在，激发了参与方在违规合作方面提高"创新性"和"专业性"的积极度，强化了前两个特点，便产生了 PPP 项目财政支出责任债务风险防控的困局。

其一，达成合作的可行路径较多。因 PPP 融资市场发展日益成熟，交易方式创新活跃，政府为市场主体提供担保等行为被明令禁止，PPP 项目财政支出责任的债务属性判断标准在探索中不断明晰，这些因素共同推动 PPP 项目中政府债务与企业债务在作出泾渭分明的划分后，纳入各自的资产负债表进行规范透明的表内管理。但不可否认的是，第一，PPP 项目的多主体参与极大提高了交易的复杂性，实践中某些 PPP 项目的现金流链条上甚至出现了非 PPP 项目参与方，如政府通过与项目无关的第三方（如与本级政府利益相关的国有企业等）为社会资本的债权融资提供担保，膨胀了 PPP 融资的网状风险结构，其上一点出现问题将可能迅速波及其他主体及整个项目运作。第二，金融市场的较快发展为 PPP 融资提供了更多可参考、可操作的技术路径。除了银行贷款这一常规融资方式外，近年来，资产证券化、股权投资基金、项目收益债等频频完成 PPP 融资的首次尝试并得到迅速推广，在拓宽合规合作路径的同时，亦增加了违规合作的可能性。第三，PPP 发展带来的专业化分工在制度建设落后于实践发展的情况下具有正反两方面的作用力，当制度无法完全规制实践时，"上有政策下有对策"所蕴含的租金会激励参与方拓展交易空间，表现为多样的交易主体、复杂的交易结构和延长的交易链条，层层嵌套安排使得违规行为更具隐匿性，由此可强化各方在制度漏洞中谋求利益最大化的"合作勾结"的行为动机。

其二，现阶段 PPP 项目财政支出责任债务风险防控制度存在的问题增加了政社违规合作的隐匿性。目前的各制度要素尚无法构成可相互支撑、互为强化的实践规制机制，降低了可能引致债务风险的 PPP 项目财政支出行为的发现概率。

一是在正式规则方面，相关制度建设尚不完善，提供了违规操作空间。在国内"法律—行政法规—地方性法规、自治条例和单行条例、规章（部门规章属于此层级）①"的法律效力位阶架构下，处于各位阶的规定的强制力差异显著。这种差异在 PPP 项目财政支出责任债务风险防控制度上表现为，一方面，"部门规章"扛起了债务风险防控的大旗，但规定不够细化、统一，增加了执行难度；另一方面，财承限额管理、"四个不得"等主要规定的法律位阶低，为项目打政策擦边球、以"抽屉协议"等方式违规行事提供了可能。如前文分析，违反部门规章不能作为判定合同部分条款无效或合同整体无效的理由，因而在违规收益大于违规成本的前提下，政府和社会资本均有动机利用法律规定与政策规定的效力不对等谋求各自及共同利益的最大化，从而拓展了政社在"PPP 项目财政支出责任债务风险的引致与分担"上的博弈空间。

二是在非正式约束方面，社会信息、行业文化传递型塑了交易规范，在"PPP 项目财政支出责任债务风险防控"方面表现为防控风险的共识、社会信誉的培养以及政企关系的影响，但政企关系的影响在一定程度上要比前两者更为重要。伴随市场经济改革的深化，政府不当干预市场的行为大幅降低，市场主体的独立人格凸显，但计划经济体制时期的政企关系影响并非朝夕可消散，部分因素在我国特色社会主义市场经济文化的积淀中保留下来，影响着我国政府与市场主体的行为方式与博弈关系，PPP 政企关系最终要遵从我

---

① 此规定援引《中华人民共和国立法法》（2015 修正）。

国市场中政企关系的特点。当然，随着市场机制的完善、市场规模的扩容和市场主体实力的提升，政府和企业的双向选择机会明显增加，政企话语权的分配趋于平等，但不能排除部分政府存在不当干预市场行为、影响市场主体决策的情况，增加了社会资本单次不合作的成本，若双方达成合谋违规，均会为对方的违规行为进行"掩护"。因而，分析政府和社会资本的博弈动机与行为，不能囿于项目本身，非正式约束赋予的国内政企关系的特点，将增加合谋违规的可能性。

三是在实施机制方面，因 PPP 交易存在信息不对称、PPP 项目合同不完备，加之国内统一 PPP 市场的形成以及国际 PPP 市场的开拓降低了重复交易的可能，PPP 项目契约难以做到自我实施，需要依靠第三方实施完善交易规范。但政府监管缺乏统一标准与尺度，存在的监管弹性不仅难以达到监管目标，还会挫伤市场积极性。同时，PPP 行业自律组织、PPP 债务信息管理机构等不具有强制性，但可产生较大外部性、降低制度实施成本的客观第三方机构尚待建立，公民听证与监督机制、信息共享机制、社会信用评价机制、对违规失信行为的惩戒机制及冲突调节与仲裁机制等可与政府实施机制产生互补的安排缺位，参与人的违规行为成本中很少包含信息与信用的软约束成本，市场与公众的监督作用大打折扣。

其三，因各方难以应对潜在风险变为实害结果的局面，推动了合谋违规"专业度"的提升。在党中央、国务院严控地方政府债务的背景下，财政、金融、审计等部门的政策组合拳将政府债务管理置于前所未有的重要位置，极大提高了地方政府被做实引发政府债务风险的行为成本，轻则要求项目整改、甚至就此流产，重则对涉事官员终身问责，项目社会资本也将首当其冲地遭受牵连，面临项目的债务偿还和企业形象受损等问题，甚至可能影响其他所属项目的正常推进。如，武汉市轨道交通 8 号线一期 PPP 项目（下文简称"武汉案例"）的中标社会资本是三家商业银行联合体，此三家银行联合政府出资代表组成契约型基金入股项目公司，且三家银行是基金的优先级出资人，在项目启动磋商程序前，基金事实上并不存在，社会资本不具备建设、运营资质，存在借 PPP 违规融资和风险分担不合理的嫌疑，或可引发政府债务风险，被财政部查处并引起全国关注接而项目流产后，实操中也再未出现金融机构独自作为社会资本的案例。但因未有政策规定金融机构在联合体中的持股比例，此后建设运营主体在联合体中象征性持股而金融机构控股甚至绝对控股的案例层出不穷，武汉案例并未从根源上治理借 PPP 违规融资的问题，反而推动相关违规行为通过技术包装使其变得更加复杂、难以辨别。因此，一旦政府和社会资本在 PPP 项目财政支出责任债务风险问题的处理方式上达成共识，或可推动项目参与人以更专业、隐匿的方式发生违规行为，提升监管难度。

参与人的违规成本是违规行为发现概率与违规行为后果综合作用的结果，即便国内已通过多次颁布部门规章明确了可能引致 PPP 债务风险的行为的处罚后果，但因存在制度漏洞，违规行为的隐匿性较强，降低了参与人的违规成本，故此产生了政府和社会资本在"PPP 项目财政支出责任债务风险的引致与分担"问题上的博弈行为。

5.1.2 地方政府和社会资本的违规行为分析

本研究将"违规行为"界定为因违反现有制度而导致政府债务风险的 PPP 项目财政支出行为，对违规行为的分析应包含违规动机、违规收益和违规成本。

5.1.2.1 对违规行为的相关界定

第一，关于违规动机。当参与人可能引发 PPP 项目财政支出责任债务风险的某行为的违规利润≥相同实施条件下的合规利润时，可能存在违规动机。其中，"等于"满足了项目至少在违规条件下可落地的需求，"相同实施条件"主要指项目实施的外部综合条件，即项目的所在区位与所处行业、发展前景与可经营程度等经济条件，需接受的法律法规与政策约束等规范要求条件，应保障的公共利益等社会条件是相同的，以此保障同一项目中政府和社会资本的合规收益及成本与违规收益及成本的可比性。

第二，关于违规利润。若双方达成违规行为，可认为双方获得的违规利润至少不低于相同实施条件下的合规利润。项目利润为项目收益与成本之差。

值得注意的是，此处的项目收益与成本并非以经济利益为单一衡量标准的得失，也蕴含了获得更多发展机会、维护政社长远合作关系、完成政绩考核要求等产生的收益，以及违规行为被发现后，存在的主体声誉的下降与可能面临的行政处罚及法律制裁等成本，很可能超出单个合作项目的收益与成本范围，因而具有机会性、长期性与跨域性的特点，是各种因素综合作用的结果，模型分析使用了此种广义含义。

第三，关于交易费用。在模型中，假设项目仅存在产生政府债务风险的违规行为，本书将相同实施条件下，项目违规成本与合规成本的差额，即PPP财政支出行为产生的政府债务风险成本界定为"交易费用"，主要包括：一是调整并执行违规项目合同的成本；二是在违规行为下政府多承担的财政支出；三是为发生违规行为，政社各自产生的协调费用；四是违规行为被发现后所支付的债务风险承担与化解成本；五是政府不兑付承诺条件时社会资本面临的政府违约成本，后两者为特定条件下的潜在交易费用。参与人倾向于违规的原因之一在于，他们存在违规行为不被发现进而风险因素不会产生实害后果，或即便被发现但可运用行政自由裁量权降低成本的侥幸心理。

第四，关于说服费用及其与交易费用的关系。经前文分析，PPP项目中的政社博弈更倾向于达成合作结果，为博弈模型中"说服费用"的发生奠定了基础：实操中存在一方有违规动机而另一方没有的情况，但违规行为需双方达成共识，同理，也存在一方初始合规但经双方协商后违规落地的情况。本书将政府或社会资本说服对方改变初始决策以实现双方行动一致过程中说服方付出的成本界定为"说服费用"。

在实施条件相同的假设下，"交易费用"与"说服费用"并非同时存在，若双方初始均有违规动机，会因违规运作产生交易费用，但无说服费用。若双方并未在初始决策达成共识而需由其中一方支付说服费用时，在行为合规导向下，为促成项目落地将发生说服费用，交易费用为零；在行为违规导向下，交易费用将包含说服费用，因为交易费用涵盖了因不规范PPP财政支出行为导致的政府债务风险的一切后果，说服费用是为达成合谋违规意图而付出的改变一方行为策略的成本，因而包含于交易费用。

5.1.2.2 地方政府的违规行为分析

地方政府运用 PPP 提供公共服务是主要目标，违规动机是制度环境和作为地方政府代理人的官员的行为偏离综合作用的结果，造成违规动机的因素包括但不限于：

一是分税制下"财权重心上移，事权重心下移"的地方财政资源支持乏力。由于地方税体系尚未成型，各级事权划分不清晰，上级有向下级转移公共服务供给责任的倾向，造成部分地方本级财力与支出责任的不匹配。

二是地方财力缺口与公共服务缺口造成发展困局。公共服务供给水平是一方百姓生存的基础，是一方经济发展的前提，但资源禀赋和区位条件的差异决定了各地的经济基础和发展水平的不平衡，在"地方财力支持公共服务供给—良好的公共服务促进地方经济发展—经济发展支持公共服务达到更高水平—高水平的公共服务推动经济发展步入更高阶段"的循环作用机制下，经济基础越差的地区公共服务供给能力越弱，且将抑制经济发展。在中央对地方的救助预期下，为在发展困局中突围，部分地方政府有"铤而走险"的动机。

三是兴办公共事业是刺激需求的必然选择，个别地方官员为出"政绩"有可能越界违规。我国正值向经济高质量发展的转型期和跨越中等收入陷阱的关键阶段，基建投资成为多因素叠加下的选择，PPP 存在客观发展的推力和地方政府落地项目的压力，也是催化地方决策者越界违规的因素之一。有些项目具有一定的政治意义，部分官员会作出以牺牲合规要求为代价的落地安排。

四是部分政府官员以公共利益为代价谋求私人利益，人为制造"寻租空间"。因 PPP 财政支出发生在运营期，若官员任期小于建设期，或是隐藏的政府债务风险在不危及自身的未来若干年后才会爆发，将增加作为地方政府代理人的地方官员的寻租行为。

五是 PPP 项目财政支出责任债务风险防控制度的短板加剧了政府的违规动机。如果相关制度周密且详实，政府监管标准统一且有效，违规后果明确且严重，可大为降低上述政府违规动机落于现实的可能性。但现阶段的相关制度无法提供强有力的约束，增加了违规行为的发生概率。

基于此，地方政府如果面临合规与落地"二选一"的两难境地且最终选择实现落地，可获得的直接收益包括但不限于公共服务供给增加与经济发展成果、上级政府的认同、官员政绩目标的实现，以及在预期违规行为不被发现时官员可能的非法收入。间接收益可能包括政企关系的建立与维护及与项目联动的发展机会等，项目还可能有助于政府获得良好形象，被打造成行业或地区标杆进而获得社会声誉。

政府的违规成本可分为两类：实发成本主要包含政府不当承担项目风险引发的非法定支出及或有支出，以及协调部门审查项目方案、评估风险后果的费用等难以量化的成本。潜在成本主要包括违规行为被发现后，政府承担的项目整改成本或项目流产带来的沉没成本、相关部门及官员遭受的惩罚、政府声誉的折损等。其特点是：若违规行为未被发现，此部分成本为零；若被发现，在存在一定行政自由裁量权的情况下尚有化解的弹性空间，但一旦违规行为被做实，成本将相当巨大。

5.1.2.3 社会资本的违规行为分析

相比政府而言，社会资本的违规动机更简单直接，在经济激励、公共服务供给和企业社会形象树立等多重目标中，谋求经济利益最大化的激励占据主导，因而评估的关键在于促成此次交易可带来的经济收益。当然，在竞争日益激烈的 PPP 市场中，社会资本需综合考量短期利益和长期利益，造成违规动机的因素包括但不限于：

一是社会资本的逐利性本能使然。就单个项目而言，争取更多的财政资源的实质在于让政府多承担本应由社会资本承担的风险，以提高社会资本投资的安全性、缩短投资回收期、获得更高收益率。此种情况多发生在政府急于落地项目时，或"弱地方政府＋强社会资本"的组合中，社会资本的话语权等于甚至高于政府。

二是看重区域或行业垄断地位所带来的规模经济。社会资本期望获得政府提供的长期合作机会，及由此培养的区域或行业的垄断或寡头垄断地位。

三是有限理性和机会主义形成的行为扭曲。政府作为委托方，具有有限理性；社会资本作为代理方，具有信息优势，而 PPP 合同具有不完备性，增加了逆向选择和道德风险。若发生逆向选择，政府需评估比对重新采购造成的沉没成本和采取违规行为发生的可能成本；若发生道德风险，政府可能知晓也可能不知晓违规行为，若社会资本包装了违规行为而无法让政府事先察觉，政府将丧失评估债务风险后果、制止违规行为的机会。

四是相关制度规定的不细致、不周密及约束的脆弱性加剧了违规动机。

社会资本采取违规行为主要是获取相比合规运作下更高的以经济利益为代表的综合利益。直接利益主要表现为项目落地可获得的经济收入，因此提升的品牌竞争力和行业影响力也会体现为占有更多市场份额后带来的公司经济实力的提升；间接利益体现为因获得政府"信任"后产生的长期合作机会与合作成本的降低；社会资本也会因 PPP 的公益性获得良好的企业形象。

社会资本的违规成本亦可分为两类：实发成本包括为实现违规方案所付出的协调、谈判成本，一般而言，社会资本承担的实发成本要小于政府承担的份额。就潜在成本而言，除了要面临违规行为被发现后所需承担的债务分担成本或项目流产损失外，还需面对政府承诺的条件不兑现的风险。因为若政府的承诺在运营期无法及时履约，会影响项目公司，甚至社会资本现金流的稳定。

5.2 现有制度下政府先行的政社博弈模型

根据科斯定理，交易费用为零时，不论如何配置初始权利，最终均会实现资源配置的帕累托最优，而交易费用的变化将影响资源的配置状态。PPP 财政支出责任债务风险是政府和社会资本在 PPP 制度环境、市场结构、双方相对地位等因素作用下利益博弈的结果。理论上，"引发政府债务风险的财政支出行为"的权利既可界定给政府，也可界定给社会资本，即便政府拥有初始决策权，社会资本也可说服政府与其达成合意，前提是双方均能从中实现支付增量。同理，政府也可说服社会资本改变初始决策，至于决策方向是从合规到违规还是从违规到合规，需要具体分析，因而 PPP 项目财政支出责任债务风险应属于政社共担风险。本书对比上述权利分别界定给政府和社会资本时的博弈模型，以推导风险生成机理和防控风险的关键因素。

5.2.1 模型假设

第一，参与人 i={ 政府 G，社会资本 S}，金融机构、咨询机构等其他涉及主体是政社合作方向确定后的利益分享者，本书将其纳入社会资本范畴统一分析。

第二，在有限理性和机会主义的行为假设下，政社均存在违规动机。政府或社会资本实施某项目的合规收益、成本和利润分别为 R_i、C_i、Π_i，相同实施条件下同一项目的违规收益、成本和利润分别为 R_i''、C_i''、Π_i''。$\Pi_i=R_i-C_i$；$\Pi_i''=R_i''-C_i''$，$i \in \{G, S\}$。

第三，在相同实施条件下，项目的违规收益高于合规收益的部分界定为违规收益增量 Δ，即 $(R_G''+R_S'')-(R_G+R_S)=\Delta$；将"因引致 PPP 财政支出债务风险而产生的成本"，即违规成本与合规成本的差额界定为"交易费用"，设为 α，$(C_G''+C_S'')-(C_G+C_S)=\alpha$；项目违规利润增量 $=\Delta-\alpha$。设 $\Delta \geq \alpha$，$\Delta > \alpha$ 实现了违规行为的以经济利益为代表的综合性激励，$\Delta=\alpha$ 至少实现了项目落地需求。政府与社会资本在"引发债务风险的 PPP 财政支出行为"上分享收益、分担风险的比例为 $\eta:(1-\eta)$。

第四，参与人有先后行动顺序，后行动者可观察到先行动者的行动选择并在此基础上作出决策，构成序贯博弈。

第五，每个参与人对其他参与人的特征、策略空间和支付函数无准确认知，但参与人可通过收集对方以往的行为信息及博弈谈判，判定对方的行为倾向。

第六，参与人个数有限，每个参与人有有限个策略选择，构成有限博弈。

5.2.2 对博弈空间的分析

若政府发起项目，并决定 PPP 项目是否有可能引发债务风险的违规行为，其策略空间 $S_G=\{$ 不许违规，允许违规 $\}$。社会资本在政府先发行动的基础上进行决策，其策略空间为 $S_s=\{$ 遵从，不遵从 $\}$，双方博弈的扩展式表述见图 5-2。

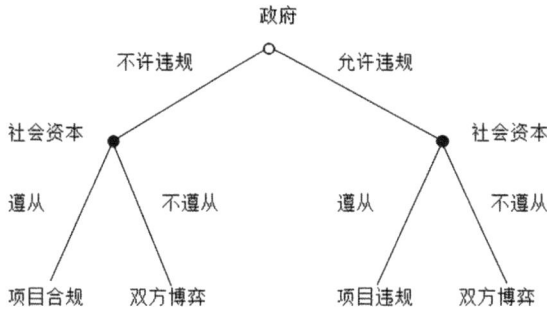

图 5-2　政府先行时政社的博弈空间：扩展式表述

此时，社会资本有四个纯策略，分别为：（1）不论政府是否允许违规，社会资本均遵从政府的意愿；（2）政府允许违规，社会资本遵从政府的意愿；政府不许违规，社会资本不遵从政府的意愿；（3）政府允许违规，社会资本不遵从政府的意愿；政府不许违规，社会资本遵从政府的意愿；（4）不论政府是否允许违规，社会资本均不遵从政府的意愿。此四个纯策略可简写为：{ 遵从，遵从 }，{ 遵从，不遵从 }，{ 不遵从，遵从 } 和 { 不遵从，不遵从 }。此博弈的战略式表述见表 5-1（此表仅简单列示项目合规与否以及可能存在的博弈空间，并未列出双方的支付结果）。

表 5-1　政府先行时政社的博弈空间：战略式表述

<table>
<tr><td colspan="5" align="center">社会资本</td></tr>
<tr><td></td><td>{遵从，遵从}</td><td>{遵从，不遵从}</td><td>{不遵从，遵从}</td><td>{不遵从，不遵从}</td></tr>
<tr><td rowspan="2">政府</td><td>不许违规</td><td>项目合规</td><td>双方博弈（社会资本有违规动机）</td><td>项目合规</td><td>双方博弈（社会资本有违规动机）</td></tr>
<tr><td>允许违规</td><td>项目违规</td><td>项目违规</td><td>双方博弈（社会资本没有违规动机）</td><td>双方博弈（社会资本没有违规动机）</td></tr>
</table>

5.2.3 对引入说服费用后的博弈模型分析

若社会资本不认同政府的初始决定，却有意与政府达成合作，则社会资本有动机说服政府同意社会资本的决定，由此产生社会资本向政府支付的说服费用，此成本体现为社会资本支付结果的减项和政府支付结果的加项。若双方在说服费用上达成共识，政府可改变最初决策，与社会资本合作，实现项目落地。引入说服费用后双方博弈的扩展式表述见图 5-3。

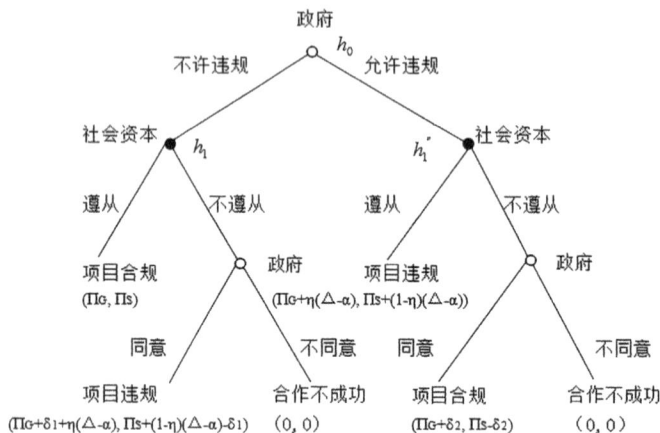

图 5-3 政府先行时引入说服费用后的政社博弈：扩展式表述

其中，δ_1 表示政府不许违规而社会资本有违规动机时，社会资本为改变政府初始策略而需支付的说服费用，如为政府引进先进的技术或优质的商业资源，带来其他的合作机会等，此情况可能发生在政社话语权相当，或政府的发展需求高于合规需求时，经济实力较弱、本级财力有限的地区面对发展压力，往往难以抵御社会资本抛出的"橄榄枝"；δ_2 表示政府允许违规而社会资本无违规动机时，社会资本为改变政府初始策略而需支付的说服费用，如社会资本提供质优合规的方案，或让自身利益于政府等，通常只有当社会资本有足够的实力和话语权，且意识到违规行为不利于自身或合规意识强烈时，才可能说服政府改变违规动机。

5.2.3.1 政府初始策略为"不许违规"的博弈分析

若政府的初始策略为"不许违规"，可等价于政府的合规利润≥相同实施条件下的违规利润，即 $\Pi_G \geq \Pi_G''$。

第一，若社会资本采取"遵从"策略，则无违规动机（$\Pi_S \geq \Pi_S''$），双方目标一致，不存在"社会资本损害政府利益及赔偿"问题，项目合规落地，博弈结束，政社获得的支付分别为 Π_G 和 Π_S。

第二，若社会资本采取"不遵从"策略，则有违规动机（$\Pi_S \leq \Pi_S''$）。若想达成交易，社会资本需说服政府改变策略并支付 δ_1。因 α 包含 δ_1，δ_1 由社会资本承担，政社违规合谋后共担的交易费用为 $\alpha-\delta_1$，政府承担 $\eta(\alpha-\delta_1)$，社会资本承担 $(1-\eta)(\alpha-\delta_1)+\delta_1$。因 Δ 所包含的 δ_1 归政府所有，政府获得的违规收益增量为 $\delta_1+\eta(\Delta-\delta_1)$，社会资本获得 $(1-\eta)(\Delta-\delta_1)$。若想交易成功，需同时满足：① $\Pi_G''+\delta_1 \geqslant \Pi_G$；② $\Pi_S''-\Pi_S \geqslant \delta_1$，条件①要求在政府没有但社会资本有违规动机时，政府获得 δ_1 后的利润应不低于合规利润才可能改变决策，构成博弈可实现的条件；条件②要求社会资本获得的违规与合规利润之差不低于 δ_1，才有说服动机，构成博弈存在的前提。可分解为以下条件：一是对政府而言，$R_G''=R_G+\delta_1+\eta(\Delta-\delta_1)$，$C_G''=C_G+\eta(\alpha-\delta_1)$，$\Pi_G''=R_G''-C_G''=\Pi_G+\delta_1+\eta(\Delta-\alpha)$。二是对社会资本而言，$R_S''=R_S+(1-\eta)(\Delta-\delta_1)$，$C_S''=C_S+(1-\eta)(\alpha-\delta_1)+\delta_1$，$\Pi_S''=\Pi_S+(1-\eta)(\Delta-\alpha)-\delta_1$。三是 $\Pi_S''-\Pi_S \geqslant \delta_1$，$(1-\eta)(\Delta-\alpha) \geqslant 2\delta_1$，$(\Delta-\alpha) \geqslant 2\delta_1/(1-\eta)$，$(\Delta-\alpha)$ 与 δ_1 和 η 正向变动。一方面，因 $(\Delta-\alpha)$ 包含 δ_1，若要使 $(\Delta-\alpha)$ 保持在一定水平从而让双方均有违规激励，需平衡 δ_1 和 $(\alpha-\delta_1)$ 的比例，政府若想获得较多的 δ_1，会动用资源降低 $(\alpha-\delta_1)$，如放松对项目的合规性审查、降低绩效监管要求等。另一方面，政府分享收益的比例 η 越高，违规动机越强，前提是违规行为不被发现从而避免承担风险后果。此时，$\delta_1 \leqslant [(1-\eta)(\Delta-\alpha)]/2$，政社获得的支付分别为 $\Pi_G+\delta_1+\eta(\Delta-\alpha)$ 和 $\Pi_S+(1-\eta)(\Delta-\alpha)-\delta_1$。

第三，若社会资本采取"不遵从"策略但并未说服政府，可推测原因为双方无法就 δ_1 达成共识，为简化模型分析，推定合作不成功，双方均未获得支付。

5.2.3.2 政府初始策略为"允许违规"的博弈分析

若政府的初始策略为"允许违规"，可等价于政府的合规利润≤相同实施条件下的违规利润，即 $\Pi_G \leqslant \Pi_G''$。

第一，若社会资本采取"遵从"策略，说明社会资本有违规动机 $(\Pi_S \leqslant \Pi_S'')$，双方目标一致，不存在"社会资本损害政府利益及赔偿"问题，项目违规落地，博弈结束。此时说服费用为零，政府承担交易费用 $\eta\alpha$，社会资本承担 $(1-\eta)\alpha$，政府获得违规收益增量 $\eta\Delta$，社会资本获得 $(1-\eta)\Delta$。对政府而言，$R_G''=R_G+\eta\Delta$，$C_G''=C_G+\eta\alpha$，$\Pi_G''=\Pi_G+\eta(\Delta-\alpha)$；对社会资本而言，$R_S''=R_S+(1-\eta)\Delta$，$C_S''=C_S+(1-\eta)\alpha$，$\Pi_S''=\Pi_S+(1-\eta)(\Delta-\alpha)$。政社获得的支付分别为 $\Pi_G+\eta(\Delta-\alpha)$ 和 $\Pi_S+(1-\eta)(\Delta-\alpha)$。

第二，若社会资本采取"不遵从"策略，说明社会资本无违规动机（$\Pi_S \geq \Pi_S''$），若想达成交易，社会资本需说服政府并支付 δ_2，项目合规落地，$\Delta=0$。交易成功需同时满足：① $\Pi_G+\delta_2 \geq \Pi_G''$；② $\Pi_S-\Pi_S'' \geq \delta_2$，条件①要求政府有而社会资本没有违规动机时，政府获得 δ_2 后的支付不低于违规利润才可改变决策，构成博弈可实现的条件；条件②要求社会资本的合规与违规利润之差不低于 δ_2 才有说服动机，构成博弈存在的前提。可分解为以下条件：一是对政府而言，违规运作时 $R_G''=R_G+\eta\Delta$，$C_G''=C_G+\eta\alpha$，$\Pi_G''=\Pi_G+\eta(\Delta-\alpha)$。但当社会资本支付 δ_2 后，$\Pi_G+\delta_2 \geq \Pi_G''$，$\delta_2 \geq \eta(\Delta-\alpha)$，说明政府获得的说服费用应不低于其获得的违规利润增量才能改变违规动机。二是对社会资本而言，违规运作时 $R_S''=R_S+(1-\eta)\Delta$，$C_S''=C_S+(1-\eta)\alpha$，$\Pi_S''=\Pi_S+(1-\eta)(\Delta-\alpha)$，但社会资本无违规动机（$\Pi_S \geq \Pi_S''$），$(1-\eta)(\Delta-\alpha) \leq 0$。三是因 $\Pi_S-\Pi_S'' \geq \delta_2$，$(1-\eta)(\alpha-\Delta) \geq \delta_2$，结合条件一，$(1-\eta)(\alpha-\Delta) \geq \delta_2 \geq \eta(\Delta-\alpha)$，当 $\alpha=\Delta$、$\delta_2=0$ 时此式成立[①]。因交易费用等于违规利润增量，违规无利可图，政府需要项目落地，合规运作为占优策略且社会资本无需支付说服费用。政社获得的支付分别为 $\Pi_G+\delta_2$ 和 $\Pi_S-\delta_2$，因 $\delta_2=0$，政社的最终支付分别为 Π_G 和 Π_S。

第三，若社会资本采取"不遵从"策略但并未说服政府，可推测原因为双方无法就 δ_2 达成共识，推定合作不成功，双方均没有获得支付。

经上文分析后，带入 $\delta_2=0$ 的条件，政府先行时引入说服费用后的政社博弈的扩展式表述，即图 5-3 可精简为图 5-4。

---

① 根据 $(1-\eta)(\alpha-\Delta) \geq \delta_2 \geq \eta(\Delta-\alpha)$，可推导出 $(\alpha-\Delta) \geq 0$，又因假设条件为 $\Delta \geq \alpha$，因而，$\Delta=\alpha$ 是此时成立的唯一条件，此时 $\delta_2=0$。

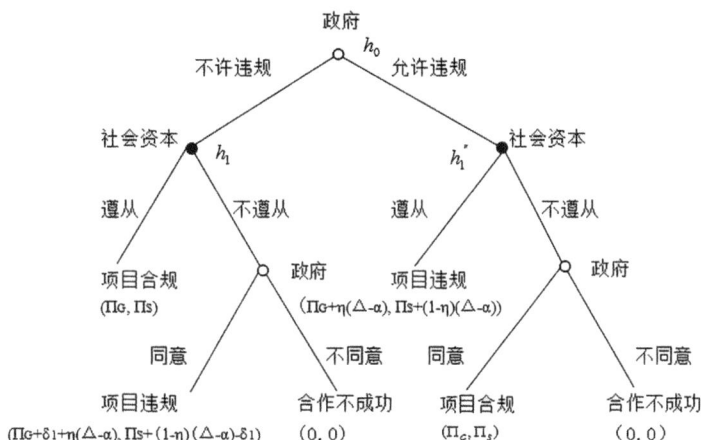

图5-4 政府先行时引入说服费用后的政社博弈：扩展式表述（精简版）

5.2.4 求解纳什均衡

如图5-4所示博弈树，h_0、h_1 和 h_1'' 代表3个信息集，在 h_0 处，政府面临项目是否允许违规的初始决策，h_1 和 h_1'' 代表社会资本在知道政府初始判断的基础上需要面临的决策。以 h_1 和 h_1'' 这两个单结信息集开始，此博弈树可提炼出两个子博弈，它们需满足以下条件：一是子博弈须从一个单结信息集开始，这一信息集将作为子博弈的决策起点；二是子博弈的信息集和支付都直接继承自原博弈。由此可构造政府初始决策为"不许违规"时社会资本的博弈路径（图5-5）和政府初始决策为"允许违规"时社会资本的博弈路径（图5-6）。

5.2.4.1 政府初始决策为"不许违规"时的子博弈求解

政府初始决策为"不许违规"时的政社子博弈模型可见图5-5与表5-2。

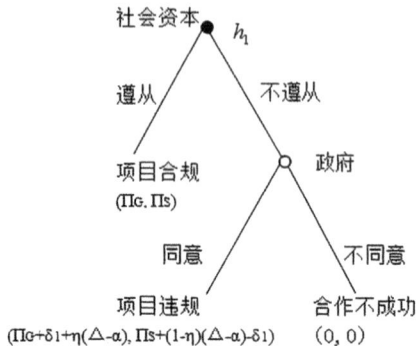

图 5-5　子博弈 1-政府初始策略为"不许违规"时社会资本的博弈路径：扩展式表述

表 5-2　子博弈 1-政府初始策略为"不许违规"时社会资本的博弈路径：战略式表述

		政府	
		同意	不同意
社会资本	遵从	$(\Pi_S,\ \Pi_G)$	$(\Pi_S,\ \Pi_G)$
	不遵从	$(\Pi_S+(1-\eta)(\Delta-\alpha)-\delta_1,\ \Pi_G+\delta_1+\eta(\Delta-\alpha))$	$(0,\ 0)$

分析图 5-5 和表 5-2 可知，子博弈 1 存在一个已确定的纯策略纳什均衡（遵从，不同意），另一个可能存在的纳什均衡要根据 Π_S 和 $\Pi_S+(1-\eta)(\Delta-\alpha)-\delta_1$ 的大小决定。（遵从，不同意）是在政府的信息集不存在均衡路径时的均衡状态，因为政府不会在社会资本"遵从"政府决策后又选择"不同意"社会资本，因而不可达。当 $\Pi_S>\Pi_S+(1-\eta)(\Delta-\alpha)-\delta_1$ 时，纳什均衡为（遵从，同意），但社会资本的"遵从"策略和政府的"同意"策略不在一个信息集上，因而也不可达。只有当 $\Pi_S<\Pi_S+(1-\eta)(\Delta-\alpha)-\delta_1$，纳什均衡为（不遵从，同意）时才构成一个可置信的均衡状态，又因 $\Pi_S''=\Pi_S+(1-\eta)(\Delta-\alpha)-\delta_1$，此条件等价于 $\Pi_S<\Pi_S''$，$(1-\eta)(\Delta-\alpha)>\delta_1$。此时项目违规落地，社会资本可分享的违规利润增量在向政府支付说服费用后仍有剩余，违规行为有利可图。要遏制此趋势，需使 $\Pi_S<\Pi_S''$ 成为不可能，$(1-\eta)(\Delta-\alpha)<\delta_1$。应满足下列条件：一是违规收益增量 Δ 足够小，二是交易费用 α 足够大，三是说服费用 δ_1 足够大，四是 η 足够小，政府无违规动机。

5.2.4.2 政府初始决策为"允许违规"时的子博弈求解

政府初始决策为"允许违规"时的政社子博弈模型可见图 5-6 与表 5-3。

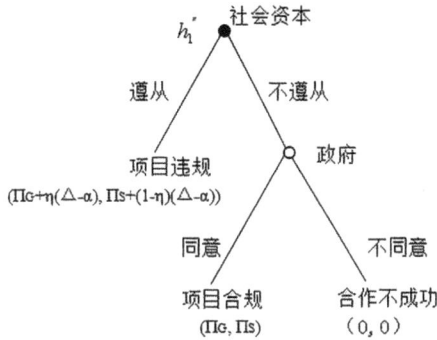

图 5-6 子博弈 2- 政府初始策略为"允许违规"时社会资本的博弈路径：扩展式表述

表 5-3 子博弈 2- 政府初始策略为"允许违规"时社会资本的博弈路径：战略式表述

		政府	
		同意	不同意
社会资本	遵从	$(\Pi_S+(1-\eta)(\Delta-\alpha),\ \Pi_G+\eta(\Delta-\alpha))$	$(\Pi_S+(1-\eta)(\Delta-\alpha),\ \Pi_G+\eta(\Delta-\alpha))$
	不遵从	$(\Pi_S,\ \Pi_G)$	$(0,\ 0)$

综合图 5-6 和表 5-3 可知，子博弈 2 存在一个已确定的纯策略纳什均衡（遵从，不同意），另一个可能存在的纳什均衡要根据 $\Pi_S+(1-\eta)(\Delta-\alpha)$ 和 Π_S 的大小决定。依据子博弈精炼纳什均衡的思路，可排除（遵从，不同意）这一确定的纳什均衡和（遵从，同意）这一可能的纳什均衡。唯一可达成的纳什均衡是当 $\Pi_S+(1-\eta)(\Delta-\alpha)<\Pi_S$ 时的（不遵从，同意）策略组合，因 $\Pi_S''=\Pi_S+(1-\eta)(\Delta-\alpha)$，条件等价为 $\Pi_S''<\Pi_S$，即政府初始决策违规且项目落地是首要目标，但社会资本无违规动机。要实现此均衡，需满足 $(1-\eta)(\Delta-\alpha)<0$，$(\Delta-\alpha)<0$，项目违规收益增量无法覆盖交易费用，社会资本助政府合规落地项目。

综合上述分析，政府先行的博弈模型存在以下均衡解：一是政府不许违规且社会资本遵从时的（不许违规，遵从），支付为 $(\Pi_G,\ \Pi_S)$。二是政府不许违规但社会资本不遵从并支付 δ_1、项目违规落地时的（不遵从，同意），支

付为 ($\Pi_G+\delta_1+\eta(\Delta-\alpha)$，$\Pi_S+(1-\eta)(\Delta-\alpha)-\delta_1$)。三是政府允许违规且社会资本遵从时的（允许违规，遵从），支付为（$\Pi_G+\eta(\Delta-\alpha)$，$\Pi_S+(1-\eta)(\Delta-\alpha)$）。四是政府允许违规但社会资本不遵从，且说服政府（经分析 $\delta_2=0$）改变决策、项目合规落地的（不遵从，同意），支付为 (Π_G，Π_S)。策略组合一和四是合规导向下的可取均衡解，实现条件为：一是违规收益增量 Δ 足够小；二是交易费用 α 足够大；三是说服费用 δ_1 足够大，政府的合规意识强；四是社会资本无违规动机；五是 η 具有合理阈值，政府可理性平衡从项目获利和分担项目风险的关系。

5.3 现有制度下社会资本先行的政社博弈模型

此博弈模型下，"项目是否有可能引发债务风险的违规行为"的初始决策权将界定给社会资本，由社会资本提出建议。

5.3.1 对博弈空间的分析

若社会资本向政府提出项目建议和方案，方案是否含有可能引致 PPP 项目财政支出责任债务风险的行为由社会资本率先提出，其策略空间 S_S={ 提案合规，提案违规 }。政府在社会资本先发行动的基础上进行决策，其策略空间为 S_G={ 采纳，不采纳 }，双方博弈的扩展式表述见图 5-7。

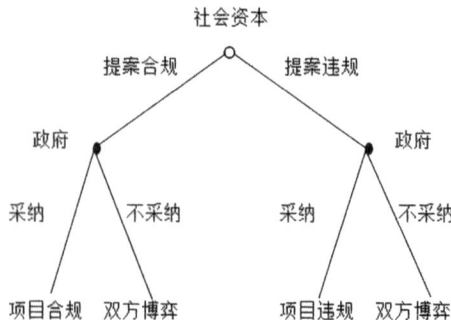

图 5-7　社会资本先行时政社的博弈空间：扩展式表述

此时，政府有四个纯策略，分别为：（1）不论社会资本的提案是否合规，政府均采纳；（2）社会资本的提案合规，政府采纳；社会资本的提案违规，政府不采纳；（3）社会资本的提案合规，政府不采纳；社会资本的提案违规，政府采纳；（4）不论社会资本的提案是否合规，政府均不采纳。此四个纯策略可简写为：{采纳，采纳}，{采纳，不采纳}，{不采纳，采纳}和{不采纳，不采纳}。这个博弈的战略式表述见表5-4（此处仅简单列示项目合规与否以及可能存在的博弈空间，并未列出双方的支付结果）。

表5-4 社会资本先行时政社的博弈空间：战略式表述

		政府			
		{采纳，采纳}	{采纳，不采纳}	{不采纳，采纳}	{不采纳，不采纳}
社会资本	提案合规	项目合规	项目合规	双方博弈（政府有违规动机）	双方博弈（政府有违规动机）
	提案违规	项目违规	双方博弈（政府没有违规动机）	项目违规	双方博弈（政府没有违规动机）

5.3.2 对引入说服费用后的博弈模型的分析

若政府不认同社会资本的初始决定，却有意达成合作，双方会产生博弈空间，政府有动机说服社会资本改变决策并支付说服费用，此费用体现为政府支付结果的减项和社会资本支付结果的加项。若双方达成共识，社会资本可改变最初决策，与政府合作，实现项目落地。引入说服费用后双方博弈的扩展式表述见图5-8。

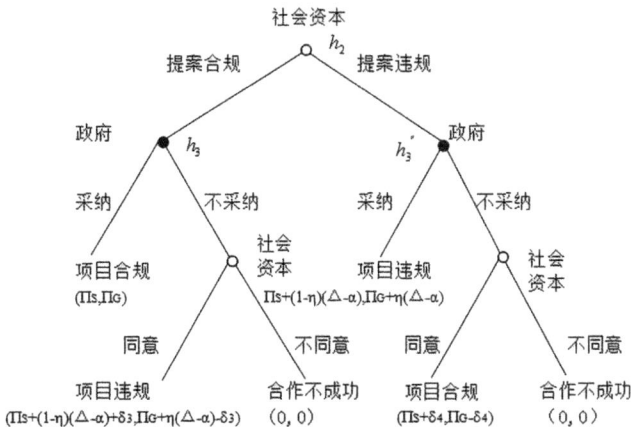

图5-8 社会资本先行时引入说服费用后的政社博弈：扩展式表述

其中，δ_3 表示社会资本提案合规而政府有违规动机时，政府为让社会资本改变初始策略而需支付的说服费用，如政府许诺社会资本在地区或某细分市场的垄断地位、提供长期的合作机会等；δ_4 表示社会资本提案违规而政府没有违规动机时，政府为让社会资本改变初始策略而需支付的说服费用，如说明违规行为被发现的后果，以及不合作的威胁等。当然，δ_3 和 δ_4 共同的重要组成部分是政府凭借公权垄断地位而具有的权威。

5.3.2.1 社会资本初始策略为"提案合规"的博弈分析

若社会资本的初始策略为"提案合规"，可等价于社会资本的合规利润 ≥ 相同实施条件下的违规利润，即 $\Pi_S \geq \Pi_S''$。

第一，若政府采取"采纳"策略，说明政府无违规动机（$\Pi_G \geq \Pi_G''$），政社目标一致，不存在"政府损害社会资本利益及赔偿"问题，项目合规落地，博弈结束，社政的支付分别为 Π_S 和 Π_G。

第二，若政府采取"不采纳"策略，说明政府有违规动机（$\Pi_G \leq \Pi_G''$）。若想达成交易，政府需说服社会资本并支付 δ_3，项目违规落地。α 包含 δ_3，双方共担的交易费用为 $\alpha - \delta_3$，政府承担 $\eta(\alpha - \delta_3) + \delta_3$，社会资本承担 $(1-\eta)(\alpha - \delta_3)$。因 Δ 包含的 δ_3 归社会资本所有，政府获得违规收益增量 $\eta(\Delta - \delta_3)$，社会资本获得 $(1-\eta)(\Delta - \delta_3) + \delta_3$。交易成功需同时满足：① $\Pi_S'' + \delta_3 \geq \Pi_S$；② $\Pi_G'' - \Pi_G \geq \delta_3$，条件①要求社会资本获得 δ_3 后的支付不低于合规利润时才可能改变决策，构成博弈可实现的条件；条件②要求政府获得的违规与合规利润之差不低于其支付的说服费用才有说服动机，构成博弈存在的前提。可分解为以下条件：一是对政府而言，$R_G'' = R_G + \eta(\Delta - \delta_3)$，$C_G'' = C_G + \eta(\alpha - \delta_3) + \delta_3$，$\Pi_G'' = \Pi_G + \eta(\Delta - \alpha) - \delta_3$。二是对社会资本而言，$R_S'' = R_S + (1-\eta)(\Delta - \delta_3) + \delta_3$，$C_S'' = C_S + (1-\eta)(\alpha - \delta_3)$，$\Pi_S'' = \Pi_S + (1-\eta)(\Delta - \alpha) + \delta_3$。三是因 $\Pi_G'' - \Pi_G \geq \delta_3$，$(\Delta - \alpha) \geq 2\delta_3/\eta$，$(\Delta - \alpha)$ 与 δ_3 正相关，与 η 负相关。因 δ_3 由政府承担，δ_3 越小对政府越有利，要使 $(\Delta - \alpha)$ 达到一定水平，η 应趋小。政府的主要目标是满足公益需求和政绩考核要求，对经济属性明显的 $(\Delta - \alpha)$ 无高要求，且此时是政府主导下的违规，政府承担风险的激励不高，因而 η 趋于低水平，在 Δ 一定且 δ_3、η、α 均趋于低水平时，社会资本有望获得较多的

经济激励。社政获得的支付分别为 $\Pi_S+(1-\eta)(\Delta-\alpha)+\delta_3$ 和 $\Pi_G+\eta(\Delta-\alpha)-\delta_3$。

第三，若政府采取"不采纳"策略但并未说服社会资本，可推测原因为双方未就 δ_3 达成共识，推定合作不成功，双方均未获得支付。

5.3.2.2 社会资本初始策略为"提案违规"的博弈分析

若社会资本的初始策略为"提案违规"，可等价于社会资本的合规利润 ≤ 相同实施条件下的违规利润，即 $\Pi_S \leqslant \Pi_S{}''$。

第一，若政府采取"采纳"策略，则政府有违规动机（$\Pi_G \leqslant \Pi_G{}''$），政社目标一致，不存在"政府损害社会资本利益及赔偿"问题，项目违规落地，博弈结束。说服费用为零，交易费用为 α，政府承担 $\eta\alpha$，社会资本承担 $(1-\eta)\alpha$，政府获得违规收益增量 $\eta\Delta$，社会资本获得 $(1-\eta)\Delta$。对政府而言，$R_G{}''=R_G+\eta\Delta$，$C_G{}''=C_G+\eta\alpha$，$\Pi_G{}''=\Pi_G+\eta(\Delta-\alpha)$；对社会资本而言，$R_S{}''=R_S+(1-\eta)\Delta$，$C_S{}''=C_S+(1-\eta)\alpha$，$\Pi_S{}''=\Pi_S+(1-\eta)(\Delta-\alpha)$。社政获得的支付分别为 $\Pi_S+(1-\eta)(\Delta-\alpha)$ 和 $\Pi_G+\eta(\Delta-\alpha)$。

第二，若政府采取"不采纳"策略，则政府无违规动机（$\Pi_G \geqslant \Pi_G{}''$）。若想达成交易，政府需说服社会资本并支付 δ_4，项目合规落地，$\Delta=0$。交易成功需同时满足：① $\Pi_S+\delta_4 \geqslant \Pi_S{}''$；② $\Pi_G-\Pi_G{}'' \geqslant \delta_4$，条件①要求社会资本获得 δ_4 后的支付不低于其违规利润才可能改变决策，构成博弈可实现的条件；条件②要求政府获得的合规与违规利润之差不低于其支付的说服费用，政府才有说服动机，构成博弈存在的前提。可分解为以下条件：一是对政府而言，违规运作时 $R_G{}''=R_G+\eta\Delta$，$C_G{}''=C_G+\eta\alpha$，$\Pi_G{}''=\Pi_G+\eta(\Delta-\alpha)$。但政府无违规动机，$\Pi_G \geqslant \Pi_G{}''$，$\eta(\Delta-\alpha) \leqslant 0$。二是对社会资本而言，违规运作时 $R_S{}''=R_S+(1-\eta)\Delta$，$C_S{}''=C_S+(1-\eta)\alpha$，$\Pi_S{}''=\Pi_S+(1-\eta)(\Delta-\alpha)$，因 $\Pi_S+\delta_4 \geqslant \Pi_S{}''$，则 $\delta_4 \geqslant (1-\eta)(\Delta-\alpha)$。三是由 $\Pi_G-\Pi_G{}'' \geqslant \delta_4$ 可知 $\eta(\alpha-\Delta) \geqslant \delta_4$，结合条件二可得 $\eta(\alpha-\Delta) \geqslant \delta_4 \geqslant (1-\eta)(\Delta-\alpha)$，当 $\alpha=\Delta$、$\delta_4=0$ 时此式成立[①]。此时违规利润为零，而社会资本有意达成合作，政府要求社会资本合规运作且无需支付说服费用。社政获得的支付分别为 $\Pi_S+\delta_4$ 和 $\Pi_G-\delta_4$，因 $\delta_4=0$，最终支付分别为 Π_S

---

① 根据 $\eta(\alpha-\Delta) \geqslant \delta_4 \geqslant (1-\eta)(\Delta-\alpha)$ 可推导出 $(\Delta-\alpha) \leqslant 0$，又因假设条件为 $\Delta \geqslant \alpha$，因而，$\Delta=\alpha$ 是此时成立的唯一条件，此时 $\delta_4=0$。

和 Π_G。

第三，若政府采取"不采纳"策略但并未说服社会资本，可推测双方未就 δ_4 达成一致，推定合作不成功，双方均未获得支付。

经上文分析后，带入 $\delta_4=0$ 的条件，社会资本先行时引入说服费用后的政社博弈的扩展式表述，即图 5-8 可精简为图 5-9。

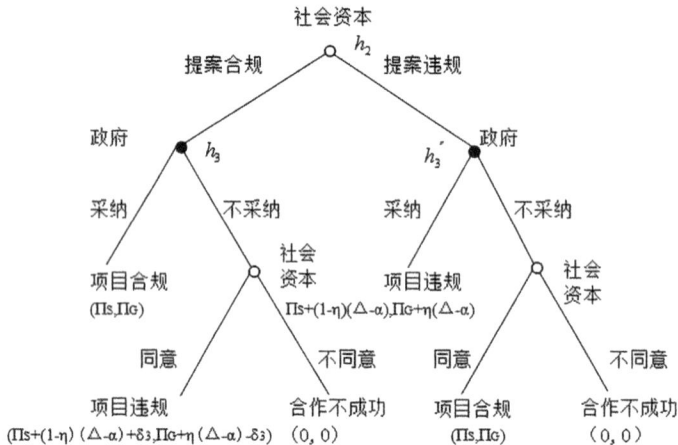

图 5-9 社会资本先行时引入说服费用后的政社博弈：扩展式表述（精简版）

5.3.3 求解纳什均衡

如图 5-9 所示博弈树，h_2、h_3 和 h_3'' 代表 3 个信息集，在 h_2 处，社会资本面临是否在项目提案中进行合规操作的初始决策，而 h_3 和 h_3'' 代表政府在知道社会资本初始判断的基础上需要面临的决策。从 h_3 和 h_3'' 这两个单结信息集开始，可提炼出两个子博弈，即社会资本初始决策为"提案合规"时政府的博弈路径（图 5-10）和社会资本初始决策为"提案违规"时政府的博弈路径（图 5-11）。

5.3.3.1 社会资本初始决策为"提案合规"时的子博弈求解

社会资本初始决策为"提案合规"时的政社子博弈模型可见图 5-10 与表 5-5。

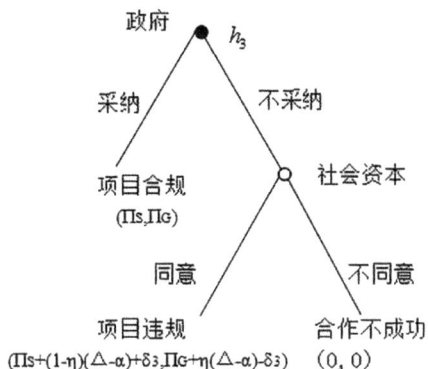

图 5-10 子博弈 3-社会资本初始策略为"提案合规"时政府的博弈路径：扩展式表述

表 5-5 子博弈 3-社会资本初始策略为"提案合规"时政府的博弈路径：战略式表述

社会资本

		同意	不同意
政府	采纳	(Π_G, Π_S)	(Π_G, Π_S)
	不采纳	$(\Pi_G+\eta(\Delta-\alpha)-\delta_3, \Pi_S+(1-\eta)(\Delta-\alpha)+\delta_3)$	$(0, 0)$

分析图 5-10 和表 5-5 可知，子博弈 3 存在一个已确定的纯策略纳什均衡（采纳，不同意），另一个可能存在的纳什均衡要根据 Π_G 和 $\Pi_G+\eta(\Delta-\alpha)-\delta_3$ 的大小决定。分析后可排除（采纳，不同意）这一确定的纳什均衡和（采纳，同意）这一可能的纳什均衡。唯一可达成的纳什均衡是当 $\Pi_G<\Pi_G+\eta(\Delta-\alpha)-\delta_3$ 时的（不采纳，同意）策略组合，社会资本的初始提案合规，但政府有违规动机并说服社会资本，项目违规落地。因 $\Pi_G''=\Pi_G+\eta(\Delta-\alpha)-\delta_3$，条件等价于 $\Pi_G<\Pi_G''$，$\eta(\Delta-\alpha)>\delta_3$，政府可分享的违规利润增量在支付说服费用后仍有剩余。要遏制违规倾向，需使 $\Pi_G<\Pi_G''$ 不成立：一是项目违规收益增量 Δ 足够小，二是交易费用 α 足够大，三是说服费用 δ_3 足够大，四是政府的违规利润增量足够小。

5.3.3.2 社会资本初始决策为"提案违规"时的子博弈求解

社会资本初始决策为"提案违规"时的政社子博弈模型可见图 5-11 与表 5-6。

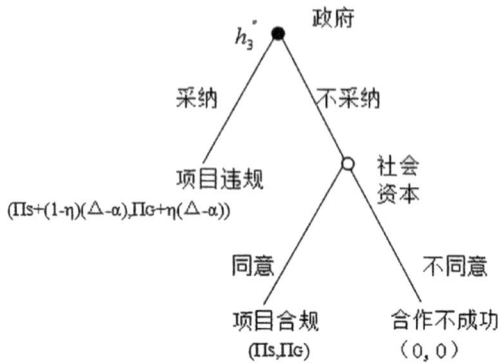

图 5-11 子博弈 4- 社会资本初始决策为"提案违规"时政府的博弈路径：扩展式表述

表 5-6 子博弈 4- 社会资本初始决策为"提案违规"时政府的博弈路径：战略式表述

<table>
<tr><td rowspan="2"></td><td rowspan="2"></td><td colspan="2">社会资本</td></tr>
<tr><td>同意</td><td>不同意</td></tr>
<tr><td rowspan="2">政府</td><td>采纳</td><td>$(\Pi_G + \eta(\Delta-\alpha), \Pi_S + (1-\eta)(\Delta-\alpha))$</td><td>$(\Pi_G + \eta(\Delta-\alpha), \Pi_S + (1-\eta)(\Delta-\alpha))$</td></tr>
<tr><td>不采纳</td><td>(Π_G, Π_S)</td><td>$(0, 0)$</td></tr>
</table>

分析图 5-11 和表 5-6 可知，子博弈 4 存在一个已确定的纯策略纳什均衡（采纳，不同意），另一个可能存在的纳什均衡要根据 $\Pi_G + \eta(\Delta-\alpha)$ 和 Π_G 的大小决定。分析可排除（采纳，不同意）这一确定的纳什均衡和（采纳，同意）这一可能的纳什均衡。唯一可达成的纳什均衡是当 $\Pi_G + \eta(\Delta-\alpha) < \Pi_G$ 时的（不采纳，同意）策略组合，社会资本初始提案违规，但政府无违规动机并说服社会资本，项目合规落地。因 $\Pi_G'' = \Pi_G + \eta(\Delta-\alpha)$，条件等价于 $\Pi_G'' < \Pi_G$，$\eta(\Delta-\alpha) < 0$。达成此条件需满足：项目的违规收益增量足够小，或交易费用足够大。

综上分析，社会资本先行的博弈模型存在以下均衡解：一是社会资本初始提案合规且政府同意时的（提案合规，采纳），支付为 (Π_S, Π_G)。二是社会资本初始提案合规但政府有违规动机且说服社会资本，项目违规落地时的（不采纳，同意），支付为 $(\Pi_S + (1-\eta)(\Delta-\alpha) + \delta_3, \Pi_G + \eta(\Delta-\alpha) - \delta_3)$。三是社会资本初始提案违规且政府同意的（提案违规，采纳），支付为 $(\Pi_S + (1-\eta)(\Delta-\alpha), \Pi_G + \eta(\Delta-\alpha))$。四是社会资本初始提案违规但政府无违规动机且说服社会资本，项目合规落地的（不采纳，同意），支付为（Π_S，Π_G）。在合规导向下，策略组合一和四为可取解，实现条件为：一是违规收益增量 Δ 足够小；二是交易费用 α 足够大；三是说服费用 δ_3 足够大，政府难以不当干涉合规程序，市场的公平竞争得到足够保障；四是政府的违规利润足够小。

5.4 政府先行与社会资本先行的博弈模型对比

5.4.1 两个模型实现纳什均衡的条件高度相似

在合规导向下，两个模型实现纳什均衡的条件高度相似，分析如下：

第一，违规收益增量足够小，削弱双方违规的经济激励。但即便在相同实施条件下项目的违规收益高于合规收益，因收益受限于项目发展前景、所在区位、所处行业类型和公益性程度等客观因素，增幅有限，某些情况下违规的主要原因是因违规成本小而带来的违规利润增量大，或政府为促成项目落地而承诺社会资本一些会带来政府债务风险的条件。

第二，交易费用足够大，压缩违规利润增量，或存在一些让违规行为无法实现的硬性约束。交易费用对项目的运作导向、政社的合作性质将产生重要影响。制度的弱约束可降低交易费用，违规增加的财政支出责任若纳入预算可得到一定保障，发现违规行为、进而发生潜在交易费用的概率也大为降低。提升交易费用的关键在于强化制度约束和政府监管。一方面，完善制度规定，明确工作标准和惩戒措施，压缩行政自由裁量权，用依法行政捅破交易的"暗箱"，让潜在交易费用实体化；另一方面，增强主体间的相互监督，推动形成防控债务风险在理念层面的共识和实际工作层面的行为标准，减少违规行为不被发现的侥幸心理。

第三，项目合规利润较大，降低主体的违规行为动机。政府应进一步解放思想，鼓励 PPP 设计出能更好兼容公益性和商业性的运作方式，增强项目的营利性与可融资性，在强化约束的同时更好激励社会资本。

5.4.2 政府和社会资本均可影响对方决策

在政府先行的博弈模型中，社会资本无违规动机是合规导向下实现纳什均衡的重要条件，在社会资本先行的博弈模型中，政府无违规动机是合规导向下实现纳什均衡的重要条件。在两个模型中，η 均会影响博弈结果，在实操中，η 所代表的政社风险分担比例对防控 PPP 项目财政支出责任债务风险至关重要，由此可知，PPP 项目中政府和社会资本均能对对方的策略集合和支付结果，以及项目最终的资源配置状态产生重要影响，完善政社之间的激励约束机制，关键在于双方应实现风险的合理分担。

第一，合理分担风险有助于抑制社会资本索取过多财政资源保障的心理。部分政府会不当降低项目共担风险的承担比例，甚至不承担本应由政府承担的风险，迫使社会资本以不合规的、隐性的方式索取财政保障。保障社会资本在合法范畴内的合理收益可抑制违规行为。

第二，合理分担风险有助于增强政社双方的合规意识。从学理角度严谨界定的"财政风险"和"政府债务风险"的承担主体为政府，但对 PPP 而言却是政社博弈的结果，直观形式似是由双方共担。在主体有限理性和不完全合同的条件下，不排除其他风险演变为政府债务风险的可能。但 PPP 合同约定的风险分担很少包含对债务风险的安排，社会资本亦无意识承担此风险。因此，PPP 合同应加强对此风险的预警和管理，一则让政府理性平衡从项目获利和分担项目风险的关系，二则约束社会资本的违约动机，形成"良好合作，实现共赢"而非"共商合谋，狼狈为奸"的 PPP 合作治理格局。

5.4.3 说服费用反映了产生债务风险的深层次原因

在政府先行的博弈模型中，足够大的 δ_1 将使社会资本难以改变政府的合规倾向；在社会资本先行的博弈模型中，足够大的 δ_3 亦难以让政府改变社会资本的合规倾向，将说服费用与交易费用区别分析，主要因其产生原因存在区别：交易费用更多内嵌于 PPP 制度安排与项目运作层面，说服费用更多产生于非 PPP 因素的综合性制度与市场环境中。客观上，地方财力不堪支出责任产生的"捉襟见肘"困局，对地方行为的监管漏洞，及信息不对称引发的政府与市场委托代理问题等是诱因；主观上，政府凭借公权具有的心理优势，地方政府"大而不倒的软预算约束"与地方官员谋求晋升的内在心理共同强化了地方对中央的救助预期是潜在激励。上述因素降低了项目由合规转违规的说服费用，增加了不规范交易的寻租空间，滋生了债务风险的温床。

5.5 政府过度转移风险对 PPP 项目财政支出责任债务风险的影响

上文构建博弈模型的关键前提是政府和社会资本以相同的比例共享收益、共担风险，在此假设前提下，即便社会资本承担风险的比例过高，也能以相同比例获得激励，只要收益增量和成本增量维持在可达到社会资本预期收益率的均衡点，社会资本便有铤而走险进行违规操作的动机，这固然会增加政府债务风险，但总体而言不会降低社会资本的参与积极性，政社合作的产出，也即 PPP 项目不会明显减少，由此带来的社会福利的增加在公共服务供需平衡到来之前也将呈持续增加状态。值得注意的是，在 PPP 市场中，可对项目招标权、定价权、修建权等资源配置方面产生重要影响，并在税收优惠、争端解决等行政权支配领域产生决定影响的政府具有优势地位，这种优势可影响政府和社会资本的博弈结果，并直观反映到 PPP 项目财政支出责任的确定，增加了中长期相关风险管理的不确定性。为此，下文将在前文博弈模型的基础上，修改"风险与收益对等"的假设：政社分享收益的比例为 $\eta:(1-\eta)$，同时政府可向社会资本在此比例上进一步转移风险的比例为 γ，且 $0 \leqslant \gamma < \eta < 1$，进而有政社分担风险的比例为 $\eta-\gamma:1-\eta+\gamma$，在相同的博弈路径下分析博弈结果。因此部分政府先行与社会资本先行的博弈路径与前文相同，只是因风险分担比例变化改变了政社的支付结果，故下文仅对比分析政府先行博弈模型在两种假设条件下的支付结果的变化。

5.5.1 政府过度转移风险时的政府先行博弈模型

5.5.1.1 政府初始策略为"不许违规"的博弈分析

第一，若社会资本采取"遵从"策略，双方目标一致，交易费用和说服费用为零，$\Pi_G^{*①}=\eta(R_G+R_S)-(\eta-\gamma)(C_G+C_S)=\eta(\Pi_G+\Pi_S)+\gamma(C_G+C_S)=\Pi_G+\gamma(C_G+C_S)$，$\Pi_S^*=(1-\eta)(R_G+R_S)-(1-\eta+\gamma)(C_G+C_S)=(1-\eta)(\Pi_G+\Pi_S)-\gamma(C_G+C_S)=\Pi_S-\gamma(C_G+C_S)$，项目合规落地。对比风险收益对等的博弈模型，$\Pi_G=\eta(\Pi_G+\Pi_S)$，政府支付增加了以 γ 比例转移给社会资本的项目风险（C_G+C_S），社会资本支付则减少了相应部分。

第二，若社会资本采取"不遵从"策略。$\Pi_G''^*=[R_G+\eta(\Delta-\delta_1^*)+\delta_1^*]-[C_G+(\eta-\gamma)(\alpha-\delta_1^*)]=\Pi_G+\delta_1^*+\eta(\Delta-\alpha)+\gamma(\alpha-\delta_1^*)$，比风险收益对等条件下的支付增加了 $\gamma(\alpha-\delta_1^*)$，即政府多转移给社会资本的共担风险部分，$\delta_1^*$ 的变化也会影响支付结果。$\Pi_S''^*=[R_S+(1-\eta)(\Delta-\delta_1^*)]-[C_S+(1-\eta+\gamma)(\alpha-\delta_1^*)+\delta_1^*]=\Pi_S+(1-\eta)(\Delta-\alpha)-\delta_1^*-\gamma(\alpha-\delta_1^*)$。交易成功需满足：① $\Pi_G''^*+\delta_1^* \geqslant \Pi_G^*$；② $\Pi_S''^*-\Pi_S^* \geqslant \delta_1^*$，由条件①②得：

$$\frac{(1-\eta)(\Delta-\alpha)+\gamma(C_G+C_S-\alpha)}{2-\gamma} \geqslant \delta_1^* \geqslant \frac{\gamma(C_G+C_S-\alpha)-\eta(\Delta-\alpha)}{2-\gamma} \quad （式5-1）$$

式 5-1 表明了风险收益不对等条件下 δ_1^* 的取值范围，与风险收益对等条件下的约束条件 $\delta_1 \leqslant [(1-\eta)(\Delta-\alpha)]/2$ 相比，δ_1^* 的取值上限高于 δ_1，社会资本为说服政府促成项目合规落地，在一定概率上需付出更多说服成本。

第三，若社会资本采取"不遵从"策略但并未说服政府，推定合作不成功，双方均未获得支付。

5.5.1.2 政府初始策略为"允许违规"的博弈分析

第一，若社会资本采取"遵从"策略，项目违规落地。$\Pi_G'''^*=(R_G+\eta\Delta)-[C_G+(\eta-\gamma)\alpha]=\Pi_G+\eta(\Delta-\alpha)+\gamma\alpha$，$\Pi_S'''^*=[R_S+(1-\eta)\Delta]-[C_S+(1-\eta+\gamma)\alpha]=\Pi_S+(1-\eta)(\Delta-\alpha)-\gamma\alpha$，对比风险收益对等博弈结果，政社的支付分别增加和

---

① 因风险收益对等与不对等博弈模型采用的基础参数相同，为区分两个模型下的合规、违规利润和说服费用，用 * 表示风险收益不对等下的参数情况，说明双方获得的支付。

减少了 $\gamma\alpha$。

第二，若社会资本采取"不遵从"策略，项目合规落地。在项目违规落地情况下，$\Pi_G'' = (R_G + \eta\Delta) - [C_G + (\eta - \gamma)\alpha] = \Pi_G + \eta(\Delta - \alpha) + \gamma\alpha$，$\Pi_S'' = [R_S + (1 - \eta)\Delta] - [C_S + (1 - \eta + \gamma)\alpha] = \Pi_S + (1 - \eta)(\Delta - \alpha) - \gamma\alpha$，违规落地应同时满足：① $\Pi_G^* + \delta_2^* \geqslant \Pi_G''$；② $\Pi_S^* - \Pi_S'' \geqslant \delta_2^*$。由条件①②得：

$$(\eta - 1)(\Delta - \alpha) \geqslant \delta_2^* + \gamma(C_G + C_S - \alpha) \geqslant \eta(\Delta - \alpha) \qquad （式 5-2）$$

当 $\alpha = \Delta$，也即项目交易费用等于违规利润增量、在违规运作下无利可图时，式 5-2 成立，此时 $\delta_2^* = \gamma[\alpha - (C_G + C_S)] = \gamma[\Delta - (C_G + C_S)]$。据项目实际情况，因 PPP 项目投资额一般较大，违规利润增量难以超过项目合规成本，可推定 $[\Delta - (C_G + C_S)] < 0$，故 $\delta_2^* = 0$，政社获得的支付分别为 $\Pi_G^* = \Pi_G + \gamma(C_G + C_S)$ 和 $\Pi_S^* = \Pi_S - \gamma(C_G + C_S)$。

第三，若社会资本采取"不遵从"策略但并未说服政府，推定合作不成功，双方均未获得支付。

5.5.1.3 求解纳什均衡

根据第三部分的纳什均衡求解过程，可推出政府多转移 γ 比例的风险给社会资本时，政府先行的博弈模型的均衡解：一是政府不许违规且社会资本遵从时的（不许违规，遵从），支付为 $(\Pi_G + \gamma(C_G + C_S)，\Pi_S - \gamma(C_G + C_S))$。二是政府不许违规但社会资本不遵从并支付 δ_1^*、项目违规落地时的（不遵从，同意），支付为 $(\Pi_G + \delta_1^* + \eta(\Delta - \alpha) + \gamma(\alpha - \delta_1^*)，\Pi_S + (1 - \eta)(\Delta - \alpha) - \delta_1^* - \gamma(\alpha - \delta_1^*))$。三是政府允许违规且社会资本遵从时的（允许违规，遵从），支付为 $(\Pi_G + \eta(\Delta - \alpha) + \gamma\alpha，\Pi_S + (1 - \eta)(\Delta - \alpha) - \gamma\alpha)$。四是政府允许违规但社会资本不遵从，且说服政府改变决策、项目合规落地的（不遵从，同意），经分析 δ_2^* 为 0，支付为 $(\Pi_G + \gamma(C_G + C_S)，\Pi_S - \gamma(C_G + C_S))$。

5.5.2 政府过度转移风险对 PPP 项目财政支出责任债务风险的影响

从定量支付结果看，与风险收益对等博弈模型相比，政府过度转移风险导致的各自支付结果的变化，仅是"过度"转移风险部分在政社双方支付结果上的加减体现，但跳出单体 PPP 项目，对社会其他主体和中长期的 PPP 项目财政支出责任债务风险管理将产生如下影响。

5.5.2.1 降低社会资本的参与积极性

风险收益对等和政府过度转移风险条件下的两个博弈模型的均衡解如表 5-7 所示。

表 5-7　风险收益对等模型与政府过度转移风险模型的均衡解对比

均衡解	政府支付		社会资本支付	
	风险收益对等	政府过度转移风险	风险收益对等	政府过度转移风险
（不许违规，遵从）	Π_G	$\Pi_G+\gamma(C_G+C_S)$	Π_S	$\Pi_S-\gamma(C_G+C_S)$
（不遵从，同意）	$\Pi_G+\delta_1+\eta(\Delta-\alpha)$	$\Pi_G+\delta_1^*+\eta(\Delta-\alpha)+\gamma(\alpha-\delta_1^*)$	$\Pi_S+(1-\eta)(\Delta-\alpha)-\delta_1$	$\Pi_S+(1-\eta)(\Delta-\alpha)-\delta_1^*-\gamma(\alpha-\delta_1^*)$
（允许违规，遵从）	$\Pi_G+\eta(\Delta-\alpha)$	$\Pi_G+\eta(\Delta-\alpha)+\gamma\alpha$	$\Pi_S+(1-\eta)(\Delta-\alpha)$	$\Pi_S+(1-\eta)(\Delta-\alpha)-\gamma\alpha$
（不遵从，同意）	Π_G	$\Pi_G+\gamma(C_G+C_S)$	Π_S	$\Pi_S-\gamma(C_G+C_S)$

结合表 5-7 和前文分析可知：第一，风险收益对等条件下社会资本获得的支付要比政府过度转移风险条件下所得支付增加过度转移风险部分和当 $\delta_1^* > \delta_1$ 时的说服费用增量部分。在宏观经济形势与风险、区域条件与项目自身经营状况等客观因素短期稳定或超出政社影响能力时，政社合作的支付总量不变，社会资本单方让利于政府，从而降低社会资本参与 PPP 项目的积极性。这会降低 PPP 市场的竞争性，从而削弱 PPP 实现物有所值的关键前提——充分竞争下社会资本比拼资本、管理、科技等能力，降低公共服务供给市场的整体竞争力。第二，根据式 5-1 的分析结果，社会资本为改变政府违规动机、促成项目合规落地所需付出的说服成本 δ_1^* 在一定概率上大于 δ_1，也即在政府过度转移风险条件下，政府的违规动机更强烈，在 PPP 制度环境和监管机制尚在完善的当前阶段，会进一步滋生寻租空间、增加 PPP 财政支出责任债务风险的管理难度，不利于 PPP 高质量、可持续发展。第三，上述情形增加了社会资本的准入门槛，中小型企业将因高于竞争市场中的项目成本而对行业参与望而却步，为形成、加固地方政府和大中型企业在 PPP 市场的利益共同体提供了空间，进而恶化以公平竞争为要旨的营商环境。

5.5.2.2 增加PPP项目财政支出责任中长期债务风险

因PPP项目的长周期性，政府过度转移风险至社会资本以降低短期财政支出责任的行为，可能诱发中长期债务风险：一是放大了PPP项目全生命周期风险。因PPP风险因子的复杂性和某个风险因子可通过PPP各相关主体的利益网络进行传导，各主体借助比较优势分担风险是项目风险管理的最优选择。政府违背"风险由最有能力掌控的一方承担"的基本原则而过度转移风险，虽可在短期降低财政支出，但风险聚集到一定程度后造成的危害后果，将超出项目经济利益本身，产生社会影响，最终需要政府通过增加财政支出等方式消化由此带来的负外部性，而这种弥补性投入往往要比按部就班进行定期管理所需的财政资源大得多，由此增加政府显性直接及或有风险的管理难度。二是迫使社会资本采取隐性手段索要财政资源。PPP合同约定的风险分担及产生的财政支出责任是法定责任，产生了可衡量的显性直接和或有债务风险，为科学配置财政资源、更好进行中长期预算管理提供量化依据。但若社会资本过度承担风险进而不断缩小盈利空间，将迫使其借助PPP合同的不完全契约和信息不对称，让政府承担超出合同约定范畴的支出责任，增加政府隐性直接及或有债务风险。

5.5.2.3 造成社会福利净损失

社会资本以"理性经济人"的身份参与PPP项目，对经济利益的追求超过承担社会责任的使命感，即便社会资本为达成合作而接受了政府过度转移风险的条件，其也会将此种"超额负担"通过消费链转移给公共服务的消费终端，不论是提升公共服务的价格，还是变相降低投入成本，都可推升单位服务供给价格。如图5-12所示，在风险收益对等条件下，供给曲线SS和需求曲线DD的交点E达成某种公共服务产品市场的均衡，当社会资本被迫承担超额风险时，供给曲线通过价格传导机制将SS推至SS_T，均衡点由E移至E_1。由此分析，消费者剩余由APE下降至AP_dE_1，生产者剩余由BPE下降至BKP_s，因政府过度转移风险带来的$P_dP_sE_1K$，表面上形成政府在博弈中的支付增量，但这并不形成政府的真实收入，而是政府应担未担的风险对应的财政支出责任$\gamma(C_G+C_S)$。在博弈模型中，政府将应担未担的部分以降低自身风险承担比例的方式全部转移至社会资本，但实际中，社会资本自担了 PP_sCK，并将 P_dPE_1C 通过直接或间接方式再转移给消费者。同时，原状态下的剩余之和 ABE 降低为 ABE_1K，社会净福利损失 E_1KE。对应到 PPP 实操情况，可能有以下情形造成损失：一是因承担超额风险的社会资本难以通过隐性手段再转移给政府，只能通过提高公共服务价格或不当降低成本等方式，降低了消费者效用；二是社会资本的参与积极性下降，降低了公共产品的市场供给水平，造成供给数量降低、单价上升；三是社会资本出于整体考虑，接受了超额风险，让自身利益于政府。

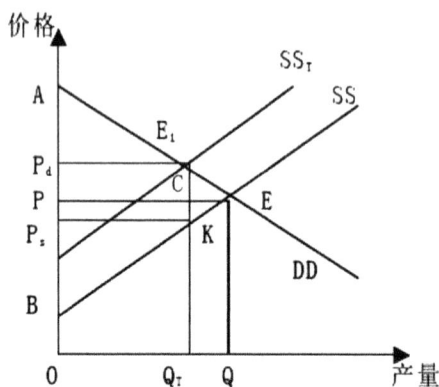

图5-12　政府过度转移风险造成的社会福利损失

通过对收益风险对等条件下政府先行和社会资本先行的对比分析，及政府先行模型中收益风险对等和政府过度转移风险的对比分析，为 PPP 财政支出责任债务风险的生成机理奠定分析基础。

5.6 现有制度下我国 PPP 项目财政支出责任债务风险的生成机理

PPP 引发政府债务风险，既与 PPP 本身的制度体系、项目特点相关，也与我国财政、行政、社会管理等方面的体制改革不到位相关，构成如下生成机理：

5.6.1 PPP 层面——参与主体互动博弈下的风险分担不合理

在 PPP 运作层面，带来政府债务风险的不规范行为均可归因为风险分担不合理。这主要体现在：

一是 PPP 项目的长周期和复杂性决定了政府与社会资本缔结的是典型的不完全契约。当出现了合同没有明确约定而影响项目正常运作的事项时，政府因承担最终的公共服务供给责任，受限于时间、能力或繁琐的程序，可能承担一些超出合同约定的支出并引发政府债务风险。

二是社会资本利用政府迫切落地项目的心理或出于最大化自身利益而提出不合理的条件。PPP 项目能否落地并非仅取决于政府。政府为求政策落地项目可能被迫答应不合理要求；社会资本因存在对政府换届履约、政策稳定性等的担忧，可能会提出不合理要求或降低服务质量以减少成本，以上均可成为债务风险的诱因。

三是政府的弱风险感知能力降低了其在谈判、缔约时的敏感性和防御安排。现阶段，政府尚无法在没有咨询机构的协助下独立完成项目，"有限理性"的政府在缺少市场信息和专业判断力的情况下，可能非本意地发生违规行为。加之 PPP 应有的阳光化、社会资本公平竞争等条件在我国现阶段综合环境下不易真正到位，不正之风和暗中腐败仍有发生可能，易使政府承担的风险超出合理限度。

四是评估项目财政风险的量化方法不完善。现有的财政承受能力论证程序无法高水平、全面地评估所有潜在的财政支出责任，也未提出评估财政风险的方法与模型。政府难以将自身应承担哪些风险、承担的比例如何、如何建立动态的风险分担调整机制全部纳入决策，给某些模糊的"可能支出"变为"现实额外支出"提供了弹性空间。

五是 PPP 相关制度并未实现风险因素的有效抑制。立法滞后让部分 PPP 核心政策的法律效力较低，执行效果欠佳；监督部门缺乏统一的监管标准和信息共享机制，降低了政府监管的有效性；PPP 契约的自我实施机制并未真正建立。一定意义上，地方政府面对公共服务的繁重压力和"举债无门"，会倒逼其借助 PPP 采取一些"非常手段",从而增加发生政府债务风险的可能性。

5.6.2 非 PPP 层面——引发地方政府债务风险各因素的综合作用

一是经济下行周期下的发展压力和防范化解地方政府债务风险压力交织作用下,地方政府并未准确认知 PPP 模式却大规模推广的结果。2013 年底兴起的新一轮 PPP 改革是在全国范围内、19 个公共服务领域全面、快速展开的创新实践,此时间点,正处于 2008 年全球金融危机爆发后我国经济的复苏期,经济发展步入攻坚克难、由高速增长向高质量发展转变的关键期,以地方政府融资平台不规范的投资行为为代表的地方政府债务风险清查与化解期,以及党的十八届三中全会再次强调"深化经济体制改革""推进基本公共服务均等化",并提出了"完善和发展中国特色社会主义制度,推进国家治理体系和治理能力现代化"全面深化改革总目标。在此背景下兴办基础设施和公共服务事业是推动经济复苏、发展的重要方式,而彼时地方政府尚未有独立发债权,土地财政和融资平台的融资模式弊端凸显,多地财力捉襟见肘,中央政府提出的 PPP 模式在短期内可满足地方政府的融资及发展需求,因而在没有清晰了解 PPP 模式特点的情况下,多地盲目大规模发起 PPP 项目,"PPP 财政幻觉"掩盖了中长期付费模式下,因中长期财政给付能力与中长期财政支出责任不匹配引发的政府债务风险。同时,很多不符合运作要求的项目也伪装为 PPP 模式,为地方政府违规融资举债,及后期 PPP 模式引致的政府债务风险的爆发埋下了隐患。

二是财政支出压力、政绩考核与官员晋升机制下的行为选择异化。在地方税体系未成型、央地事权划分不清晰的背景下,地方存在财力缺口。同时,基本公共服务均等化已到攻坚克难阶段,地方政府曾借助融资平台、透支土地财政等为公共服务项目融资的方式难以为继。国家多举措遏制非规范举债行为,部分地方政府放大 PPP 融资功能,而基层地区的项目不具有盈利优势,社会资本有动机将市场风险转嫁给政府,政府为落地项目只能通过财政保障转变为政府债务。此外,PPP 在高速发展阶段被认为是在公共领域进行改革创新的重要举措,实施 PPP 项目的数量与规模、能否成为标杆项目被打上了政绩标签，泛化、异化行为易被催生，政府不惜打政策擦边球，默许甚至与社会资本合谋违规，藏匿了债务风险。

三是政府的公权垄断地位可能影响公平的市场竞争。PPP 所倡导的平等合作要遵从于我国政府与市场话语权的分配情况，市场的公平竞争环境经多年改革已有质的提高，但仍无法排除政府不合理地干扰市场秩序的行为，增加了社会资本在单一项目上"得罪"政府的成本。一方面，政府可能通过介入招标、土地招拍挂等影响社会资本的市场资源，与政府合作的项目通常受行政法管辖，长诉讼周期、高诉讼成本和低诉讼成功率增加了社会资本的维权维度；另一方面，政府可能通过降低市场准入门槛、提供合作机会以增加社会资本的竞争力。因而，在 PPP 制度不周全、监管不到位的情况下，合规意识不强的政府可能会不顾本级财力和财承限额规定实施项目，后因政府不履约而造成当期财政支出责任的违约及长期的政府显性债务。

四是不完全契约下的机会主义逻辑。PPP 相比政府与市场在公共服务领域合作的特许经营、成立发展公共事业的融资平台、政府购买服务等模式，合作周期长、合作内容多、涉及主体广，更易发生逆向选择和道德风险。逆向选择是指由于社会资本具有信息优势，通过包装综合实力或采取低价竞标等手段中标项目。政府或以短期思维决策，或被社会资本的"伪装"吸引，或存在官员的利益交换，大概率以市场均价水平接受了形式合格的社会资本，资质好但报价高的社会资本却失去应标机会。道德风险是指社会资本因拥有项目一手信息而将风险量化为不应由政府承担的支出责任。政府因承担公共服务供给职责，放任合作关系恶化、项目建设运营管理不良等问题是小概率事件，加之受专业能力限制，无法完全看破社会资本实质性转嫁市场风险的行为，增加了市场对政府的救助依赖。因复杂的契约都不可避免的是不完全的，只要保障可信任缔约的机制建设不完善，契约中的歧异、错误或遗漏会被缔结主体有心或无心地利用，带来混乱与问题（奥利弗·E.威廉姆森，1995）[1]。为避免相关问题发生，需要依靠法治环境的健全、降低契约不完全程

---

① [美] 奥利弗·E.威廉姆森.企业的治理结构理论：从选择到契约 [A]. 见：奥利弗·E.威廉姆森著.契约、治理与交易成本经济学 [C]. 陈耿宣，译.北京：中国人民大学出版社，2020：78－112.

度的专业水平的提高、赋有契约精神的营商环境的培育，以及司法、仲裁等争端解决机制的优化，我国目前尚不具备相关条件。

五是预算软约束为政府安排隐性及或有财政支出提供了操作空间。一方面，地方政府因信息优势可能会作出增进自身利益却不利于防控中央政府救助责任风险的行为，如地方政府会借助转移支付与中央政府讨价还价，获取财政资源的更多支持。怀尔德森（Wildasin，1997）[1] 提出，在财政分权下，地方政府的承诺和举债可引致中央政府的救助行为，否则地方债务危机一旦蔓延，将给中央政府带来较大的外部成本，地方政府为外溢性大的公共服务举债时，中央政府的救助动机将更强烈。另一方面，在现有五级政府的体制框架下，省级财政部门统筹所属各级的财政工作，省级及以下各级政府作为"地方政府"实属一个整体，从中央到地方存在隐性担保与救助的层层财政关系，中央政府的监管力度会伴随政府层级的延伸而减弱，地方政府"大而不倒"的软预算约束和"上有政策、下有对策"的行为选择隐匿了隐性债务风险，"太大而不能倒"已成为地方政府的集体行动共识（马万里，2019）[2]，成为滋生地方政府过度负债心理的重要原因，助长了 PPP 政府债务风险。政府可通过固定回报、弱化绩效等让部分隐性债务显性化，或通过预算安排的机动性纳入非法定或有支出，却不能改变其非法定财政支出的本质。

六是金融市场对稳定可预期现金流的偏好，一定程度上将社会资本的融资压力转变为财政支出压力。理论上，PPP 主推以项目未来现金流为依据的项目融资方式，而在实际中，金融机构往往难以承受市场风险对贷款安全性的威胁，偏好于政府付费和比例较大的可行性缺口补助项目，即便社会资本主体信用起到一定作用，政府信用依然对 PPP 融资成功与否产生重要影响。同时，金融市场的心理与偏好，加深了政府信用金融化在 PPP 融资的印记，将社会资本融资压力传导给政府的同时，也放松了 PPP 政府债务风险的金融

① Wildasin D E. Externalities and Bailouts: Hard and Soft Budget Constraints in Intergovernmental Fiscal Relations[R]. Washington: World Bank，1997.

② 马万里. 中国地方政府隐性债务扩张的行为逻辑——兼论规范地方政府举债行为的路径转换与对策建议 [J]. 财政研究，2019（8）：60-71；128.

监管，财政与金融尚未形成合力防范 PPP 项目财政支出责任债务风险，仅靠财政系统难以彻底解决风险隐患。

5.7 对完善制度的启示

本章以在我国现有制度中构建并分析政府和社会资本在"PPP 项目财政支出责任债务风险的引致和分担"的博弈活动为研究重点，以行为决策权的获取和转移为视角构建政社博弈模型，剖析债务风险的生成机理，旨在达成以下目标：以增强 PPP 财政支出责任债务风险防控为导向，优化制度规定，推动各方坦诚真实属性，低成本地了解事后行为，降低复杂契约关系下的机会主义与道德风险，强化制度的自我实施机制，构建信任稳定、有序互动的伙伴关系，可形成以下方面的认识：

第一，PPP 法治化进程滞后，现有制度存在行为细则不明确、自我实施机制不成型、专业化与阳光化不到位、执行成本高等问题。政出多门，规则标准不统一，致使制度落实具有区域异质性，项目实施主体和监管主体在制度薄弱环节催生的寻租空间和在行政自由裁量权中产生的"讨价还价"等行为，推动形成区域性和结构性的潜在风险源；相关制度缺少科学周密的法律基础，部门规章与法律及司法体系形成落差降低了机会主义行为的交易费用；政府和社会资本并未真正形成互相监督制约的伙伴关系，增加了复杂契约的执行与监督成本；目前关于主体信用、违约记录、各方实力与特征的信息共享存在迟滞与阻碍，可与政府监管形成互补的行业自律监管和公众自发监管缺位，尚未构建具有成本优势及可信承诺的制度实施机制。以上问题增加了防控债务风险的制度执行与监管成本，影响了风险治理效果。

第二，优化 PPP 相关制度是增加"PPP 项目财政支出责任债务风险的引致与分担"博弈中的交易费用，进而抑制债务风险的关键。仅在财政领域要求规范管理 PPP 项目财政支出行为、提升相关交易费用是不够的，要进一步实现与法学和组织学等的交融。一方面，以 PPP 财政支出预算管理为主线，将 PPP 财政付费、政府履约、政府债务风险分担等关键问题纳入 PPP 合同的制定、执行和监管重点，实现财政支出责任在政府层面的预算与资产负债管理，及项目层面的合同管理的一致对等，在 PPP 立法暂时缺位的背景下，强化债务风险管理的法律依据。另一方面，现阶段的 PPP 治理仍是以财政部门和行业主管部门为代表的正式组织为主导，但正式组织对债务风险防控的作为，因缺乏统一、可执行的行为标准，部门间因利益交易而在行为尺度方面可"协商"，财政、金融尚未形成监管合力等问题，削弱了对因技术进步、行为改进所导致的环境变化中债务风险防控制度的适应性，造成监管能力缺口，降低了实发交易费用，隐匿了潜在交易费用。因而，要更好防范债务风险，在完善相关制度的同时，还要注重跨领域、跨部门、跨周期的管理组织的自我学习与更新，在能力、形式和行为方式上为防控风险提供助力。

第三，完善政府和社会资本之间的激励约束机制，是压缩政社合谋空间、减少不正当利益交易的重要举措。为防控债务风险，应在制度建设中充分重视构建政社的激励约束机制，提高一方说服另一方采取违规行为的费用，降低一方说服另一方采取合规行为的费用。此条件的实现应跳出 PPP 视野，在财政、行政等改革和法治社会建设与营商环境优化中寻求破解之道。PPP 政府债务风险的生成并非完全为 PPP 模式之过，一定程度上是我国经济、政治、社会、法治等因素综合作用的结果使然。在"PPP 项目财政支出行为是否违规引发政府债务风险"的问题上，说服费用通常不会限于单一 PPP 项目的得失，而是包含着基于其他交易得失的地域与行业的机会成本。当然，完善政府债务风险管理制度并非某部门、某领域可实现的一日之功，但对 PPP 而言，加强政社之间的激励约束是增加不合规说服费用、在短中期有助于防控债务风险的可行举措。因此，增强信息共享，强化风险防范共识，合理分担风险，实现重信守诺，构建双方的绩效监管，将社会资本对政府义务落实的考评与政府对社会资本服务绩效的考评置于同等重要的位置，是完善激励约束、优化债务风险防控制度的考虑要点。

第四，科学合理分担项目风险，是有效控制全生命周期项目成本、更好防控债务风险的关键。政府过度转移风险给社会资本以降低短期财政支出的行为，可能造成以下影响：一是降低社会资本的参与积极性，侵蚀政社平等合作的基础，增加市场垄断因素，强化政府的违规动机；二是降低了合作方对项目风险的整体管理能力，增加了建设运营的不确定性，一旦潜在的、项目内部的风险源发酵为实际的、影响范围更广的风险事件，负外部性由项目经济效益增加至损害公共服务供给的社会效益，将大为增加项目风险管理难度和为此投入的资源；三是变相推升公共服务的单位成本，降低公共服务供给数量与质量，损害消费者和社会资本权益，造成社会福利净损失。以上将通过政府以行政管理者身份兜底公共风险的途径增加中长期财政支出和政府显性债务风险，及通过被社会资本将超额风险再次隐性转移回政府方的途径增加政府隐性债务风险。因此，政府应坚持平等合作，守住契约底线，稳定社会资本的合作预期，真正将债务风险纳入政社共治风险框架，合力管控 PPP 项目财政支出责任债务风险。

本章指出了在现有制度下，政府和社会资本在"PPP 项目财政支出责任债务风险的引致与分担"上的博弈具有合作路径多、风险可隐匿及做实风险行为的后果严重等特点，强化了政社在此博弈上达成合作的倾向。同时，受科斯定理的启发，在分析博弈模型时，将"引发政府债务风险的财政支出行为"的初始决策权分别赋予政府和社会资本，在运用"交易费用"概念剖析双方策略集合和支付结果如何发生变化的同时，提出了产生于政社合作关系的"说服费用"概念，分析其与交易费用的关系和对博弈行为的影响。本章通过对比"政府先行"和"社会资本先行"的博弈模型，及"政社合理分担风险"和"政府过度转移风险给社会资本"的博弈模型，在模型推演基础上，基于"交易费用"剖析在 PPP 层面因风险分担不合理，以及基于"说服费用"剖析在非 PPP 层面因综合性制度因素，还原了政府债务风险生成机理的全景图，提炼出夯实法治基础和完善政社之间的激励约束机制、提升政府监管的有效性、引入客观第三方治理以增强制度的自我实施机制等制度完善要点，为优化制度提出了思考方向。

6 支持制度建设合理化的博弈模型分析

现阶段在我国防控 PPP 项目财政支出责任债务风险的制度中，以部门规章为主的正式规则因法律位阶低而不易真正贯彻落实，非正式约束对型塑 PPP 交易规则的作用有限，客观有效的第三方实施机制尚未成型，实现制度的自我实施存在难度。因此，支持制度建设合理化关键要做好三篇文章：其一，通过夯实法治治理基础，制定详细、统一的"PPP 项目财政支出责任债务属性的判定标准"，提高由制度漏洞引发的机会主义行为的交易费用，实现项目风险的合理、公平分担，优化政社双方建立在守法合规基础上的激励约束机制；其二，通过建立合理有效的政府监管机制，提高监管效率，压缩行政自由裁量权，提高违规行为的发现概率以做实潜在交易成本，抑制政社合谋违规的动机；其三，通过引导建立 PPP 行业自律组织等客观第三方机构，与政府作为第三方监督主体的官方行为有机互补，提高信息共享度以加强社会监督，建立 PPP 参与主体信用评价机制，形成将单次违规失信行为的成本展期至未来的跨期惩罚机制，培养诚信、平等、公正的行业文化，在强化非正式约束作用的同时，完善制度的自我实施机制。

6.1 强化法治因素的政社博弈分析

强化对政府和社会资本行为的法律约束，通过增加违规行为的交易费用及说服费用，影响支付结果，推动双方的行为选择趋于规范，从而降低 PPP 项目财政支出责任债务风险，是法治因素作用于政社博弈模型的主要机制。这一机制反映到实践主要产生两条渠道：一是制定 PPP 法律法规，将以部门规章为主的政策覆盖面最大限度与法律法规覆盖面重合，完善司法判决依据，强化 PPP 制度供给的有效性，降低 PPP 项目参与方借助制度漏洞违规牟利的动机。二是提高 PPP 项目合同的完备性，实现项目风险最优分配，将可能引发债务风险的不规范因素作为双方契约的禁止项，约定到 PPP 项目合同中，规范 PPP 项目参与方的行为，实现对社会资本的最优激励。

6.1.1 夯实制度的法律效力

目前，对 PPP 项目财政支出责任债务属性的认定依据和管理规定散见于各法律层级较低的部门规章中，有些规定"形似但未聚神""有规而尚未为良规"，部分核心政策失效，并未形成系统性强、约束力高且执行标准统一的法律法规作为行为治理的依据，亟须在"全面依法治国"大政方针的指引下，加快立法进程，明确规定可引发债务风险的不规范 PPP 财政支出行为的范围及相关责任方的惩处措施，解决"文件虚置""制度空转"问题，让行为治理有良法可依。一旦将 PPP 项目财政支出责任债务属性的判定标准、责任承担主体及惩罚后果明确在法律规定中，不论是在政府先行的政社博弈模型，还是在社会资本先行的政社博弈模型中，都会通过提高违规行为产生的交易费用和说服费用、压缩违规利润使得说服合谋违规的均衡路径无法达成，进而实现可置信的、符合规范导向的政社合作结果，推动项目合规落地。

6.1.2 增强 PPP 项目合同的完备性

制定 PPP 上位法固然是 PPP 模式行稳致远的根本法治保障，于 2016 年启动的此项工作至今没有实质性进展，出台 PPP 立法的难度可见一斑。但 PPP 项目财政支出责任债务风险防控工作不能因此陷入瓶颈，相比之下，将相关风险因素作为政社的共担风险纳入 PPP 合同是能在短期内见效的可行举措，前提是政社双方在合理共担 PPP 项目财政支出责任债务风险上达成共识，并落实于约束双方行为的具体条款中。在分析债务风险生成机理时可知，社会资本索取过多财政资源保障的原因之一是政府让社会资本过度承担风险，社会资本为获得预期收益，在具有信息优势的情况下向政府索要隐性财政保障，或在不被政府察觉的情况下通过偷工减料、降低服务水平来控制成本，由此产生政府债务风险。同时，PPP 项目合同作为约定政社权责分配的契约文书，是 PPP 项目合同体系的核心所在。但现有制度仅明确了"可为"与"不可为"的范围，以及 PPP 项目合同的粗略框架，防控与分担财政支出责任债务风险并未成为合同中风险分担的规定性条款。实践中，PPP 项目参与方很少将可能引发 PPP 项目财政支出责任债务风险的行为作为合同的禁止项，这可能是无意识的疏漏，可能是合谋后的主观排除，亦有可能是单方 PPP 参与方利用信息不对称有意制造的陷阱。因此，需基于信息不对称的客观条件构造最优激励合同，让可能产生债务风险的因素遏制于 PPP 项目合同中。

6.1.2.1 模型假设

第一，在 PPP 项目中，政府和社会资本形成委托—代理关系[①]，双方存在信息不对称问题。政社可能利用现有 PPP 项目财政支出责任债务风险防控制度的漏洞，合谋发生不规范的 PPP 财政支出行为，或社会资本利用信息优势，诱导或迫使政府承担超出其义务范围的财政支出责任，产生政府债务风险。

第二，政府无法完全观测到社会资本的行为，但在 PPP 项目产出完全与绩效挂钩的政策要求下，政府通过评价产出绩效调整对社会资本的财政运营补贴水平。假设项目产出 π 是关于社会资本努力程度的函数，社会资本的努力程度为一维变量 a，项目运营面临的外生随机变量为 ε（可理解为项目实施的客观综合条件），且 ε 服从均值为零、方差为 δ^2 的正态分布。假设项目的产出函数为线性形式：$\pi=a+\varepsilon$，π 是 a 的严格递增的凸函数，在 ε 给定的情况下，项目产出与社会资本的努力程度呈正相关，但努力的边际产出率递减；π 是 ε 的增函数，较高的 ε 代表项目实施面临较有利的客观综合条件。因此，$E\pi=E(a+\varepsilon)=a$，$var(\pi)=\delta^2$。根据 PPP 项目合同约定，项目产出 π 归政府所有，政府依据 π 的绩效考核结果向社会资本付费。

第三，政府作为公共事务的管理者，承担了 PPP 项目产出的最终供给责任，社会资本虽直接参与 PPP 项目供给公共服务，但实现经济利益最大化是其多重目标中的主导因素。由此，假设政府是风险中性的，社会资本是风险规避的，社会资本的绝对风险规避度量系数 ρ[②] 不变，即社会资本对风险的厌恶程度不会轻易作出改变。

[①] 张维迎. 博弈论与信息经济学 [M]. 上海：格致出版社，2004：256–262. 此节博弈模型借鉴了张维迎所著《博弈论与信息经济学》中"5.5 委托—代理模型的一个例子"的经典模型，结合 PPP 项目中政府与社会资本合同关系的特点，对相关假设条件和求解过程予以调整。

[②] 绝对风险规避度量系数 ρ，也称阿罗–帕拉特度量，体现了一个决策者对风险厌恶程度的度量，系数越大，风险规避程度越高。

第四，假设 PPP 项目合同为：$s(\pi)=\beta\pi$，即政府依据合同向社会资本约定的财政付费与项目产出完全挂钩，β 是社会资本以获得财政补贴的形式分享的产出份额。在风险与收益对等原则下，β 亦可表示社会资本承担的项目风险比例。

第五，假设社会资本为实现产出 π 需付出的成本为 $c(\alpha)$，且 $c'>0$，表示社会资本越努力，付出的成本越高，因而希望降低努力程度，除非政府能向其提供足够激励，否则社会资本难以按照政府期望的努力程度提供公共服务。假设政府的期望效用函数为 $v[\pi(\alpha)-s(\pi)]$，社会资本的期望效用函数为 $u[s(\pi)-c(\alpha)]$，为简化起见，假设 $c(\alpha)=k\alpha^2/2$，k 代表成本系数且大于零，k 越大，成本越高，同样的努力 α 带来的负效用越大。

6.1.2.2　求解社会资本承担风险的最优比例

因假设政府为风险中性，给定 $s(\pi)=\beta\pi$，政府的期望效用等于期望收入：

$$Ev[\pi(\alpha)-s(\pi)]=E[(1-\beta)\times\pi]=(1-\beta)\times\alpha \qquad （式6-1）$$

社会资本的实际收入为：

$$w=s(\pi)-c(\alpha)=\beta\pi-k\alpha^2/2=\beta\times(\alpha+\varepsilon)-k\alpha^2/2 \qquad （式6-2）$$

因社会资本是风险规避的，则其确定性等价收入[①]为收入均值与风险成本之差：

$$Ew-\rho\times var(w)/2=E[\beta\times(\alpha+\varepsilon)-k\alpha^2/2]-\rho\times var[\beta\times(\alpha+\varepsilon)-k\alpha^2/2]/2$$
$$=\beta\alpha-k\alpha^2/2-\rho\beta^2\delta^2/2 \qquad （式6-3）$$

其中，Ew 是社会资本的期望收入，$\rho\times var(w)/2$ 也即 $\rho\beta^2\delta^2/2$ 是社会资本的风险成本。因社会资本的效用函数具有不变绝对风险规避特征，采用冯·诺伊曼－摩根斯坦效用函数 $u=-\alpha^{-\rho w}$ 表示，ρ 是社会资本的绝对风险规避度量，w 是实际收入。社会资本的最大化期望效用函数 $Eu=-E\alpha^{-\rho w}$ 等价于最大化上述确定性等价收入。

社会资本参与某 PPP 项目时面临两个约束，其中，第一个约束为参与约

---

① 如果 $u(x)=Eu(y)$（其中 y 为随机收入），称 x 为 y 的确定性等价，因为某主体从随机收入 y 中得到的期望效用与从确定收入 x 中得到的效用相同。当主体是风险中性时，确定性等价等于随机收入的均值；当主体是风险规避时，确定性等价等于随机收入的均值减风险成本。

束，即社会资本接受此合同获得的期望效用不能低于不接受合同时能获得的最大期望效用，可理解为社会资本参与此 PPP 项目的机会成本，设为保留收入水平 $\bar{w}$，如果确定性等价收入小于 $\bar{w}$，社会资本将不接受合同。因此，社会资本的参与约束可如下表述（设为式 6-4）：

$$\beta\alpha-k\alpha^2/2-\rho\beta^2\delta^2/2 \geqslant \bar{w} \qquad\qquad （式 6-4）$$

第二个约束为激励相容约束，假定政府不能观测社会资本的行动，社会资本有机会和意愿选择能使自身期望效用最大化的行动。因此，应对社会资本的收入函数 $w=s(\pi)-c(\alpha)=\beta\pi-k\alpha^2/2=\beta\times(\alpha+\varepsilon)-k\alpha^2/2$ 求最优解，w 对 α 的一阶条件为（设为式 6-5）：

$$\beta-k\alpha=0，即 \alpha=\beta/k \qquad\qquad （式 6-5）$$

当社会资本的努力程度 α 不可观测时，给定 β，社会资本的激励相容约束意味着 $\alpha=\beta/k$，政府的问题是选择 β 的最优水平使得政府的期望效用最大化（设为式 6-6）：

$$\max_{\beta} Ev[\pi(\alpha)-s(\pi)]=\max_{\beta}(1-\beta)\alpha \qquad\qquad （式 6-6）$$
$$s.t.\ \beta\alpha-k\alpha^2/2-\rho\beta^2\delta^2/2 \geqslant \bar{w} \qquad\qquad （式 6-4）$$
$$\alpha=\beta/k \qquad\qquad （式 6-5）$$

将参与约束（式 6-4）和激励相容约束（式 6-5）代入目标函数（式 6-6），可重新表述期望效用最大化的问题：

$$\max_{\beta}(\alpha-\beta\alpha)=\max_{\beta}(\beta/k-\bar{w}-\beta^2/2k-\rho\beta^2\delta^2/2)$$
$$=\max_{\beta}[(2\beta-\beta^2)/2k-\rho\beta^2\delta^2/2-\bar{w}]$$

上式的一阶条件为：

$$(1-\beta)/k-\beta\rho\delta^2=0$$

即：

$$\beta^*=1/(1+\rho k\delta^2) > 0 \qquad\qquad （式 6-7）$$

将 β^* 带入式 6-5 可得社会资本风险分担比例为最优水平时，社会资本的最优努力程度 $\alpha^*=\beta/k=1/[(1+\rho k\delta^2)\times k]$，将社会资本满足激励相容条件下的最优努力水平 α^* 和最优风险分担水平 β^* 带入政府的期望效用函数，可得政府的最优期望效用水平：

$$Ev[\pi(\alpha)-s(\pi)]^*=(1-\beta^*)\times\alpha^*=[1-1/(1+\rho k\delta^2)]\times\{1/[(1+\rho k\delta^2)\times k]\}$$
$$=(\rho\delta^2)/(1+\rho k\delta^2)^2 \qquad\qquad （式6-8）$$

通过分析 β^*、α^* 和政府的最优期望效用水平可得结论如下：

第一，因社会资本偏好于风险规避，而 $\beta^* > 0$ 意味着社会资本必须分担项目风险，在同时满足社会资本参与约束条件和激励相容约束条件下实现最优合同安排，促使社会资本承担其应承担的 PPP 项目财政支出责任债务风险分担比例，需在社会资本的风险承受能力范围内，激发社会资本的参与积极性，并通过锁定社会资本在合同约定中的风险分担比例，倒逼社会资本提高控制项目风险因子的能力。由 $\beta^*=1/(1+\rho k\delta^2)$ 可知，社会资本分享的项目产出份额的最优水平，也即社会资本分担的包括 PPP 项目财政支出责任债务风险因素的项目风险的最优水平 β^*，是 ρ、δ^2 和 k 的递减函数。因模型假设社会资本的绝对风险规避度量 ρ 不变，可通过调控项目实施的客观综合条件 ε 的方差 δ^2 和社会资本努力程度 α 的成本系数 k 影响 β^*。δ^2 越小，说明项目实施的客观综合条件的离散程度，即波动程度越小，实施条件越稳定；k 越小，说明社会资本努力程度带来的效用磨损越少，由此可激励社会资本承担合理的风险水平。

第二，由社会资本的最优努力程度 $\alpha^*=\beta/k=1/[(1+\rho k\delta^2)\times k]$ 可知，α^* 与 δ^2 和 k 呈负相关。结合上述分析，一方面，稳定的项目实施条件可为社会资本稳定预期，减少项目运营的不确定性，便于社会资本在合同约定的权责范围内明确实施计划，将项目风险控制在合理范围内，提高项目的实施效果。另一方面，社会资本努力程度带来的效用磨损水平 k 与合同中对社会资本的激励约束安排密切相关，若项目设置合理的绩效考核标准，社会资本在获得与自身付出相匹配的合理回报的同时，可通过创新管理与技术方式、节约建设运营成本、提高服务质量等获得额外奖励，自然可降低 k，推动社会资本付出最优程度的努力水平。

第三，从政府的最优期望效用水平 $Ev[\pi(\alpha)-s(\pi)]^*=(\rho\delta^2)/(1+\rho k\delta^2)^2$，亦可得出 Ev^* 与 δ^2 和 k 呈负相关的结论。由此可知，稳定的项目实施环境和政府对社会资本有效的激励约束机制是实现合理的项目合同安排、让社会资本的风险分担保持在合理范围进而提高其控制风险的能力和参与积极性、降低社会资本因不公待遇而出现消极应对甚至欺骗行为的发生概率、提高政府期望效用水平和项目产出水平的共同要求，而此两个条件的实现，需要提升 PPP 项目合同的完备性、专业性与科学性，强化双方的合规意识，合理划分并明确各自权责分工，合理分担项目风险，减少因制度短板、行政自由裁量权、合同漏洞或歧义而产生的机会主义行为和寻租交易。

6.1.3 强化法治建设对政社博弈的影响

对 PPP 项目财政支出责任债务风险防控而言，健全的法治体系和完备的 PPP 合同一方面提供了稳定的外部环境，防控债务风险成为各方共识，PPP 项目财政支出责任与债务风险的细致化判定标准具有更高的法律效力，可降低制度扭曲执行的概率，压缩暗箱操作空间，制度规定具有连贯性从而保持制度环境的稳定，亦可及时依据实操变化推动制度保持合理的边际变迁，减少制度规定与实操的差距，推动 PPP 规范发展所需要的平等共赢、诚信守诺、公开透明的行业交易准则逐步建立，以稳定各参与方的预期，降低逆向选择、道德风险和机会主义行为，提高制度的实施效果。另一方面，有利于维护社会资本的合法权益，降低社会资本努力程度的效用磨损，社会资本的风险分担与收益分享呈正比，引导社会资本在其职责与能力范围内承担合理的风险种类与程度，并基于合理全面、客观公正的绩效评价结果获得匹配其付出的回报。在上述条件的作用下，社会资本可获得合理财政付费水平的可置信承诺，将降低其不当转移市场风险给政府、转化为非法定支出或增加或有支出，进而引致政府债务风险的概率。同时，由于规则统一且法律效力层级高，政府和社会资本将抑制违规动机，构成对不规范 PPP 项目财政支出行为的可置信威胁。

综上所述，衡量项目实施外部环境的不确定性的 δ^2 越小，衡量社会资本努力程度磨损水平的 k 越小，社会资本合规参与 PPP 项目的可置信承诺越高，抑制违规行为的可置信威胁越大，政府的期望效用和项目产出水平越高。如果 PPP 法治环境更加健全，PPP 项目合同明确规定了政府和社会资本均不得出现引发财政支出责任债务风险的行为，及债务风险出现时的共担方式：一则有希望提高政府与社会资本的互信程度，完善激励约束机制，有效缓解委托—代理问题，降低因不规范财政支出行为引发的政府债务风险；二则激励社会资本付出最优努力，提升项目的产出水平和政社合作效果；三则提高政府的期望效用水平，更好发挥 PPP 制度创新价值和在公共领域的产出绩效；四则通过完善 PPP 合同推进行业法治化进程，强化政府履约，抑制违规倾向和债务风险，有助于培养合法守规、平等诚信的行业交易惯例和交易文化，引导非正式约束机制的建立与完善。

6.2 强化政府监管因素的政社博弈分析

有效的制度不仅包含依靠正式规范和非正式约束形成规范合理的交易准则，还要建立实施机制让规则落地。制度的实施需要凭借政府的强制力规范行为对违规行为进行纠偏与惩罚，同时也需要借助市场机制的力量，在政府引导、市场主导下建立客观第三方治理，与政府实施机制互为补充。这两种实施机制在不同的市场背景下，产生的先后顺序与作用大小不同。就我国PPP 发展而言，制度的强制实施机制先行，自我实施机制尚待建立，政府监管对遏制 PPP 项目财政支出责任债务风险具有正反两方面的效果。及时、合理、有效的政府监管可防控债务风险，但现实问题在于：第一，PPP 项目财政支出责任债务属性无统一判定标准，地方、行业的监管标准有所差距，同一做法在不同监管标准下可能会得到截然相反的审查结论。第二，在没有统一行动标准的背景下，下级政府"机械"遵守制度规定，出现保守乃至"左倾"行为，将合同中正常约定的"合理利润率"当成政府提供最低收益依据等"草木皆兵"的行为一度影响了 PPP 项目的正常推进，带来了不必要的整改成本和项目延迟成本。第三，本级政府作为项目参与方，对自身的监管可信度有待提高，以跨级监管和独立监管为主的监管机制正在建设中，相关机制有待优化。第四，在监管执行层面，全国层面监管工作的协调性和统一性有待提升，各地信息共享度有限，难以通过地方政府及相关部门的监管经验总结对比并凝练为制度标准，容易出现"好心办坏事"。因此，PPP 项目财政支出责任债务风险治理存在区域异质性，管理"严苛"的地区抑制了 PPP 市场的活力，影响 PPP 供给公共服务的能力；管理"松懈"的地区难以重视自有财力的约束，借助 PPP 模式大规模举债融资，区域风险集聚。提升政府监管的有效性，对增强正式规则约束力度、强化制度实施机制具有重要意义。

6.2.1 模型假设

第一，在监管标准统一且法律效力位阶高的情况下，监管部门的监管行为是有效的，可依据监管标准准确发现被监管项目可引致债务风险的财政支出行为。

第二，两个参与人：设 PPP 项目财政支出责任债务风险的监管部门为 A（包含跨级政府监管和独立于政府的监管部门，如审计部门和地方财政监管局），PPP 项目的参与人为 B，此处 B 表示就"PPP 项目是否存在可引致债务风险的财政支出行为"达成一致意见的政府和社会资本，参与人 $i=\{A，B\}$。A 的目标为发现并督导整改可引致政府债务风险的不规范 PPP 财政支出行为，在监管有效的前提下，B 难以借助制度漏洞、行政自由裁量权等掩盖其违规行为。同时，A 与 B 都存在自身利益最大化的行为动机。

第三，监管部门的策略空间 $S_A=\{$监管，不监管$\}$，PPP 项目参与人的策略空间 $S_B=\{$违规，不违规$\}$；假设监管部门的混合策略为 $\delta_A=(\theta，1-\theta)$（监管部门选择监管的概率为 θ，选择不监管的概率为 $1-\theta$），PPP 项目参与人的混合策略为 $\delta_B=(\gamma，1-\gamma)$（PPP 项目参与人选择违规的概率为 γ，选择不违规的概率为 $1-\gamma$）。

第四，设监管部门监管一个项目产生的监管成本为 a，监管时若发现 PPP 项目存在违规行为可获得的效用为 b，b 主要包括政府债务风险的发现与化解、对可引发债务风险的其它 PPP 违规行为的威慑效应、增强制度的实施效果等，亦体现出监管部门的业绩。假设 a、b 均大于零，且 $a<b$，监管部门在其监管行为产生的收益大于付出的成本时才有监管动机，PPP 项目参与

人的违规行为被发现后受到的惩罚为 f，主要包括项目的整改成本或项目流产致使双方遭受的损失、双方对债务风险的分担、对相关人员的问责、双方信用受损程度及其他可能导致政府和社会资本利益受损的后果。

6.2.2 求解混合策略纳什均衡

根据模型假设，可列出监管部门和 PPP 项目参与人博弈的战略式表述（见表6-1）。

表6-1　监管博弈：战略式表述

PPP 项目参与人

		违规	不违规
监管部门	监管	$(-a+b,\ \Pi_G''+\Pi_S''-f)$	$(-a,\ \Pi_G+\Pi_S)$
	不监管	$(-b,\ \Pi_G''+\Pi_S'')$	$(0,\ \Pi_G+\Pi_S)$

注：当政府和社会资本作为一个博弈主体时，第五章模型中设置的交易费用、说服费用和违规收益、违规成本等变量，都体现为双方的最终支付结果之和内部的此消彼长，并不影响政社支付结果之和。为简化模型分析，此处将政府和社会资本在不发生导致政府债务风险的违规财政支出行为时获得的支付总和设为 $\Pi_G+\Pi_S$，发生违规行为时获得的支付总和设为 $\Pi_G''+\Pi_S''$。根据第五章构建的博弈模型，当政社合谋违规时，不论是政府先行的模型，还是在社会资本先行的模型，均在可达纳什均衡解的合谋违规的情形中，得到 $\Pi_G''+\Pi_S''=\Pi_G+\Pi_S+(\Delta-\alpha)$，其中 Δ 代表违规收益增量，α 代表因引致 PPP 项目财政支出责任债务风险而产生的交易费用，$(\Delta-\alpha)$ 代表政社可获得的项目违规利润增量。

在 $a<b$ 的假设下，监管博弈中不存在纯策略纳什均衡，此博弈的混合策略纳什均衡求解过程如下。

给定 PPP 项目参与人的违规概率 γ，监管部门选择监管（$\theta=1$）和不监管（$\theta=0$）的期望收益分别为：

$$\mu_A(1,\ \gamma)=\gamma\times(-a+b)+(1-\gamma)\times(-a)=\gamma b-a$$

$$\mu_A(0,\ \gamma)=\gamma\times(-b)+(1-\gamma)\times0=-\gamma b \qquad\qquad （式6-9）$$

如果混合策略（即 $\theta\ne0$ 或 1）是监管部门的最优选择，则监管部门在监管与不监管之间是无差异的，即：

$$\mu_A(1,\ \gamma)=\gamma b-a=-\gamma b=\mu_A(0,\ \gamma)$$

求解上式，得：$\gamma^*=a/2b$。若 PPP 项目参与人的违规概率小于 $a/2b$，监管部门的最优策略是不监管；若违规概率大于 $a/2b$，监管部门的最优策略是监管；若违规概率等于 $a/2b$，则监管部门可随机地选择监管或不监管。

给定监管部门的监管概率 θ，PPP 项目参与人选择违规（$\gamma=1$）和不违规（$\gamma=0$）的期望收益分别为：

$$\mu_B(\theta,\ 1)=\theta\times(\Pi_S''+\Pi_G''-f)+(1-\theta)\times(\Pi_S''+\Pi_G'')=\Pi_S''+\Pi_G''-\theta f$$

$$\mu_B(\theta,\ 0)=\theta\times(\Pi_S+\Pi_G)+(1-\theta)\times(\Pi_S+\Pi_G)=\Pi_S+\Pi_G \qquad（式6-10）$$

解 $\mu_B(\theta,\ 1)=\mu_B(\theta,\ 0)$，得：$\theta^*=[(\Pi_S''+\Pi_G'')-(\Pi_S+\Pi_G)]/f$，即 $\theta^*=(\Delta-\alpha)/f$。若监管部门的监管概率小于 $(\Delta-\alpha)/f$，PPP 项目参与人的最优策略是违规；若监管概率大于 $(\Delta-\alpha)/f$，PPP 项目参与人的最优策略是不违规；若监管概率等于 $(\Delta-\alpha)/f$，PPP 项目参与人可随机地选择违规或不违规。

混合策略的纳什均衡解为：$\theta^*=(\Delta-\alpha)/f$，$\gamma^*=a/2b$，即监管部门以 $(\Delta-\alpha)/f$ 的概率选择监管，PPP 项目参与人以 $a/2b$ 的概率选择违规。此均衡解的经济学解释为：在 PPP 市场的多个项目中，有 $a/2b$ 比例的 PPP 项目参与人选择违规，有（$1-a/2b$）比例的参与人选择不违规；监管部门以 $(\Delta-\alpha)/f$ 的概率随机地监管 PPP 项目的合规情况。

6.2.3 有效政府监管对政社博弈的影响

根据上节分析，PPP 项目参与人的违规概率可通过下列途径予以影响：

第一，监管部门的监管质量对 PPP 项目参与人的违规概率的影响。因监管部门监管一个项目产生的监管成本为 a，发现违规行为可获得的效用为 b，则 a/b 可理解为监管项目的投入产出比，本书将其定义为"监管部门的监管质量"。由 $\gamma^*=a/2b$ 可知，γ^* 与 a/b 呈正比。若要降低参与人的违规概率，需提高监管部门的监管质量，即 a/b 应呈递减趋势。为此需满足下列条件：一是降低 a。形成统一、合理且具有较强法律效力的监管标准有助于降低误判、减少返工、稳定预期；建立全国性监管机制有助于形成标准化监管，培养专业分工，提高监管效率，实现政府监管的规模效应；建立各地、各行业定期与不定期的信息交流机制，及时分析实践现状，总结监管经验，完善监管标准，降低监管成本。二是提高 b。b 具有规模报酬递增的特点，伴随 PPP 项目财政支出责任债务风险的监管机制逐步完善，监管部门不仅可以准确判断某项目是否存在不规范的财政支出行为，得出违规行为导致的后果以及化解债务风险的最优方案，还可通过惩罚、公示等扩大监督行为的影响覆盖范围和威慑效应，巩固制度实施效果，监管项目的边际效用将呈现递增状态。

第二，监管部门的监管频率对 PPP 项目参与人的违规概率的影响。监管部门进行监管需花费一定的成本，其目标产出则是通过监管评估制度的实施效果和债务风险的防控效果，及时整改发现的违规行为，采取必要的惩罚措施，对其他 PPP 项目起到警示作用，实现"有令必行，有禁必止"。但在项目存在违规行为概率的情况下，全面监管将导致政府监管行为的不经济，因而监管部门有必要在控制监管成本和实现监管目标中进行权衡。就上述博弈而言，$(\varDelta-\alpha)/f$ 越低，监管部门在监管概率较低的情况下便可让 PPP 项目参与人的最优策略为"不违规"，说明制度的实施效果较好，可充分抑制参与人的违规动机。为此需满足：一是 $(\varDelta-\alpha)$ 较小，即项目违规利润增量较小；二是 f 较大，即通过充分有效的政府监管降低 PPP 项目参与人采取违规行为而不被发现，或被发现后认为可利用制度漏洞或行政自由裁量权减轻惩罚后果的侥幸心理，让违规行为的潜在交易费用实体化，以结果导向抑制 PPP 项目参与人的违规动机。

综上所述，构建完善的政府监管机制，提高监管有效性，是抑制违规行为的关键。

6.3 增加客观第三方治理的政社博弈分析

制度的自我实施可理解为制度强制实施的高阶状态，在以政府为主体的强制实施的基础上，通过不具有实施强制力的客观第三方，如，行业自律组织等，分担政府在型塑交易规范、加强信息公开、完善监督管理等方面的职责，实现政府方与非政府的合作治理。在此基础上建立单个 PPP 合同及 PPP 行业专项规定的自我实施机制，将降低制度的实施成本，减轻政府压力、增强制度约束力。以政府为主体的强制实施机制因具有制定制度、实施监督、解决纠纷的主导权，成为推动制度实施的主要力量。相较而言，不具有强制力的客观第三方在推动制度自我实施方面具有下列特点：

第一，关于角色定位。客观第三方主要扮演恢复既定秩序而非实施新秩序的角色，但也不排除客观第三方通过实践形成的行为准则或惯例，影响正式规则的制定甚至被制度制定者采纳进而上升为正式规则。第二，关于产生背景。政府制定的正式规则，大多是基于市场交易规律，以市场交易良性发展为目标而作出的决策；客观第三方引导实施的非正式约束，并非在政治或司法领域通过强制手段作用主体行为，而是政治、经济、社会交换、公共资源使用等多领域综合作用的结果。第三，关于作用渠道。客观第三方通过推动信息成为共同资源、建立主体声誉机制等，让某主体的单次违规或失信行为通过行业自律的自发性惩罚机制造成未来收益的损失，构成一种不具有官方强制力的可置信威胁，由此将单次博弈中以"背信"为占优策略的局面，转变为重复博弈中以"诚信"为占优策略的局面，此处的"重复博弈"可理解为，某主体的单次失信或违规行为因信息的传递而使主体信用降低，在未来合作中遭到潜在合作方拒绝的情况。更进一步，可将某主体作为博弈一方，除该主体以外的其他所有主体（包括政府和市场主体）作为博弈另一方，构成跨周期的重复博弈。

在 PPP 交易市场中，政府和社会资本不仅要围绕一个项目进行单次博弈，还需面临多个项目带来的跨期重复博弈，PPP 交易方不得不考虑单次博弈行为对自身未来收益的影响。尤其在信息公开机制健全的条件下，自身的市场信誉将成为项目参与人在重复博弈中获取博弈优势、建立长期市场优势的关键，而某次违规行为可能需要以未来周期的若干次博弈失利为代价。行业自律组织等客观第三方在收集与公开信息、引导建立主体声誉机制、捍卫并优化行业交易规范和治理机制等方面所具有的作用，将对项目参与人在跨期重复博弈中的策略集合与支付函数产生重要影响。

6.3.1 模型假设

第一，在客观第三方的作用下，PPP 交易市场中各主体的交易行为信息成为共享资源，依据已形成的正式规则判定主体是否存在违规或失信行为，在此基础上形成主体信用机制，主体信用成为该主体未来是否可获得交易机会的重要影响因素。客观第三方对存在违规欺骗行为的主体具有惩罚机制，且客观第三方具有一定程度的行业影响力。

第二，PPP 交易市场中，包括政府和社会资本共 N 个参与主体，模型有两个参与人：交易市场中的某主体 i 和除此主体以外的其他主体 j，$j \in$（1，2 …… $i-1$，$i+1$ …… N）。

第三，每个主体的策略空间 S={ 守规诚信 H，违规欺骗 C}，每个主体根据博弈对手上次交易的策略选择决定在本次交易中自身的策略。

6.3.2 博弈过程及结果分析

博弈可分为单次博弈与重复博弈两种情形。

6.3.2.1 单次博弈

假设交易主体 i 和 j 仅有一次交易行为，若双方均选择 H，则他们从诚实交易中获得的净收益为 Γ，各自可获得 $\Gamma/2$；若一方选择 C 而另一方选择 H，选择 C 的一方获得的收益为 $\alpha > \Gamma/2$ 或 $\alpha' > \Gamma/2$，选择 H 的一方遭受的损失为 $-\beta < 0$ 或 $-\beta' < 0$[①]，此种情况导致了一定的社会损失，即 $\Gamma-(\alpha-\beta) > 0$，或 $\Gamma-(\alpha'-\beta') > 0$；若两方同时选择 C，交易不成立，两人获得的支付均为 0。主体 i 和 j 的博弈行为的战略式表述见表 6-2。

表6-2　单次博弈的支付结果：战略式表述

		交易主体 j	
		H	C
交易主体 i	H	($\Gamma/2$, $\Gamma/2$)	($-\beta'$, α')
	C	(α, $-\beta$)	(0, 0)

分析表 6-2 可知，在单次博弈中，策略组合（C，C）将是唯一的纳什均衡，合作不达成，双方均无法获得支付。但伴随 PPP 市场规模的扩展和信息机制的健全，仍存在大量以 H 为占优策略的参与主体，若客观第三方以促成

[①] 因 i 和 j 属于不同主体，在一次交易中因违规欺骗获得的收益或遭受的损失不同，故分别用 α 和 α' 代表各自从违规欺骗行为中获得的收益，用 $-\beta$ 和 $-\beta'$ 代表各自因对方的违规欺骗行为而遭受的损失。

合规诚信交易为目的，引导建立主体信用机制和惩罚机制，单次博弈将演变为跨期重复博弈，即交易主体 i 和其要面对的在 PPP 市场中的其他交易主体 j，j 实际上是除 i 以外的交易主体的人格化体现，在共有信息和惩罚机制面前具有相同的行为倾向，因而在客观第三方的介入下，i 和 j 将重新考虑单次策略选择带来的未来收益结果。

6.3.2.2 重复博弈

在单次博弈模型的基础上，重复博弈模型进一步假定，i 和 j 在长周期内（只要 i 和 j 仍从事 PPP 交易）将进行重复交易，双方对下一次交易效用按贴现因子 δ 折现。客观第三方设定了如下惩罚机制：若一方选择 H，另一方将选择 H；若一方本次交易选择了 C，则另一方在未来交易中对一方将永远选择 C。由此，若 i 单方面偏离以往的策略选择，即本次交易选择 C，而 j 依然选择 H。i 的现期净收益为 $\alpha-\Gamma/2$[①]，但自下次交易开始 i 的每期收益均为 0，因而 i 偏离策略带来的成本之和的现值为：$(\Gamma/2)\times[\delta/(1-\delta)]$。只要 δ 足够大，使得一次偏离策略的成本之和的现值大于此次交易的现期净收益，即 $(\Gamma/2)\times[\delta/(1-\delta)] > \alpha-\Gamma/2$，$\delta > (\alpha-\Gamma/2)/\alpha$，则 i 选择 C 永远是得不偿失的，其面临的唯一选择是退出 PPP 交易行业。

若客观第三方设定了一种具有期限的惩罚机制，即选择 C 的一方将在未来连续 T 次交易内接受惩罚，若在此期间犯规方一直选择 H，它将得到原谅并使其交易恢复到正常状态；若在此期间犯规方又选择了 C，则以此为起点重新计算惩罚期。在此惩罚机制下，若 i 在某次交易中选择了 C，则此行为导致的成本总和的贴现值[②] 为：

$$(\Gamma/2+\beta)\times[\delta(1-\delta^T)/(1-\delta)]$$

[①] 对 i 而言，若本次交易选择 C 可获得收益 α，但本次若选择 H 可获得收益 $\Gamma/2$，则 $\Gamma/2$ 是 i 本次选择 C 所放弃的收益，即本次交易选择 C 获得的净收益 $\alpha-\Gamma/2$，且在本期中不存在贴现问题。

[②] 在此惩罚机制下，因 i 在上次交易中选择 C，j 为自我保护将在下次交易中选择 C，此时 i 需在 T 次交易内一直选择 H 才能完成惩罚，每次交易的损失为 β。而 i 若在上次交易中选择 H，可获得的收益为 $\Gamma/2$，且无需接受 T 次惩罚，故 $\Gamma/2$ 是 i 因上次选择 C，而在 T 次交易惩罚期内，每次所付出的机会成本。因此，i 在一次交易中选择 C 所付出的交易成本为 $\Gamma/2+\beta$，$[\delta(1-\delta^T)]/(1-\delta)$ 则表示折现因子 δ 既定时，T 次交易通过等比级数求和得到的贴现程度。

若 δ 和 T 足够大，使得成本总和大于偏离一次的净收益 $\alpha-\Gamma/2$，则选择 C 将得不偿失。但若以激励约束思想为指导，T 不能太大使得违规者的惩罚成本过高，该条件可由式 6-11 给出：

$$-\beta(\delta+\delta^2+...+\delta^T)+(\Gamma/2)\times(\delta^{T+1}+\delta^{T+2}+...) > 0 \qquad （式6-11）$$

上式中，$-\beta(\delta+\delta^2+...+\delta^T)$ 表示 i 在惩罚期 T 次交易内，因自身选择 H 而对方选择 C 所遭受的损失的现值；$(\Gamma/2)\times(\delta^{T+1}+\delta^{T+2}+...)$ 表示惩罚期结束后自 T+1 次交易起，i 结束惩罚与交易对手均选择 H 时获得的收益现值，在惩罚机制下，只有当 i 在未来交易中既因违规欺骗行为遭受了损失，又在其悔改后再次被市场接纳，并最终获得大于零的收益净现值，通过惩罚机制建立的行业激励约束才真正发挥作用。T 的最优值 T^* 应是同时满足下列条件的最大的 T 值，即：

$$(\Gamma/2+\beta)\times[\delta(1-\delta^T)/(1-\delta)] > \alpha-\Gamma/2 \qquad （式6-12）$$

$$-\beta(\delta+\delta^2+...+\delta^T)+(\Gamma/2)\times(\delta^{T+1}+\delta^{T+2}+...) > 0 \qquad （式6-13）$$

其中，条件式 6-12 反映了对采取违规欺骗行为的 i 的惩罚，条件式 6-13 反映了对 i 的激励。此博弈模型中，若 i 选择了 C，则 j 的最优策略是在 T^* 次交易中选择 C 以对 i 实施惩戒。

6.3.3 引入客观第三方治理对政社博弈的影响

实现上述博弈模型需具备以下条件：一是 PPP 行业中各方的交易信息成为共享资源，使得彼此知晓对方在交易中是否采取了依据正式规则判定的违规欺骗行为；二是存在具有一定行业影响力的客观第三方，设定一种具有激励约束作用的惩罚机制，并可内嵌于行业交易惯例中，成为对违规欺骗行为的可置信威胁。值得注意的是，在我国现阶段建立此种机制的前期成本巨大，一方面，对 PPP 财政支出行为会否引发债务风险的判定所需的信息，不论是政府方的自有财力、债务风险水平和履约记录，还是社会资本方的专业能力、责任感和诚信履约行为，大部分仍属于信息黑箱状态，建立基于多种信息基础上的客观公正的主体信用评价机制仍处于起步阶段。另一方面，我国目前尚不存在类似于 PPP 行业协会、PPP 自律组织的客观第三方，而筹建此类组织并非一朝之功。但不可否认的是，一旦此种机制建立起来，将通过信息共享和主体信用等关键要素，以单次违规欺骗行为的跨期损失为牵制，在推动正式规则实施的同时，有助于培养合规、诚信的 PPP 交易规则，更好发挥非正式约束的作用，大为降低 PPP 财政支出责任债务风险防控的制度实施成本。

青木昌彦认为，当交易域不断扩展时，仅依靠规范和自我实施合同机制[①]，或是仅依靠政府实施法律，均会产生过高的监管成本[②]。对于政府和市场共同参与的 PPP 项目而言，单靠以正式规则为主的政府治理或是以非正式约束为主的市场治理都会造成高成本、低效率的局面，充分发挥政府治理和市场治理各自的优势，构建有效的制度自我实施机制，才能更好实现包括防控政府债务风险在内的 PPP 治理的综合目标。

本章通过建立三个博弈模型，分析在分别强化法治和政社激励约束机制、提供有效的政府监管和增加客观第三方机构参与治理等因素时，如何影响政府和社会资本在"PPP 项目财政支出责任债务风险的引致和分担"博弈上的策略集合与支付结果。经分析可知：

第一，健全的法治环境和实现激励约束的 PPP 合同安排，可通过合理分担政府和社会资本在 PPP 项目财政支出责任债务风险防控方面的权责，增强制度约束力和项目实施环境的可预期性，使得政府和社会资本在稳定的环境中增加互信，降低委托—代理关系下不规范 PPP 项目财政支出行为的发生概率，通过完善激励约束机制提升社会资本的努力程度和项目产出水平。

第二，在监管标准科学统一的情况下，上级政府和独立的政府监管部门可通过监管质量和监管频率影响政社合谋采取不规范 PPP 项目财政支出责任的可能。一方面，提高监管质量有助于降低政府监管的自由裁量权，提升监管威慑力，实现监管的边际效用递增和边际成本递减，推动制度更好地贯彻落实；另一方面，设置合理的监管频率有助于政府平衡好通过监管实现防控

---

① 结合青木昌彦著作的上下文，此处的"规范和自我实施合同机制"指的是市场自发形成的多边声誉机制。

② ［日］青木昌彦. 比较制度分析 [M]. 周黎安，译. 上海：远东出版社，2001：79−80.

PPP 项目财政支出责任债务风险的目标和节约监管成本之间的关系，有助于抑制参与方采取违规行为而不被发现的侥幸心理，因此，有效的政府监管是构建制度实施机制的关键要素。

第三，引入客观第三方治理，通过推动信息共享和建立主体信用机制，设立单次违规欺骗行为能造成跨期损失的行业自律性惩罚措施，可与以政府为主体的官方监管形成互补，在推动构建制度自我实施机制的同时，形成守规诚信的行业交易文化，对抑制债务风险亦能发挥巨大作用。总之，在验证前文对我国 PPP 项目财政支出责任债务风险防控制度建设问题和债务风险生成机理相关结论的同时，为优化制度建设提供了思考方向和重点。

7 PPP 项目财政支出责任债务风险防控制度的国际经验借鉴

PPP 模式已在全球各国得到广泛应用，但各国的经济基础与宏观经济形势、法治化程度及政治、经济、社会体制等各方面差异较大，PPP 的发展环境及在此基础上形成的制度体系与发展需求必然各有侧重。本章选取国际多边机构及加纳、日本两个主权国家为分析对象，梳理 PPP 项目财政支出责任债务风险防控的国际管理经验，主要原因在于：

第一，联合国、世界银行等国际多边机构具有极大的国际影响力与号召力，这些机构在 PPP 项目财政支出责任债务风险防控方面的倡导与建议，是在吸收、分析、整合全球各经济体有益做法的基础上凝练而成，并可对各经济体建立 PPP 制度框架和交易准则、形成 PPP 规范发展的全球标尺产生重大影响，借鉴国际多边机构的经验有助于我国集中学习全球 PPP 实践精华、对标国际准则、推动我国 PPP "走出去"并在国际市场上进行发展与创新。

第二，加纳建立的 PPP 财政承诺全生命周期管理体系，在借鉴国际制度建设与管理经验的基础上，明确了政府提供财政承诺的条件、支出方式及不同类型财政承诺的债务属性，从预算、债务、宏观经济预测、财政信息统计等方面定期评估财政承诺的中长期综合影响，采取针对措施分类管理财政承诺及其产生的政府债务影响与财政影响，并建立跨部门、多角度的联合管理机制与制度框架，对我国 PPP 主管部门职责划分不清、财政支出责任债务属性的判别标准不明、对财政管理及其产生的政府债务影响的评估不全面、应对债务风险的举措不完善等问题具有重要借鉴意义。同时，加纳更重视管理 PPP 项目带来的政府或有债务，与我国重视 PPP 项目隐性债务管理的侧重点不同，可对完善我国制度提出不同的思考角度。

第三，日本作为大陆法系国家，已建立了以 PPP 法律为基础的较为完善的制度框架，并在健全财政承诺管理规定、构建多元主体的 PPP 治理架构、发挥第三方机构型塑 PPP 交易规则、推动 PPP 产学研一体化、形成防控 PPP 项目财政支出责任债务风险的自我实施机制等方面成果斐然。中国与日本一衣带水，我国的制度与文化对日本产生了深远影响，日本的 PPP 财政支出责任管理经验可较为容易地被我国理解与学习。本章通过梳理上述国际多边机构和主权国家的实践与经验，以期为国内制度建设与完善提供参考。

7.1 国际多边机构相关制度建设的主要经验

国际多边机构在全球 PPP 交易规范的政策倡导，往往是在分析总结全球 PPP 实践与市场发展现状的特点与问题的基础上，提炼良好的实践原则、方法与工具，引导各经济体的制度制定者将相关理念与做法引入本经济体的制度框架，以期在主要交易规范方面达成最大共识，以规则统一推动 PPP 实践在全球的稳健发展，减少跨国交易的制度差距与贸易壁垒。总结近年来主要国际多边机构在 PPP 领域的关注重点可发现，PPP 项目财政支出责任债务风险防控被置于越来越重要的位置。

7.1.1 联合国国际贸易法委员会——PPP 立法指南

联合国贸法会是联合国大会于 1966 年为协调国际间贸易法规、消除国际贸易法律壁垒设立的专门机构，在推动国际贸易规则一体化进程中起到重要作用。自 1997 年起，联合国贸法会便已启动 PPP 相关立法活动，于 2001 年和 2003 年相继通过《联合国贸易法委员会私人融资基础设施项目立法指南》（下文简称《PFIP 立法指南》）和《贸易法委员会私人融资基础设施项目示范立法条文》（下文简称《PFIP 示范条文》）。自颁布以来，《PFIP 立法指南》和《PFIP 示范条文》对统一 PPP 国际标准、促进各国 PPP 立法产生了重要影响。但随着 PPP 领域的实践不断丰富，各方认识到这两份以鼓励私人投资为中心的法律文件亟待与时俱进，升级为综合性 PPP 法。《PFIP 立法指南》和《PFIP 示范条文》的修订工作于 2012 年联合国贸法会第四十五次会议正式启动，经过 7 年准备时间，2019 年联合国贸法会组织了 PPP 立法会，将《PFIP 立法指南》和《PFIP 示范条文》正式更名为《PPP 立法指南》[①] 及

---

① UNCITRAL. UNCITRAL Legislative Guide on Public-Private Partnerships[R]. New York: United Nations, 2020.

《PPP 示范立法条文》,逐条审议了案文,广泛听取各国代表意见,上述文件中涉及的有助于防控 PPP 项目财政支出责任债务风险的条款包括:

第一,建立透明、公平、稳定和可预期的 PPP 法律政策框架,维护合作方的合法权益。规则透明可提高公共部门决策的公开性,阻止公共部门采取专断不当的行为,提供监管 PPP 项目的制度条件,稳定市场的发展信心。规则公平有助于政府更好维护公众权益,平衡好社会资本获取适度商业利益、公众获取充足公共服务和政府履行公共服务供给责任的关系。规则稳定是维持 PPP 项目长期合作的关键,有助于社会资本预测和评估各种风险与可能性,以合理分配资源、恰当应对风险,亦有助于保障公共部门获取公共服务的可持续性,稳定各方预期。落实上述立法原则有助于实现防控 PPP 项目财政支出责任债务风险所要求的规则统一、约束力强、信息公开、公平稳定的制度环境,为优化制度提出了方向与要求。

第二,完善物有所值和财政承受能力评估制度,实现项目风险的合理分担与财政可持续。一方面,进行物有所值评价是选择最优项目实施模式、压缩交易成本、提高行政管理效率、实现经济与效率目标的重要工具。在项目论证阶段,通过物有所值评估实现风险在政府与社会资本之间的合理分担,在采购阶段将其落实到 PPP 项目合同条款,可减少因合同存在漏洞、歧义等引发的不规范 PPP 项目财政支出行为。同时,通过定量分析项目的结构化成本,压缩不必要的财政支出。另一方面,完善项目的财政承受能力论证流程,细化分析政府对项目提供的各种财政支持方式及每种方式产生的财政影响,综合评估项目风险可能引致的财政风险,重点关注可能存在的政府或有债务对财政预算的影响,确保在财政可持续的基础上维持政府的履约能力。

第三,实现多领域协同配合的 PPP 发展环境,更好防控债务风险。PPP 发展环境的健全和财政支出责任债务风险防控需要其他领域制度的配合。一是完善产权制度,保障社会资本在 PPP 合同期内购买、出售、转让资产产权合法权益,完善知识产权制度,以适应 PPP 项目技术更新频繁的特点,激发社会资本的创新热情。二是恰当定位 PPP 合同性质。基于不同国家的法律体系和司法管理背景，PPP 合同可归于行政法或民法，前者倾向于维护公共权益和政府权威，后者倾向于认同政府和社会资本的平等合作关系，但政府特权的不当使用会对合作产生不利影响。基于此，应引导建立限制政府特权的机制与措施，如建立公正的争端解决机制和为约束政府违约或错误行为的补偿机制等。三是建立标准的 PPP 项目预算管理、会计核算和审计制度，提供项目全生命周期的财政可持续保障。合同应明确约定政府具有及时、足额履行财政付费的责任，仅将 PPP 财政支出责任纳入年度预算无法保证责任履行的长期稳定，应通过建立政府或有债务基金、向公众披露政府对 PPP 项目的直接和或有支付责任等措施，实现政府对 PPP 财政支出责任的恰当管理。建立统一且合理的 PPP 项目公司会计核算和审计制度，通过监管项目财务信息分析项目的运营情况，增强其对现实和潜在风险因素的应对能力。以上制度的建立与完善在推动项目风险合理分配的同时，维护了政府和社会资本的公平合作，通过建立政府履约保障机制降低了政府显性债务风险，亦降低了社会资本将过度承担的风险隐性传导给政府、进而增加隐性财政支出和或有财政支出的行为动机。

7.1.2 世界银行——PPP 财政风险评估模型

PPP 财政风险评估模型（Public Fiscal Risk Assessment Model，PFRAM）[1]由世界银行和国际货币基金组织共同开发，是分析 PPP 项目财政风险和成本的一种工具。2016 年 4 月推出 PFRAM 1.0，用以预测与分析 PPP 项目中长期财政风险；在 PFRAM 1.0 的基础上，2019 年开发了 PFRAM 2.0，实现了评估过程和结果的标准化，提高了评估结果的可理解性。世界银行和国际货币基金组织分析了全球 PPP 实践经验得出，因 PPP 财政支出发生在运营期，且将集中性大额支出转化为长期性小额支出，对 PPP 项目财政管理的影响，尤其是中长期财政管理的影响未得到重视和充分评估是各经济体普遍存在的问题，若管理不善，不仅会危及项目自身的运作，还会侵蚀经济体财

---

[1] World Bank Group. PPP fiscal risk assessment model PFRAM 2.0[R]. Washington:World Bank，2019.

政可持续的基础。在此背景下，PFRAM 2.0 可分析单体项目或系列项目（一次分析系列项目的上限为 30 个）的现实和潜在财政后果[①]对财政赤字和政府债务的影响，将财政承受能力和可持续性作为政府是否实施 PPP 项目的决策因素，通过评估方法和结果的标准化与结构化，提升 PPP 相关财政信息的透明度。PFRAM 2.0 的下列设计可达到防控 PPP 项目财政支出责任债务风险的目标：

第一，明确 PPP 项目产生直接政府债务和或有政府债务的划分标准。一方面，PFRAM 2.0 依据国际公共部门会计准则（International Public Sector Accounting Standard，IPSAS，下文简称"IPSAS"）第 32 号确定 PPP 相关资产负债是否纳入政府资产负债表进行管理。依 IPSAS 32 号准则的要求，对于满足"双控制"原则[②]的政府与社会资本合作完成的资产应视为公共资产，纳入政府主体的会计账户进行管理，并将表内资产对应的债务归为政府直接债务，统计到公共部门债务数据中，解决 PPP 项目资产负债没有会计核算与管理主体，或政府不恰当地将相关资产负债转移给社会资本以弱化对财政影响的问题。结合 PPP 实践，在"双控制"原则下，绝大部分 PPP 项目资产负债应纳入政府资产负债表管理。但如果 PPP 资产不在政府控制范围内，除了政府对社会资本的常规付费外，项目资产负债应体现在社会资本的资产负债表中。因此，PPP 项目的资产负债，及其产生的直接和或有债务是否纳入财政管理和统计范围，取决于 PPP 资产特点，即政府对资产的控制程度。另一方面，PFRAM 2.0 将财政支持 PPP 的方式分为提供政府担保、财政补贴、股权投资、

---

① 潜在财政后果主要表现为 PPP 项目引发的政府或有债务，如实际需求小于预测需求时产生的项目现金流缺口等特定事项发生时，政府应负担或可能负担的支出责任。

② "双控制"原则为：一是政府控制特定资产产生的公共服务内容、对象和价格；二是政府控制资产服务期满后的剩余收益。我国财政部颁布的《政府会计准则第 10 号——政府和社会资本合作项目合同》（财会〔2019〕23 号）亦采用此原则界定应纳入政府资产负债表管理的 PPP 资产特征。

税收减免和实物捐赠，并将政府担保①、股权投资②、税收减免③产生的财政支出责任纳入政府或有债务。只有先明确直接和或有债务的基础，才能对相关事项、财政作用渠道和影响进行分类管理，制定应对方案，预防债务风险。

第二，设计标准化的风险评估步骤与分析结果。PFRAM 2.0 的核心评估工具是计算评估对象（包括单体项目和系列项目）的 PPP 财政风险矩阵，并认为 PPP 财政风险来自合同没有清晰识别或分配风险因素，包括在合同周期内由政府方引起的项目和财政成本的变化，及由技术革命、人口迁徙、消费者偏好变化等外在因素引起的财政成本变化。评估过程分为识别和评估风险因素、量化风险因素的财政成本、根据财政成本的高低对风险因素进行重要性评级、总结应对不同风险因素的举措、结合风险因素评价财政后果和根据应对风险因素的措施成熟度制定优先行动指南六个步骤。上述过程均设定了统一的输入值和计算过程，开发了配套线上管理系统，为 PPP 财政风险管理提供依据，对作为财政风险重要组成部分的政府债务风险的管理也贯穿于上述过程。在此过程中，项目可根据实际情况输入实时参数，对各种可能引发财政风险的因素进行动态评估与管理，以实现风险管理的精准性与及时性。

第三，建立多指标体现、多渠道公布的 PPP 财政信息公开系统。通过公共部门的财政信息窗口公布 PPP 相关财政信息，是提高 PPP 财政信息透明度和监管水平，遏制某些导致财政风险和政府债务风险的"暗箱操作"行为的关键。PFRAM 2.0 为此提出以下建议：其一，通过财政预算、政府资产负债表和政府财政统计数据三种具有不同财政周期的方式，分别从预算管理、会计管理和统计管理的角度评估和公布 PPP 项目对财政赤字和政府债务的影响，管理依据分别是各经济体的预算管理规定、IPSAS、国际货币基金组织制

① 提供担保的情形分为两类：一是政府为项目公司的部分或全部债权融资提供担保；二是政府为社会资本提供最低收益担保。

② 在 PFRAM 2.0 模型下，政府对项目公司的股权投资亦视为政府提供的财政担保，实质上相当于项目公司发生潜在损失时政府提供的一种信用支持。如果项目发生损失并需要资本金弥补，政府的股权投资便会发挥作用。

③ 政府是否为项目提供税收减免政策，需综合考虑全生命周期内的宏观经济变化、政策调整与地区发展计划等因素，不属于 PPP 合同签订时的确定事项，因而需作为或有事项进行管理。

定的政府财政统计手册（2014 版）（Government Finance Statistics Manual 2014，下文简称"GFSM 2014"）和公共部门债务统计（2012 版）（Public Sector Debt Statistics 2012，PSDS 2012），以期实现 PPP 财政信息报告与披露的国际统一规则。其二，在理想状态下，PPP 项目对财政赤字和政府债务的影响在预算管理、政府会计账户和财政统计数据中所反映的信息应是逻辑自洽的，可通过不同方式所得结果的联合校验与对比分析，找寻现有 PPP 财政管理制度的问题，并予以针对性地完善，夯实风险管理的制度依据。

7.1.3 国际货币基金组织——PPP 财政风险行动纲要

国际货币基金组织在新冠肺炎疫情席卷全球、PPP 市场规模显示出大幅增长趋势的背景下指出健全 PPP 财政管理方式的重要性，总结了 PPP 财政风险的主要来源[1]。

第一，PPP 模式的固有特征和目前通行的财政管理方式可引发"PPP 财政幻觉"。对 PPP 项目而言，社会资本承担融资、建设、运营责任，政府无需发行债券或使用存量公共资源新建公共服务项目，且政府付费延至运营期，因而在建设期最容易产生"财政幻觉"。同时，从管理实务角度，政府未能将 PPP 资产负债纳入政府账户管理，以及在新建基础设施时政府未能及时评估 PPP 项目的财政影响，均可产生"财政幻觉"，在以收付实现制为会计核算基础的制度环境中，"财政幻觉"的表现尤为突出，而实践证明，即便在权责发生制的制度环境中，"财政幻觉"的发生概率也在提升。

第二，PPP 合同的不完备性可引发政府债务风险。一方面，因合同无法穷尽合作期内未来事项的发生，如因汇率水平或通胀水平导致财政支出责任的波动，合同提前终止下因回购核心资产、补偿社会资本导致的财政成本的增加等，均可产生政府或有债务。某些国家认可政府为社会资本提供融资担保的做法，若在合同中约定了相关条款，也会触发社会资本无法偿还债权融资时财政的偿还责任。另一方面，因合同无法全面、明确约定合作方之间

---

[1] International Monetary Fund. Reference Note on Fiscal Risks and Public-Private Partnerships[R]. Washington：International Monetary Fund，2020.

的所有权责事项，将产生未在合同中体现而实际存在的财政支出事项，且超出了财政承受能力，由此产生政府债务风险。在政府承担公共服务供给责任的前提下，若政府实施了不具备财务可行性的项目，或社会资本借助政府的救助心理产生机会主义行为等，均将导致超出政府法定支付义务的财政成本。

第三，公共服务项目的治理能力短板是产生 PPP 财政风险的原因。因能力有限、制度缺失等原因，公共部门在规划、分配资源和实施 PPP 项目的决策过程与实施程序中可能出现问题；更进一步，若 PPP 项目脱离预算管理，政府将在没有法律审查或监管的情况下增加长期财政支出责任，从而加剧 PPP 财政风险。

基于上述背景，国际货币基金组织提出防控风险的建议，包括完善 PPP 论证和采购过程、健全政府对 PPP 财政风险管理的功能、提高 PPP 财政信息透明度、构建清晰且稳定的 PPP 法治框架等，为强化 PPP 财政风险管理提供了有益参考。

国际多边组织具有一定的权威性和号召力，但其制定的规则和工具不具有强制约束力，基本属于非正式约束范畴。不可否认的是，国际多边组织通过经验推广、定期发布各经济体的 PPP 发展环境评级报告、提供项目贷款等融资支持、推动跨境交流合作等方式，在统一 PPP 实践与发展理念、构建全球 PPP 信息交流机制、型塑全球 PPP 治理和交易规则、推动 PPP 跨境合作等方面发挥了不可替代的作用，有助于了解和预测全球 PPP 市场走向，帮助后发国家全面迅速掌握 PPP 模式的发展经验，推动社会资本实现跨境交易与资源对接，并逐步影响各经济体正式规则的制定与实施。

7.2 加纳相关制度建设的主要经验

为实现 PPP 模式在加纳的稳健发展，应加纳财政与经济计划部（the Ministry of Finance and Economic Planning，MoFEP）所属的公共投资部门（the Public Investment Division，PID）的要求，在世界银行和国际货币基金组织的指导与协助下，非洲融资与私营发展部门（the Financial and Private Sector

Development Department，Africa Region）基于加纳的财政制度与 PPP 管理需求，向加纳政府提交了 PPP 财政承诺管理研究报告 [①]。报告认为 PPP 有助于兴建基础设施、缓解财政压力，政府应采取多元化支持方式。但报告同样认识到 PPP 财政承诺管理面临支付的长期性、不能明确界定或有债务等诸多挑战，因而构建了财政承诺的评估、决策、执行、监管和报告的管理系统。

7.2.1 建立健全 PPP 财政承诺管理机构

PPP 财政承诺管理涉及多个政府部门，需明确各自职责分工，做好协调配合。为此，加纳政府成立了由财政与经济计划部（MoFEP）所有部门组成的财政承诺技术委员会（Fiscal Commitment Technical Committee，FCTC），负责 PPP 财政承诺管理的部门分工与协调（部门分工见表 7-1）。

表 7-1　加纳 PPP 财政承诺管理的部门分工

部门	在 PPP 项目准备及审批过程中的职责	在 PPP 项目执行过程中的职责
PPP 合同缔约方（Contracting Authority，CA）	识别和评估 PPP 财政承诺（可向专业顾问咨询）	（1）定期获取项目财政承诺信息；（2）监督和反馈与财政承诺相关的风险；（3）向政府申请将财政承诺纳入预算
财政与经济计划部 (MoFEP)：公共投资部门（PID）		
项目咨询部门（Project Advisory Unit，PAU）	（1）对项目准备、审批程序进行支持和质量控制；（2）协助制定财政承诺的标准合同条款和其他指导材料	——
项目和融资分析部门（Project and Financial Analysis Unit，PFA）	（1）协调 PPP 项目的评估审批程序，包括财政承诺相关工作；（2）执行财政承诺技术委员会（FCTC）秘书处的职责	（1）监督 PPP 项目合同缔约方（CA）实施的 PPP 项目；（2）报告更新的财政承诺信息
国有企业管理部门（State-Owned Enterprise Unit）	评估国有企业的财务状况；披露国有企业承担的 PPP 财政承诺信息	（1）监督国企的绩效表现，包括所实施的 PPP 项目；（2）评估对财政支出的影响及是否需要预算支持

[①] Shendy R，Martin H，Mousley P. An operational framework for managing fiscal commitments from public-private partnerships：The case of Ghana[R]. Washington：World Bank，2013. 本节所述内容及图表信息均来源于报告内容。

续表

部门	在 PPP 项目准备及审批过程中的职责	在 PPP 项目执行过程中的职责
财政与经济计划部 (MoFEP) 所属的其他部门		
债务管理部门 (Debt Management Division，DMD)	作为财政承诺技术委员会 (FCTC) 的成员，从债务管理角度对财政承诺进行评估，提出建议	(1) 从债务管理角度，监管 PPP 财政承诺（尤其是产生的政府或有债务）的影响； (2) 将更新的财政承诺纳入债务分析与报告
预算管理部门（Budget Division，BD）	作为财政承诺技术委员会（FCTC）的成员，从财政可持续性角度对财政承诺进行评估，提出建议	(1) 将财政承诺纳入相关报告予以分析； (2) 为直接财政承诺和已经实现的或有债务分配和执行预算； (3) 为或有债务分配应急预算资源
经济研究和预测部门（Economic Research and Forecasting Division，ERFD）	作为财政承诺技术委员会（FCTC）的成员，从宏观经济管理角度对财政承诺进行评估，提出建议	将更新的财政承诺信息纳入宏观经济或财政预测的考虑因素

资料来源：Shendy R，Martin H，Mousley P. An operational framework for managing fiscal commitments from public-private partnerships：The case of Ghana[R]. Washington：World Bank，2013. 笔者译。

上述部门中，PPP 项目合同缔约方（CA）是 PPP 项目的政府方实施主体，主要负责项目的执行、开发和管理，包括完成财政承诺评估、在绩效考核基础上及时更新财政承诺数据、应对财政承诺风险等。项目咨询部门（PAU）为合同缔约方提供技术支持，协助其恰当识别和评估财政承诺，协助政府制定财政承诺管理的指导纲领、开发标准化管理工具，可对 PPP 财政承诺决策产生影响。项目和融资分析部门（PFA）作为 PPP 项目的"守门员"，负责协调 PPP 项目相关审批工作，确保项目的财政影响得到审慎评估，是指导、支持、监督合同缔约方（CA）进行合同管理和评估的核心部门。债务管理部门（DMD）负责评估 PPP 项目财政承诺对政府债务的影响，并将其纳入政府债务管理框架进行全面监管和报告。预算管理部门（BD）将重点评估 PPP 财政承诺与政府预算资源分配重点和预算约束的一致性，考虑财政承诺对年度预算和中长期财政预算的影响，确保财政承诺足额纳入预算管理，要求 PPP 项目的直接财政承诺和已实现的或有债务完全纳入合同缔约方的年度预算，每年需将 PPP 财政承诺相关信息呈报议会。

此外，因加纳的国有企业 ① 参与实施大量的 PPP 项目，向私营部门购买公共服务，可产生长期支付责任，而加纳政府是否为这些国有企业在 PPP 项目的投融资提供担保将产生财政影响。在此背景下，公共投资部门（PID）成立国有企业管理部门，负责监管国有企业实施 PPP 项目的情况，债务管理部门(DMD) 也会对债权融资获得政府担保的国有企业的情况进行分析，评估相关政府债务风险。值得注意的是，经济研究和预测部门（ERFD）虽然并不承担 PPP 财政承诺管理的核心工作，但它会依据 PPP 财政承诺相关信息，协调经济预测趋势与 PPP 模式的发展节奏，在 PPP 宏观决策和发展方向方面提出建议。

7.2.2 建立 PPP 财政承诺全生命周期管理框架

建立 PPP 财政承诺管理框架的主要目标是提高 PPP 财政承诺管理透明度、缓解财政与债务风险，此过程包含三个关键因素：明确 PPP 财政承诺的定位、分类与责任，将相关管理要求纳入 PPP 法律及政策，实施全面预算管理和信息披露（管理框架见图 7-1）。

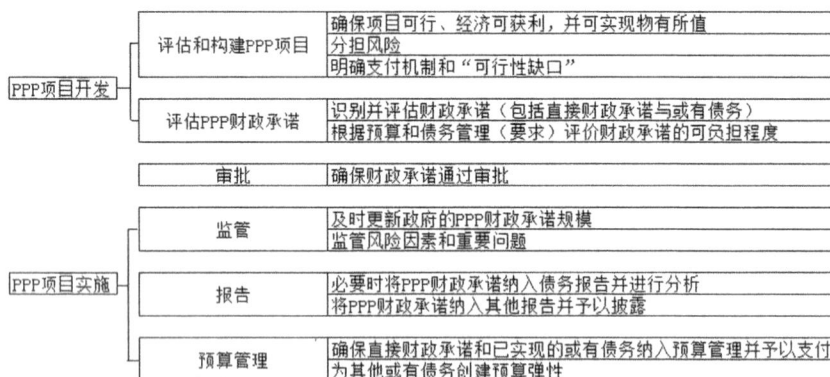

图 7-1　加纳的 PPP 财政承诺全生命周期管理框架

资料来源：Shendy R，Martin H，Mousley P. An operational framework for managing fiscal commitments from public-private partnerships：The case of Ghana[R]. Washington：World Bank，2013. 笔者译。

① 中国的国有企业可作为政府出资代表或社会资本参与 PPP 项目，但政府付费责任部门为各级财政部门，相较而言，加纳的国有企业更多以 PPP 项目合同缔约方（CA），即实施机构的角色参与 PPP 项目，因此会作为公共服务购买方，向社会资本进行长期付费。

在项目决策和开发阶段，通过分析项目的经济社会效应，评估项目实施的必要性和优先顺序，形成拟实施项目清单；通过物有所值评价决定是否采用PPP模式；通过合理分担项目风险构建稳定优质的PPP交易结构。在评估财政承诺时，在明确政府提供的PPP财政支出方式的基础上，区分产生的直接财政承诺和政府或有债务，并进行分类管理（财政承诺分类见表7-2），为准确识别相关债务属性、采取对应管理方式提供依据。

表7-2　加纳PPP财政承诺的分类与描述

PPP财政承诺	描述
直接财政承诺	
预先支付的财政承诺	
先期费用	政府向私营部门预先支付部分资本性补贴，用于建设期投资或股权投资，仅在合作第一年发生
相关费用	政府所承担的项目配套投入，此类支出不会持续发生
持续发生的财政承诺	
年度补贴或可用性付费	政府提供的年度持续性补贴，在建设期结束后开始支付并贯穿项目全生命周期，此类支付以政府绩效考核为基础，补贴额通常是一个关键的招标条件
影子收费或基于产出单位的补贴	政府以每单位服务或单个消费者所得服务为基准对项目公司进行付费，如以收费公路上一千米的交通流量为基准进行的补贴
政府或有债务	
对特定风险的担保	政府就特定风险，承诺补偿私营部门实际收入偏离合同约定收入的部分，下列风险因素应由政府和私营部门共同承担：最低需求保障，汇率波动及关税变化
不可抗力补偿	不可抗力风险事件发生时，政府承诺给私营部门的补偿；不可抗力事件通常限于商业保险不涉及的范围，比如自然灾害
提前终止合同时产生的补偿责任	当PPP项目合同由于政府或私营部门失责而提前终止时，政府承诺给予一定补偿，并获取项目资产所有权；若由于私营部门的过失，政府将减少补偿金额
信用担保	当PPP项目公司无法偿还公司债务时，政府承担的部分或全部偿还责任

资料来源：Shendy R，Martin H，Mousley P. An operational framework for managing fiscal commitments from public-private partnerships：The case of Ghana[R]. Washington：World Bank，2013. 笔者译。

在项目财政承诺论证和审批阶段，相关决策和审批部门依据项目的初步可行性研究报告、可行性研究报告、招标文件与评估报告、项目合同与管理计划等文件，评估 PPP 财政承诺的影响，在完成合同审批前，应根据招标结果的变化和重大事项的发生及时调整财政承诺评估结果，为最终决策提供依据（审批阶段的财政承诺管理步骤见图 7-2）。同时，报告建议，不同类型的财政承诺应采用不同评估方法，对直接财政承诺而言，应测算全生命周期的年度支付责任及其现值；由于或有事项发生的概率、时间和产生的财政承诺影响是不确定的，因而对 PPP 相关政府或有债务的估算方法应根据项目的特定因素进行调整，以提高估算精度。

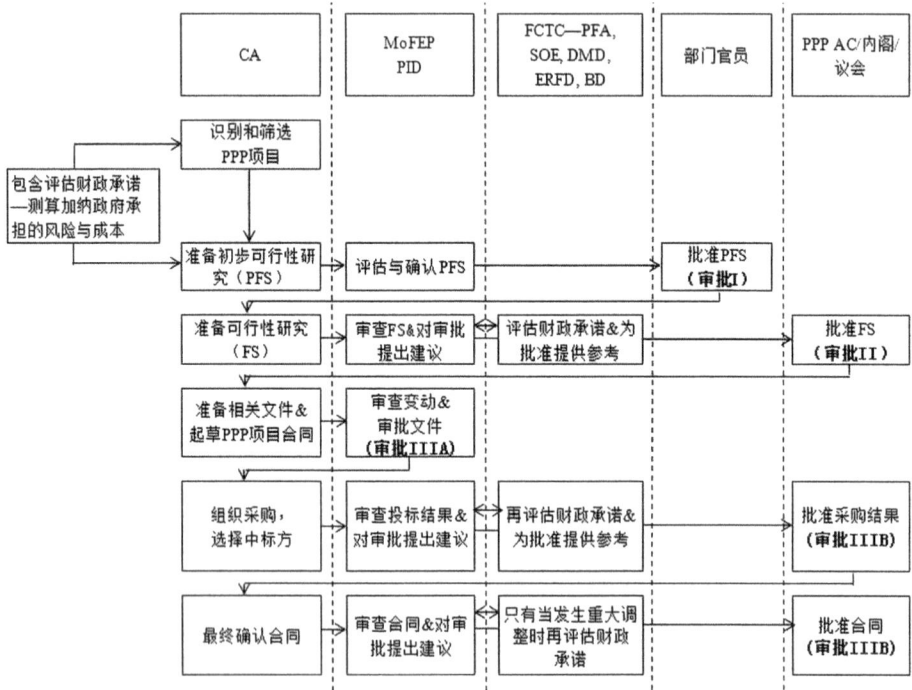

图 7-2　PPP 项目财政承诺论证和审批流程

注：CA—PPP 项目合同缔约方；MoFEP—财政与经济计划部；PID—公共投资部门；FCTC—财政承诺技术委员会；PFA—项目和融资分析部；SOE—国有企业管理部门；DMD—债务管理部门；ERFD—经济研究和预测部门；BD—预算管理部门；PPP AC（Approval Committee）—PPP 审批委员会

资料来源：Shendy R，Martin H，Mousley P. An operational framework for managing fiscal commitments from public-private partnerships：The case of Ghana[R]. Washington：World Bank，2013. 笔者译。

在项目执行阶段，财政与经济计划部（MoFEP）要求 PPP 项目及时更新、披露财政承诺信息，明确各部门分工：项目合同缔约方（CA）因与私人部门存在直接合同关系，便于了解和收集项目的市场需求量、关键融资比率、绩效考核结果等直接关系 PPP 财政承诺的信息，上报项目和融资分析部门（PFA），再由其上报财政与经济计划部（MoFEP）；公共投资部门（PID）负责监管合同执行情况，识别可能引发财政风险的潜在事项，必要时对合同缔约方（CA）进行风险预警，要求其采取应对措施。此外，债务管理（DMD）、预算管理（BD）和经济研究与预测（ERFD）等部门也需定期获取 PPP 财政承诺监管信息，基于此分别进行债务风险管理、预算管理和经济预测等工作。

7.2.3 完善 PPP 财政承诺债务风险管理体系

加纳政府通过以下措施完善 PPP 项目的政府债务及风险管理体系。

第一，明确可能产生政府债务的 PPP 财政承诺类型。加纳政府将 PPP 财政承诺分为直接财政承诺和政府或有债务，明确可产生政府或有债务的财政支持方式，通过情景分析法或概率分析法评估或有债务发生可能性、导致的财政后果等，方便各级政府和相关财政承诺管理部门在统一规则下准确识别财政承诺的债务属性，并予以重点监管。此外，因政府负有公共服务的最终供给责任，但因合同的不完备性，PPP 项目也会产生不在合同约定范围的财政支出责任，由此产生政府隐性债务，政府为国有企业实施的 PPP 项目提供的债权融资隐性担保承诺也属于隐性债务。明确的 PPP 政府债务界定标准，为增强债务风险防范意识、优化债务风险管理体系提供了依据。

第二，完善 PPP 财政承诺的预算管理和债务管理指标和流程。为准确评估政府对 PPP 财政承诺的可负担性，做好 PPP 预算和债务管理，加纳政府采取了以下措施：一是预算管理部门（BD）评估对预算的影响。通过对比 PPP 财政承诺和所属项目合同缔约方（CA）的年度预算，评估财政承诺的短期影响；以宏观经济的总体增长率为基准测算项目合同缔约方（CA）在中期支出规划（Medium Term Expenditure Framework，MTEF）周期以外的部门支出增长率，评估财政承诺的长期影响；比较成为现实支付责任的或有债务规模与可用预算资金规模，综合评估或有债务对预算的影响。二是债务管理部门（DMD）评估对债务的影响。在识别 PPP 财政承诺中属于政府债务部分的基础上，以国外长期贷款利率为折现率计算 PPP 政府债务现值，将其纳入政府债务进行管理，评估财政承诺对政府债务可持续的影响（PPP 财政承诺对预算管理和债务管理影响的关键指标见表 7-3）。因加纳政府承担的 PPP 项目引发的政府债务可能性和成本，在一定程度上取决于国有企业对 PPP 的融资责任和政府为国有企业提供的担保，故监管国有企业的财务状况对管理 PPP 财政支出责任债务风险至关重要。三是强化政府履约保障。在将 PPP 财政承诺纳入预算管理的基础上，为避免政府的延迟支付风险，预算管理部门（BD）可通过一个集中控制账户向 PPP 项目公司进行支付；同时，为 PPP 政府或有债务建立"应急预算线"，预留小部分年度预算资源用以承担无法预料的财政承诺支出需求，预算管理部门（BD）将会同公共投资部门（PID）和债务管理部门（DMD）根据 PPP 或有债务的发生概率和成本确定此部分应急支出规模，分配相应的预算额度。

表 7-3　PPP 财政承诺对预算管理和债务管理影响的关键指标

财政承诺类型	相关测算	度量可负担性的指标
对预算管理的影响		
长期直接财政承诺（如年度可用性付费）	年度财政支付额	测算年度财政支付额占部门预算或 MDA 预算的比例
政府担保（如对需求等特定风险的担保）	（1）分别计算基本情景和不利情景时承担的年度支付成本 （2）按照应急预算管理的要求测算产生的影响	（1）测算年度支付成本占部门预算或 MDA 预算的比例； （2）测算年度支付成本占政府应急支出的比例； （3）测算年度支付成本占年度预算及年度弹性预算的比例
合同提前终止时产生的财政成本，或其他需要一次性支付的或有债务	测算最坏情景下的或有债务金额	（1）测算支付成本占政府应急支出的比例； （2）测算支付成本占年度预算及年度弹性预算的比例

续表

财政承诺类型	相关测算	度量可负担性的指标
对债务管理的影响		
PPP 项目长期直接财政承诺总额	加纳政府承担的 PPP 项目政府债务的现值	——
对特定风险的担保	分别计算基本情景和不利情景时承担的年度支付成本的现值	（1）测算年度支付成本的现值占政府债务总额的比例；（2）测算年度支付成本的现值占 GDP 的比例
付款保证	（1）测算潜在支付责任的现值（担保义务的面值）；（2）测算不同情境下支出责任的现值	——
合同提前终止时产生的财政成本	计算支付责任的最大值（包括债务与股权支出）	——

注："MDA（Ministries, Departments and Agencies）"指部委、部门和机构，"MDA 预算"指部委、部门和机构预算。

资料来源：Shendy R, Martin H, Mousley P. An operational framework for managing fiscal commitments from public-private partnerships: The case of Ghana[R]. Washington: World Bank, 2013. 笔者译。

第三，优化 PPP 财政承诺和相关政府债务信息的报告与披露。由于 PPP 财政承诺具有长期性，相关信息的定期报告与披露极为重要，这事关政府在全面考虑财政承受能力和债务可持续性后再布局公共项目投资的决策，也可提高政府对私人部门和融资机构的主体信用。加纳政府依据 IPSAS 32 号准则记录 PPP 资产负债信息，依据 IPSAS 19 号准则 [1] 和国际货币基金组织的政府财政统计手册（IMF's Government Finance Statistics Manual, GFS 2001) 核算 PPP 政府或有债务（政府或有债务的计量和披露的主要国际规定见表 7-4），并将其纳入政府债务进行管理和信息披露。PPP 直接财政承诺及被认定为政府或有债务的支出责任等信息也应在预算报告和国民经济统计说明中进行公布，分类对 PPP 财政承诺进行定性和定量分析，并专门说明国有企业承担的 PPP 财政承诺信息。伴随 PPP 模式的发展，加纳政府考虑在未来发布 PPP 财政承

---

[1] 根据 IPSAS 19 号准则的规定，满足下列条件的债务可在会计核算时确认为政府或有债务：一是或有事件的发生概率超过 50%；二是可精准计量产生的财政支出责任。

诺专项报告。

表 7-4 政府或有债务确认和披露的主要国际规定

规定		确认	披露
收付实现制	IPSAS 19 号准则	只有当或有债务成为现实义务并需要进行货币支付时，才要求确认相关债务	鼓励披露
权责发生制		（1）或有事件的发生概率超过 50%；（2）支付责任可被可靠计量。不满足上述条件的或有债务无需被确认	除非或有事件的发生概率极低，则要求披露仍存在的或有债务
统计报告	GFS 2001	只有当或有债务成为现实义务并需要进行货币支付时才要求确认相关债务	要求在资产负债表中的"备忘录"部分予以披露

资料来源：Shendy R，Martin H，Mousley P. An operational framework for managing fiscal commitments from public-private partnerships：The case of Ghana[R]. Washington：World Bank，2013. 笔者译。

从上述分析可看出，加纳政府在借鉴国际经验的基础上，通过制定 PPP 专项制度、完善 PPP 财政承诺管理体系和部门分工、分类评估和监管不同类型的财政承诺、定期分析财政承诺产生的政府债务风险和财政后果、关注财政承诺的中长期债务影响并加强可持续监管、基于不同财政承诺的债务属性选择不同管理方式等方面，强化了 PPP 财政承诺的预算管理和债务管理，是以强化正式规则的方式推动制度落地并完善实施机制，对我国健全相关正式规则具有较大的借鉴意义。

7.3 日本相关制度建设的主要经验

日本于 20 世纪末引入英国的 PFI 模式后在国内取得较快发展，即 PFI 模式是日本以制度形式固定下来的 PPP 模式，开启发展的标志性事件是在日本 20 世纪 80 年代末经济进入萧条阶段的背景下，内阁为应对巨大财政赤字、提振低迷经济而于 1999 年颁布的《关于充分利用民间资金促进公共设施等建设的法令》（下文简称《PFI 推进法》），目前，日本 PFI 项目已覆盖文化教育、健康环保、城市建设等领域，获得了良好的社会效益和经济效益。在 PPP 财政支出责任管理及债务风险防控方面，日本的制度建设与实践呈现出符合日

本国情的特点 [①]。

7.3.1 重视项目的财政可负担性评估

日本 PFI 项目的回报机制分为由公共部门付费的服务购买型、由使用者付费的独立核算型和兼具公共部门付费和使用者付费的混合型模式，其中，服务购买型是日本 PFI 项目的主要付费方式。为更好管理 PFI 财政支出责任，日本政府以管理程序和方式标准化为原则，不断完善管理机制和决策流程，提高财政可负担对 PFI 决策的约束力，在评估阶段便抑制相关财政风险的潜在来源。在管理机构方面，负责制定 PFI 制度、方针及指南的唯一官方机构是 PFI 推进委员会，与负责推广、培训、咨询的非营利性组织——PFI 协会，及主要从事政策研究与人才培养的亚洲 PPP 政策研究会等机构分工明确、各司其职，建立了完善的 PFI 项目财政支出责任的管理组织体系。

在决策流程方面，项目的决策主体、政府付费的预算安排和财政资源的支持主体是公共设施的规划、实施主体，由地方政府、地方公共主体 [②] 和监管部委等共同组成，在 PFI 财政可负担评估管理方面遵循以下原则。第一，评估项目的财政负担能力是作出项目实施决策的必要前置性条件。在我国，在项目进行可行性研究论证后，先通过物有所值评价决定项目是否采用 PPP 模式实施，再通过财政承受能力评估决定以 PPP 模式实施的项目的财政是否可负担。相较而言，日本在对项目进行可行性研究论证并确定项目实施的优先顺序后，首先测算需财政负担的金额，若在负担能力范围内，再进行物有所值评价以确定项目的实施模式；若超出财政负担能力，需要对项目进行调整，直到财政可承受为止，否则只能研究其他方案。由此可看出，日本政府不仅对 PFI 项目，对可产生政府付费的所有项目都需在正式实施前慎重评估财政可负担性，体现了公共投资项目以财政约束力为决策前提（日本 PFI 项目决策流程见图 7-3）。第二，地方政府的自主财源占本级财源的比例与地方政府

---

① 王天义，杨斌. 日本政府和社会资本合作（PPP）研究 [M]. 北京：清华大学出版社，2018：10-119.
② 地方公共主体主要包括大学、研究机构、管理协会等，根据截至 2017 年 3 月的统计数据显示，由地方公共主体发起完成的 PFI 项目数量占日本 PFI 项目总量的 7.4%。

实施 PFI 的积极性呈正比。通过对日本已实施的 PFI 项目所在地区的财政情况分析发现，当地方政府的自主财政来源比例较高时，更倾向于采用 PFI 模式，反之，当地方政府的财政能力较弱时，对实施 PFI 项目将更为谨慎。由此说明，日本引进 PFI 模式兴办公共事业，在缓解财政支出压力的同时，更看重模式优势带来的公共服务供给效率的提升，这种推广共识也更有利于防控因超出财政可负担能力而引发的政府债务风险。

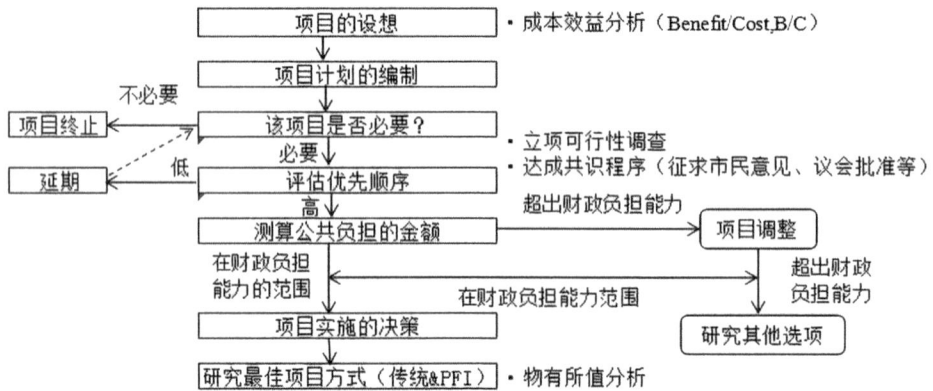

图 7-3　日本 PFI 项目的决策流程

资料来源：王天义，杨斌．日本政府和社会资本合作（PPP）研究 [M].北京：清华大学出版社，2018：18.

7.3.2 具有坚实的法律基础和完善的监管体系

日本属于典型的大陆法系国家，大多以成文法管理 PFI 项目。PFI 立法强调两点：一是鼓励民间资金参与公共设施项目；二是最小化政府干预。此两点原则的保障，可提高民间资本的独立性和自主性，最大程度地发挥民间资本在经营和技术能力上的比较优势，通过公共部门与民间资本的合作，实现公共领域的产出最大化与共赢发展。根据《PFI 推进法》，要严格遴选项目，提高项目资金使用效率和安全；要公平遴选私营部门合作方，在透明竞争的基础上激发私营部门的创新能力；要严格按照相关制度规定，政府给予必要的财政支援。以《PFI 推进法》①为核心，日本相继出台了《PFI 项目实施程序指南》《PFI 项目风险分担指南》《物有所值指南》《PFI 项目合同指南》和《监督指南》等专项制度，形成完整的 PFI 制度框架，评估、管理 PFI 财政可负担作为政策重点，分散于各指南中，不断夯实财政支出管理的制度基础。地方政府可在相关基本方针的指导下，结合地方管理特点与发展需求，采取支持地区 PFI 发展的配套措施。此外，若 PFI 项目公司需要通过募集股份、发行公司债等进行融资时，需向内阁总理大臣备案，政府以此监管项目公司的融资结构和活动，评估融资风险，并作为管理 PFI 项目财政和债务风险的依据之一。

因为政府在决策阶段已充分评估项目的财政可负担性，在项目实施过程中，政府的管理重点是监督私营部门履约，以提高投资于 PFI 项目的财政资金的绩效管理水平。为此，《监督指南》规定，公共设施管理者应在最低限度干预的情况下监管私营部门行为，具体步骤为：一是政府设定产品和服务的内容与质量。二是监管部门对私营部门提供的服务进行测量和评价，中标私营部门有义务在项目实施期间改善质量管理程序，制定年度质量管理计划，并采用日常报告和定期报告的方式向公共设施管理者披露项目信息，提交经审计的财务报告。若项目出现重大负面影响，还需提交第三方调查报告，供公共设施管理者评估项目可能引发的政府或有和隐性债务风险，政府可在财政可负担范围内采取必要的救济措施。三是公共设施管理者以管理人员随机检查、第三方检查、客户满意度调查等方式进行绩效评估，在此基础上向私营部门付费。

值得注意的是，为督促私营部门履约，政府采取了扣减服务对价支付、设定改进期限和保留支付等措施。其中，扣减服务对价支付表示当私营部门未能按合同约定提供服务时，政府可推迟或减免部分费用的支付，但应把握好扣减程度，平衡惩罚私营部门和恶化私营部门财务状况进而影响项目正常运作的关系；设定改进期限是指，私营部门未履行义务时，在政府扣减服务

---

① 截至 2016 年，日本政府为适应 PPP 的实践发展需求，已修订五版《PFI 推进法》，本书引用的相关规定来自最新版《PFI 推进法》。

对价支付前给私营部门预留改进期限，若私营部门在期限内达到标准，可不被扣费；保留支付是指，若私营部门提供的产品不符合要求，政府可采取暂停或延期支付的方式敦促其尽快改进。对于不产生政府付费的独立核算型项目，公共设施管理者可采取罚款的方式督促私营部门履约。通过完善项目全生命周期的监管机制，有助于强化政府和私营部门执行合同、降低违规行为的发生概率、提高财政付费的绩效管理，防控 PFI 项目产生的政府债务风险。

7.3.3 重视发挥非官方机构的作用

非官方机构在推广 PFI 模式的过程中发挥了巨大作用。为增进地方对 PFI 模式的理解，提高实操水平，PFI 推进委员会在全国各地区成立了"区域平台"，以拓宽信息渠道、促进人才培养、搭建官民对话平台。截至 2018 年底，日本政府以人口在 20 万以上的地方政府为中心，在全国建立约 47 个"区域平台"。日本为发展 PFI 模式成立的非官方机构主要包括：一是 PFI 协会，为政府提供政策建议，为 PFI 项目实操提供咨询意见，开展相关培训、业务和资格认定工作，建设了覆盖全国的 PFI 网络，方便不同地区的学习与沟通，实现资源共享。二是日本经济产业省[①]成立的亚洲 PPP 政策研究会，主要负责调研 PPP 实践现状、梳理典型案例、分享技术经验，调动私营部门的参与热情。三是东洋大学 PPP 研究中心，主要负责研究相关提案、举办专业论坛、提供咨询服务、传播研究成果等。此外，东洋大学在经济学研究生院设置了首个专门从事 PPP 研究的硕士学位，培养了大批 PPP 专业人才。四是亚洲 PPP 研究所，旨在帮助亚洲国家，特别是东南亚国家的地方政府，通过 PPP 模式促进城市发展和经济增长。五是民间咨询机构，为国内 PFI 项目提供全过程咨询指导，保证项目合规实施。上述机构在理念推广、研究培训、信息传递、人才培养方面发挥了重要作用，弥补了正式规则在完善制度与研究政策、型塑行业交易规则、强化实施机制和加强社会监管上的不足，可在防控 PPP 项目财政支出责任债务风险方面形成合力。

---

① 经济产生省隶属于日本中央政府，主要负责日本经济和工业发展，激发民间经济活力，保障能源和矿产资源供给，促进对外经济关系平稳发展，从而推动日本经济实现快速稳定发展。

　　日本通过完善以法律为核心的 PFI 制度框架、强化政府监管，以正式规则形式引导了国内 PFI 模式的规范发展，通过成立多元化的非官方机构和研究组织，推进了 PFI 领域的产学研一体化进程，以非正式约束形式增强了行业的规范发展共识，推动制度的自我实施，已构建出具有日本特色的、完善且灵活的、多主体参与共治的 PFI 模式发展格局，对我国在引入客观第三方治理、构建多渠道监管机制等方面具有重要启发。

7.4 国际经验的总结与借鉴

7.4.1 强化正式规则以明确行为治理标准

　　一是完善法治框架，夯实法治基础。多数经济体已构建了以 PPP 法律为核心的制度框架，对 PPP 财政支出行为的约束多有法律依据。据世界银行发布了 2020 年《基础设施采购报告》①显示，在统计的 140 个经济体中，有单独 PPP 法律法规的经济体占比已达到 75%，其中，81% 的大陆法系和 72% 的普通法系经济体出台了独立的 PPP 法，这一数据相比 2018 年的《基础设施采购报告》的统计数据，分别提升了 9% 和 3%②，说明更多的经济体重视推进 PPP 法治化进程，PPP 财政管理程序和多数财政支出行为具有法律依据。同时，2018 年的《基础设施采购报告》指出，在 135 个受访经济体中，81% 的经济体需要在财政部或中央预算部门的批准后才能启动 PPP 采购程序，实现了 PPP 项目预算审批权的集中管理；非经合组织经济体非常重视财政部或中央预算部门的正式审批，限制了采购单位的自由裁量权③。PPP 财政支出责任的法治化管理和集中、正式审批有助于减少打政策擦边球的行为，降低了政

---

① World Bank Group. Benchmarking Infrastructure Development 2020[R]. Washington：World Bank，2020.

② World Bank Group. Benchmarking Infrastructure Development 2018[R]. Washington：World Bank，2018.
　　此报告显示，在统计的 135 个经济体中，有 72% 大陆法系和 69% 普通法系的经济体有独立 PPP 法。

③ World Bank Group. Benchmarking Infrastructure Development 2018[R]. Washington：World Bank，2018.

府承担非法定支出的可能。

二是完善物有所值评估和财政承受能力论证，提升 PPP 项目财政影响评估的精准度。《PPP 立法指南》已将物有所值评价和财政承受能力论证纳入前期论证的法定程序，其中包括的项目风险分担及其量化、财政的直接和或有支付责任、对财政可持续的整体影响等要点，将直接影响项目执行阶段财政支出责任债务风险的防控情况。英国、日本、澳大利亚等国的 PPP 法律也作出相关要求。相比之下，我国已出台了 PPP 项目物有所值和财政承受能力论证的专项规定，但法律效力位阶较低，存在基础数据难以获取、论证参数不合理、过程不严谨、结果不精准等实操问题，给项目执行阶段的财政超支、承担非法定支出等问题留下隐患，需借鉴国际经验，完善前期论证对 PPP 财政影响评估的程序和方法，强化其法律约束力。

三是设计标准化的管理流程与评估工具，实现经济体管理 PPP 财政及政府债务风险的统一规则。世界银行推出的 PFRAM 2.0 不一定适合所有经济体对 PPP 财政影响的管理需求，但在评估思路和方法上提供了借鉴，即从 PPP 财政支出方式出发，区分各种方式可能产生的财政后果，识别可能具有的债务属性，在分类管理的基础上采用恰当方式量化风险后果，为预估的财政支出责任在实际发生时提供管理基础。加纳将 PPP 财政承诺分为直接财政承诺和政府或有债务，明确了不同类型财政承诺的支出行为，统一了财政承诺的债务属性判别标准，为各部门提供了监管标尺，同时通过总结和测算财政承诺对预算管理和债务管理影响的关键指标，跟踪不同类型财政承诺的风险后果及变化动态，为评估方法提供了借鉴。标准的量化评估方法可为经济体作出 PPP 决策提供依据，通过评估某行业或某地区的已实现 PPP 财政支出责任、PPP 相关政府债务等信息，将其与部门预算或地区预算的可用财政资源进行对比，及时判断行业或地区增加 PPP 项目会否产生政府债务，在财政支出总量控制的基础上，实现对财政支出的结构化管理。

四是注重完善配套制度，合理实现 PPP 财政可持续的目标。联合国贸法会制定的《PPP 立法指南》，和加纳构建的多部门联合管理财政承诺的组织框架，均实现了对 PPP 财政支出责任的多角度综合管理，通过完善 PPP 产权、会计管理、争端解决机制、项目审计等配套制度，实现 PPP 财政可持续发展。这既是由 PPP 模式涉及融资、法律、行业等多个专业领域的内在特点决定，也是完善 PPP 财政管理的必然要求。因为 PPP 项目的全过程风险因素最终将体现为政府和社会资本的责任分配，落脚于政府资源和市场资源的配置，任何风险因素均可能通过此渠道转化为财政支出责任，增加财政风险，一旦超出了政府法定支出范畴或财政可承受能力，便会引致政府或有和隐性债务。这也要求各经济体的 PPP 主管部门了解配套制度建设情况，与相关部门加强沟通配合，完善 PPP 项目实施的综合制度环境，形成防控债务风险的合力。

五是注重机构能力建设和人才培养。考虑到 PPP 模式管理的复杂性，成立专责机构已成为各经济体的普遍做法。世界银行发布的 2020 年《基础设施采购报告》显示，在被统计的 140 个实施 PPP 项目的经济体中，84% 的经济体成立了 PPP 专责机构，拥有制度制定和政策指导、能力培训与咨询、宣传推广、技术支持、监督管理等职能。多数专责机构重视研究行业发展，如澳大利亚基础设施局会定期发布行业发展动态、PPP 最佳实践案例、政策研究等报告，组织召开以州级政府为主体的基础设施高峰会等各类会议。在马拉维、孟加拉等少数经济体中，PPP 专责机构还拥有项目招标权[①]。这些专责机构可在项目论证和执行过程中把关指导重点问题，动态监管实施情况，提升财政支出行为的规范性。但评估 PPP 财政风险通常不属于专责机构的工作，而是直接由财政部或中央预算机构完成。将预算审批权剥离出专责机构的职责范围，可防止专责机构盲目上马项目，我国亦遵循此原则，将 PPP 财政承受能力的审批权赋予县级及以上的各级财政部门，实现部门间在 PPP 财政管理上的制衡。人才培养亦是成就 PPP 良好实践的关键要素，这方面更依赖于非官方机构的参与和支持，日本在此方面的做法值得研究与推广，高校与研究机构分工配合，推动产学研一体化，为政府决策提供了很多有价值的依据。

---

① World Bank Group. Benchmarking Infrastructure Development 2020 [R]. Washington:World Bank，2020.

7.4.2 重视构建非正式约束以优化营商环境

一是积极响应和借鉴国际多边机构的政策倡导。不论是国际 PPP 立法的出台，还是 PPP 财政风险评估模型的推出，亦或是对"PPP 财政幻觉"的风险提示，虽然不构成可强制约束 PPP 交易规则的行业规范，却可引起各经济体对 PPP 财政影响和政府债务风险管理的重视，很多核心理念和程序也被纳入各经济体的 PPP 法律和政策框架，成为推动 PPP 发展的正式规则。

二是构建政府和社会资本之间科学合理的激励约束机制，实现合作共赢。透明、公平、稳定和可预期的 PPP 立法原则，体现了构建 PPP 良好伙伴关系的要求，可降低政府及社会资本的违规动机，虽不会对防控债务风险产生立竿见影的效果，但却是实现 PPP 财政可持续的治本之策。构建有效合理的激励约束机制，一方面，可降低社会资本将风险不当转移给政府的概率，压缩不合理的财政支出水分；另一方面，可提升政府决策的审慎度和依合同履约的自觉性，减少"冲动投资""政绩工程"下非必要财政支出，实现财政资源的合理配置和有效利用。

7.4.3 健全自我实施机制以提升债务风险管理效果

一是构建完善的 PPP 监管框架，持续防控债务风险。在监管标准方面，应依据本国的财政管理体制、PPP 管理要求及综合制度与发展环境，建立包含预算、债务、会计、合同和财政数据统计等在内的多角度监管和分析框架，通过体系间的内在勾稽关系，校验 PPP 财政支出信息的真实性，以监测潜在风险源。在项目准备阶段，进行项目的融资可行性、财务可行性和财政可持续性论证，建立合理的风险分担和交易结构已成为全球 PPP 实践共识，上述要点也成为监管重点，增加财政可持续对 PPP 决策的影响权重。在项目采购阶段，一些国家采取的举措，如在合同授予后、PPP 合同签署前，中标方和采购当局之间的任何谈判都要受到限制和监管，确保所有投标人获得均等信息，减少逆向选择和道德风险，降低债务风险发生的可能。如澳大利亚的《联邦 PPP 指南》要求，项目需公示除去个别敏感信息之外的绝大部分合同细节。在项目执行阶段，要求动态更新 PPP 财政支出信息，坚持按效付费以保障财政支出的绩效管理，持续评估和披露 PPP 财政支出责任对财政预算和政府债务的影响，总量控制和局部控制并举，如设置某行业或地区 PPP 财政支出的阈值等。这些良好实践有助于增加政府的财政风险监控能力。

二是完善 PPP 项目财政支出责任的综合管理架构。PPP 财政支出管理责任需实施跨部门综合监管，如加纳审批财政承诺涉及的部门多达 10 个。一方面，作为 PPP 项目实施主体的行业主管部门需要和财政部门密切配合，完成对项目全生命周期财政支出行为的动态监管、更新与执行，宏观经济管理部门在制定发展规划、进行经济预测时，需关注项目实施效果及其财政支出责任是否在本国财政可承受能力范围内。另一方面，财政系统内部的 PPP 主管部门、预算管理部门和债务管理部门等需在 PPP 财政支出责任债务属性判别标准、监管标准、职责分工等关键问题上达成共识，提高监管的有效性。

值得注意的是，因各经济体的 PPP 实践环境不同，发展目标有差异，将 PPP 财政支出责任隐性债务风险作为管理重点的经济体数量有限，防控政府或有债务风险成为管理核心，这与我国将防控隐性债务风险作为管理重点有所不同，可能的原因如下：一是部分经济体允许政府主体信用为私营部门在 PPP 项目的债权融资提供担保，或为特定风险提供财政补偿，由此可将相关财政支出责任产生的政府隐性债务属性转为显性及或有债务属性，相对提升了或有债务的占比。二是多数经济体已实施的 PPP 项目数量和规模有限，可实现项目的精细管理和信息的动态追踪。三是多数经济体对财政支出总额设置了严格标准，如英国要求实施 PPP 项目的部门在 PPP 项目的财政支出应控制在部门年度支出的 6%—7%；巴西规定本国的 PPP 财政支出总额不应超过未来任一年度政府收入的 1%，否则将禁止新上 PPP 项目；希腊要求已审批通过的 PPP 项目的财政支出不得超过本国公共投资项目财政支出总额的 15%[①]。我国对 PPP 项目合规的财政支持方式有限，财承限额管理规定相较于上述标准而言，可用的财政空间更大，但并未细化规定 PPP 可用财承额度与实际可

---

① Shendy R, Martin H, Mousley P. An operational framework for managing fiscal commitments from public-private partnerships: The case of Ghana[R]. Washington: World Bank, 2013.

支配财力的关系，出现本级 PPP 可用财承额度大于本级可支配财力、进而无法实现政府履约的情况，增加财政支出责任履约的不确定性，因而我国的管理重点在于控制 PPP 财政支出责任产生的隐性债务，而非依附于或有事件的或有债务。四是多数经济体已构建了以 PPP 法律为核心的制度框架，财政支出行为多有法律依据，提升了财政支出责任政府债务的显性化比重，而基于 PPP 项目的长周期和合同的不完备性，因不确定性产生的政府或有支出成为管理重点。

我国已成为世界上 PPP 市场规模最大的国家，做到对每个项目的精细化管理相较于其他经济体而言难度更大，因此，构建健全的机构职能，加强人才培养与输出，对平衡好管理程序的周严与制度成本的压缩、形成统一规则与提升规则的适应性等方面的关系至关重要。

本章总结了有助于防控 PPP 项目财政支出责任债务风险的代表性的国际做法，这些做法取得的管理成效一定程度上印证了第五、六章博弈模型的结论，如统一 PPP 项目财政支出责任债务风险的监管标准并赋予其较高的法律效力，搭建分工明确、协调配合的管理机构体系，提高政府监管的有效性，可降低行政自由裁量权，增加违规财政支出行为的交易费用，抑制由此引发的政府隐性债务风险；完善配套制度，构建政府与社会资本之间有效的激励约束机制，形成良好的 PPP 营商环境，有助于增加违规财政支出行为的说服费用，抑制政社的合谋违规动机；发挥非官方机构在行业研究、宣传推广与人才培养等方面的作用，可减轻政府管理责任，型塑 PPP 行业规则、完善制度的自我实施机制，这些做法已在国际 PPP 实践中得到不同程度的实现。在吸收借鉴国际先进经验的基础上，构建契合于我国财政管理体制的 PPP 财政支出责任的预算、债务和会计的综合管理框架，设计标准的 PPP 财政风险评估量化模型，实现财政支出责任信息的全生命周期动态管理与信息披露，提高各级政府对"PPP 财政幻觉"的警惕，减少非必要、不合理的投资和由此带来的财政负担，均是值得我国学习、研究并纳入制度的要点所在。

8 完善我国 PPP 项目财政支出责任债务风险防控制度的思路与建议

前文分析了我国 PPP 项目财政支出责任债务风险防控的制度建设现状和债务风险生成机理，构建了我国 PPP 项目财政支出责任债务风险矩阵，总结了代表性的国际经验，说明了加强法治建设、提高政府监管有效性和引入客观第三方治理对完善制度的作用与意义。上述研究成果已逐步勾勒出完善制度的整体思路和关键要点，本章将重点阐明优化思路与相关政策建议，以期为建立规则科学统一、监管有效到位、自我实施机制健全、各方积极参与的 PPP 项目财政支出责任债务风险防控制度提供借鉴。

8.1 完善我国 PPP 项目财政支出责任债务风险防控制度的思路

8.1.1 优化正式规则的主要思路

此轮 PPP 改革遵循中央政府主导、自上而下推广的发展路径，正式规则发挥了先导启迪、强力推广、规范实践的重要作用，我国 PPP 项目财政支出责任债务风险防控制度作为 PPP 制度体系的有机组成部分，其正式规则的发展较非正式约束和实施机制更为完善，并在防控债务风险方面发挥了中流砥柱的作用，因而正式规则在当前及未来较长一段时间里，将发挥基石和支柱的作用。但目前仍存在一些问题和短板，突出表现为法治基础薄弱，相关政策规定与法律法规规定和司法体系的差距影响了制度的权威性和执行效果；起到防控债务风险的部分核心部门规章目前已失效，新政策尚未出台；对 PPP 项目财政支出责任债务属性的判定标准等关键问题未有权威、统一、详细的执行细则，引发 PPP 项目参与人为求自身利益最大化的机会主义行为；行业部门和地方政府的管理能力参差不齐，因地制宜"改良"中央规定的自主性不高，积极性不强，降低相关制度的行业和地区适应性；配套改革与制度完善仍在进行中，如政府对市场行为的不当干预影响了市场的公平竞争，放缓了PPP营商环境优化的步伐。在此背景下，政社将围绕"PPP项目财政支出责任债务风险的引致与分担"展开博弈，经分析博弈模型可得到如下结论：

一是因现阶段相关制度不完善，政府和社会资本出于利益最大化等主观原因，或项目急于落地等客观原因，均存在违规动机，会扭曲项目合理的风险分配框架，进而改变代表利益分配格局的PPP项目财政支出责任的合理性与法定性。若社会资本不当转移市场风险给政府，将超出法定的财政支出范畴，增加政府隐性债务风险；若政府过度转移风险给社会资本，会影响社会资本的参与积极性、降低公共服务的供给质量和效率，造成社会福利净损失，增加中长期财政支出责任债务风险；若政府自有财力不足以承担合同约定的付费责任，或未能及时、足额履约，将在当期预算造成"财政支出责任的违约"及在未来时期带来政府显性债务风险。

二是在违规动机的驱使下，若政府和社会资本或"一拍即合"，或受对方利益诱导而改变初始合规决策，将存在双方合谋违规的可能，产生不规范行为带来的需双方共同承担的交易费用，和为说服对方达成一致选择而由说服方承担的说服费用，在负担交易费用和说服费用后依然有利可图的情况下，不规范的财政支出行为将成为现实，引发政府债务风险。

三是交易费用取决于PPP制度的建设情况，说服费用更多受法治、财政、金融等综合制度环境的影响，若要更好防控PPP项目财政支出责任债务风险，需在完善专项规定的同时，与配套改革和制度加强联动，一方面增加交易费用，抑制违规动机；一方面增加说服费用，压缩合谋空间。

四是政府和社会资本均可对对方决策产生重要影响，为实现项目的规范落地，除了加强外部监管外，政府和社会资本之间的相互监管与制约亦不可或缺，应使防控债务风险成为共识，优化激励约束机制并具体为项目合同条款，建立道德与法律的双重约束。

通过上述分析，可提炼优化正式规则的关键要素：细化PPP财政支出责任与地方政府债务关系的判定标准，形成一致、可执行的管理准则，降低行政自由裁量权；加快失效政策的修订和出台速度，提高规定的法律层级，抑制项目参与方的违规动机；鼓励地方和行业部委根据各地或各行业的发展差异和管理需求，对正经出台的相关规定适度调整，提高制度的地区和行业适应性；加强跨行业、跨部门合作管理，完善配套制度，提高政社合谋违规成本，推动建立公正、透明、高效、诚信的 PPP 营商环境。

8.1.2 建立非正式约束的主要思路

非正式约束在制度中应占据重要位置，道格拉斯·C.诺思（1990）曾言，"正式规则，即便是在最发达的经济中，也只是型塑选择的约束的很小一部分，而非正式约束是普遍存在的"[①]，但对我国现阶段防控 PPP 项目财政支出责任债务风险而言并非如此，因为 PPP 模式作为舶来品，其所要求的政府与市场主体之间的平等、公正、诚信的合作关系仍需进一步引导与塑造。尽管我国深化市场改革、不断推动市场在资源配置中起决定性作用，但政府之于市场主体，尤其是民营市场主体，仍具有相对优势。加之 PPP 模式在我国的发展历程较短，支撑守规重诺的行业行为规范仍在建设中，因而不仅在 PPP 模式引发的政府债务风险防控方面，在 PPP 模式的整体发展上，非正式约束起到的规范作用都较为有限。

然而，不能因此忽略非正式约束在 PPP 发展过程中对财政支出行为选择集合的重要影响，抑制非规范财政支出行为的非正式约束力量一旦形成，不但会节约正式规则的制度运行成本，还将通过行为准则等方式，推动各方自觉选择规范的财政支出行为，有助于实现 PPP 财政可持续。同时，防控 PPP 财政支出责任债务风险已成为我国 PPP 发展的主要目标，《优化营商环境条例》（国务院令第 722 号）的颁布通过优化营商环境，引导项目参与方减少违规担保、兜底不合理损失、设置不合理的绩效考核标准、无视自有财力约束盲目上项目等行为。在短期，应加强对政府和社会资本的履约监管和主体信用培养，完善社会资本的维权体系，优化项目风险分担的合理框架，将 PPP 财政支出责任债务风险纳入政社共担风险范畴，在 PPP 合同中约定风险防范

[①] [美]道格拉斯·C.诺思.制度、制度变迁与经济绩效[M].杭行，译.上海：格致出版社，2014：43.

与化解措施；明确 PPP 合同属性，为政社的平等合作提供法律基础，巩固"风险分担，利益共享"的伙伴关系，强化项目参与人对债务风险防范的共识。在长期，应培育 PPP 参与方的契约精神，鼓励客观第三方参与治理，形成约束参与主体长期行为的行业规范，推动非正式约束与正式规则形成互补，为实现 PPP 项目财政支出责任债务风险的防控目标保驾护航。

8.1.3 强化实施机制的主要思路

当遵守制度为交易双方的占优策略时，制度可实现自我实施，即当遵守制度带来的收益高于遵守成本时，制度将成为相关方的行动选择集合，进而实现预设的管理目标。但实施通常是不完美的，因为执行制度的成本包含多种因素，成本较高，且制度实施的代理人自身的效用函数会影响执行结果，某些代理人会因自身利益或能力问题，使得制度执行留有余地或不到位。因目前某些情况下无法使守规收益高于守规成本，或是存在违规收益高于违规成本的可能，产生了交易主体的违规动机，不论是以政府为主体还是以市场自发力量为主体的实施机制均不健全，也因此降低了制度对不规范 PPP 财政支出行为的约束效果。

具体而言，在制度执行方面，影响 PPP 项目财政支出责任的信息包含政府自有财力、债务风险水平、已用的本级财承额度、社会资本的资质与实力及双方的守规诚信情况等，收集、分析这些信息将产生大量成本，作为常态出现的信息不完全可催生隐瞒、欺诈甚至合谋违规等行为。同时，数量众多的 PPP 交易参与方和规模庞大的 PPP 市场规模提高了违规行为的隐匿性和管理难度，影响了制度执行效果。在监管机制方面，政府监管标准存在地区和行业差异，催生了寻租空间，标准过松将滋生潜在风险，标准过严会影响市场信心，在增加监管成本的同时却不一定成比例获得监管效果；客观第三方尚未形成全国层面的实体机构，无法通过信息、主体信誉、违规行为的跨期惩戒等渠道实现制度的自我实施，暂不能成为政府监管的补充和助力。合理的规定如若不能通过实施机制影响实践发展，终将成为一纸空文，因而构建有效且低成本的实施机制是制度得以落地的保障。

完善 PPP 项目财政支出责任债务风险防控制度的实施机制需关注以下要点：

第一，增加信息公开力度，畅通信息传递渠道，聚焦关键信息，提升分析能力。不论对政府主导下的官方治理还是客观第三方主导下的非官方治理，收集项目及参与主体的信息是评估制度执行情况、完善管理举措的前提。因此，需围绕 PPP 项目财政支出责任的关键影响信息建立信息网络平台，如项目的财务信息、预设利润率、政府的财政情况与社会资本的财务情况、主体有无违法失信行为等，以同行业同地区项目的财务情况为基准判断相关信息的合理性，利用此信息网络的外溢效应降低单个项目的信息收集成本，为决策提供依据，为 PPP 主管部门客观评估全国及地区的 PPP 项目财政支出责任债务规模及风险情况提供参考，以提高风险治理的精准性和有效性。

第二，完善政府监管机制，提高违规成本，增强制度的权威性。完善的政府监管可部分弥补法治基础薄弱的问题，及时发现并督促整改不规范的财政支出行为，以更好应对债务后果，抑制潜在风险。因此，应不断完善政府监管制度，统一监管标准，稳定市场预期；平衡好控制监管成本和提高监管效果的关系，降低实施违规行为而不被发现的侥幸心理；明确不同违规行为对应的惩处后果，提高制度的威慑力。

第三，发挥客观第三方治理的作用，运用主体信誉机制和跨期惩罚机制，增加单次违规失信行为的交易成本，培养平等、公正、诚信的 PPP 交易规则。在信息公开联通的基础上，对曾发生不规范财政支出行为或履约不力而导致政府债务风险的交易主体设置"观察名单"，借助在一定周期内其他交易方不给予交易机会等惩罚机制，增加某主体单次违规的成本，将合规诚信交易规范内化为 PPP 项目参与方的行为准则，为政府监管与治理提供支持。同时，发挥客观第三方在问题研究、项目咨询、人才培养、国际交流等方面的作用，推动我国 PPP 领域的产学研一体化进程（我国 PPP 项目财政支出责任债务风险防控制度的完善思路见图 8-1）。

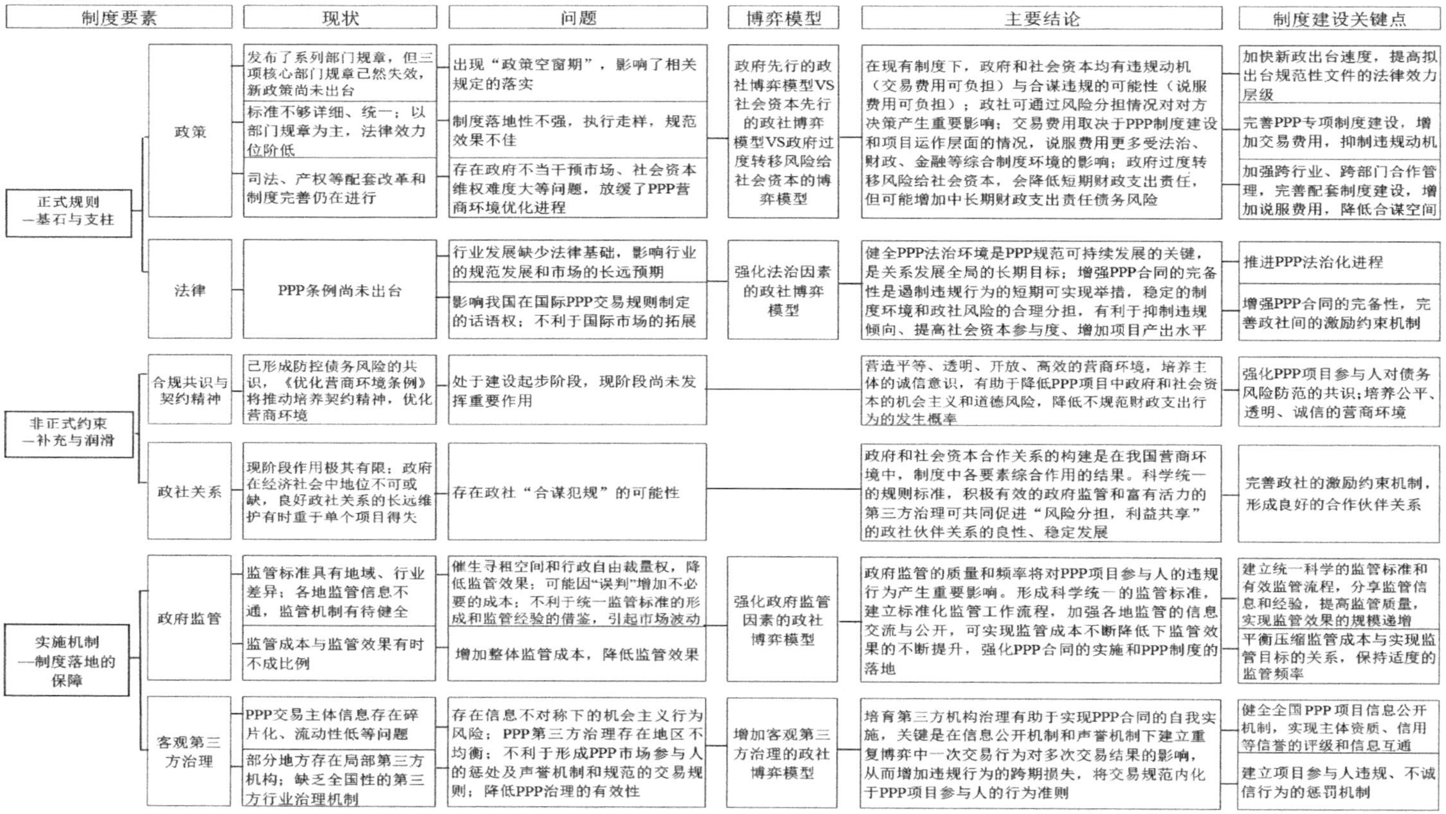
制度要素
现状
问题
博弈模型
主要结论
制度建设关键点
正式规则
—基石与支柱
政策
发布了系列部门规章，但三项核心部门规章已然失效，新政策尚未出台
出现“政策空窗期”，影响了相关规定的落实
标准不够详细、统一；以部门规章为主，法律效力位阶低
制度落地性不强，执行走样，规范效果不佳
司法、产权等配套改革和制度完善仍在进行
存在政府不当干预市场、社会资本维权难度大等问题，放缓了PPP营商环境优化进程
政府先行的政社博弈模型VS社会资本先行的政社博弈模型VS政府过度转移风险给社会资本的博弈模型
在现有制度下，政府和社会资本均有违规动机（交易费用可负担）与合谋违规的可能性（说服费用可负担）；政社可通过风险分担情况对对方决策产生重要影响；交易费用取决于PPP制度建设和项目运作层面的情况，说服费用更多受法治、财政、金融等综合制度环境的影响；政府过度转移风险给社会资本，会降低短期财政支出责任，但可能增加中长期财政支出责任债务风险
加快新政出台速度，提高拟出台规范性文件的法律效力层级
完善PPP专项制度建设，增加交易费用，抑制违规动机
加强跨行业、跨部门合作管理，完善配套制度建设，增加说服费用，降低合谋空间
法律
PPP条例尚未出台
行业发展缺少法律基础，影响行业的规范发展和市场的长远预期
影响我国在国际PPP交易规则制定的话语权；不利于国际市场的拓展
强化法治因素的政社博弈模型
健全PPP法治环境是PPP规范可持续发展的关键，是关系发展全局的长期目标；增强PPP合同的完备性是遏制违规行为的短期可实现举措，稳定的制度环境和政社风险的合理分担，有利于抑制违规倾向、提高社会资本参与度、增加项目产出水平
推进PPP法治化进程
增强PPP合同的完备性，完善政社间的激励约束机制
非正式约束
—补充与润滑
合规共识与契约精神
已形成防控债务风险的共识，《优化营商环境条例》将推动培养契约精神，优化营商环境
处于建设起步阶段，现阶段尚未发挥重要作用
营造平等、透明、开放、高效的营商环境，培养主体的诚信意识，有助于降低PPP项目中政府和社会资本的机会主义和道德风险，降低不规范财政支出行为的发生概率
强化PPP项目参与人对债务风险防范的共识；培养公平、透明、诚信的营商环境
政社关系
现阶段作用极其有限：政府在经济社会中地位不可或缺，良好政社关系的长远维护有时重于单个项目得失
存在政社“合谋犯规”的可能性
政府和社会资本合作关系的构建是在我国营商环境中，制度中各要素综合作用的结果。科学统一的规则标准，积极有效的政府监管和富有活力的第三方治理可共同促进“风险分担，利益共享”的政社伙伴关系的良性、稳定发展
完善政社的激励约束机制，形成良好的合作伙伴关系
实施机制
—制度落地的保障
政府监管
监管标准具有地域、行业差异；各地监管信息不通，监管机制有待健全
催生寻租空间和行政自由裁量权，降低监管效果；可能因“误判”增加不必要的成本；不利于统一监管标准的形成和监管经验的借鉴，引起市场波动
监管成本与监管效果有时不成比例
增加整体监管成本，降低监管效果
强化政府监管因素的政社博弈模型
政府监管的质量和频率将对PPP项目参与人的违规行为产生重要影响。形成科学统一的监管标准，建立标准化监管工作流程，加强各地监管的信息交流与公开，可实现监管成本不断降低下监管效果的不断提升，强化PPP合同的实施和PPP制度的落地
建立统一科学的监管标准和有效监管流程，分享监管信息和经验，提高监管质量，实现监管效果的规模递增
平衡压缩监管成本与实现监管目标的关系，保持适度的监管频率
客观第三方治理
PPP交易主体信息存在碎片化、流动性低等问题
部分地方存在局部第三方机构；缺乏全国性的第三方行业治理机制
存在信息不对称下的机会主义行为风险；PPP第三方治理存在地区不均衡；不利于形成PPP市场参与人的惩处及声誉机制和规范的交易规则；降低PPP治理的有效性
增加客观第三方治理的政社博弈模型
培育第三方机构治理有助于实现PPP合同的自我实施，关键是在信息公开机制和声誉机制下建立重复博弈中一次交易行为对多次交易结果的影响，从而增加违规行为的跨期损失，将交易规范内化于PPP项目参与人的行为准则
健全全国PPP项目信息公开机制，实现主体资质、信用等信誉的评级和信息互通
建立项目参与人违规、不诚信行为的惩罚机制

图 8-1　我国 PPP 项目财政支出责任债务风险防控制度的完善思路

8.2 完善我国 PPP 项目财政支出责任债务风险防控制度的政策建议

以现阶段我国 PPP 项目财政支出责任债务风险防控制度中，正式规则、非正式约束和实施机制存在的问题为导向，下文将简述相关政策建议。

8.2.1 优化正式规则，夯实 PPP 治理基础

8.2.1.1 完善制度框架，加强法治建设，将相关规定落实到行为治理

第一，建立健全 PPP 法治管理框架，为监管认定和司法判定提供可靠依据。我国 PPP 法治化进程滞后，亟需坚持全面依法治国，加快 PPP 立法进程，夯实法治基础。同时建议在立法中说明规范的 PPP 项目财政支出责任不属于政府隐性债务，降低市场对 PPP 模式的"恐慌情绪"，明确何种行为将引发 PPP 项目财政支出责任债务风险、对应的责任主体与处罚措施等关键问题，提高财承限额管理规定的法律效力，解决因规定的效力层级低而产生的对超限行为的处理分歧，提高拟出台的规范性文件的效力层级，提高制度的约束力。

第二，加快新政策出台速度，健全制度规定。根据 PPP 实践情况及市场需求，充分考虑 PPP 决策及实施流程、风险分担与量化测算、财政支出责任全生命周期监管等方面的问题，明确解决办法，将相关措施体现在正在修订和制定的系列政策中。通过简化论证与审批流程、提高风险分担与财政支出责任测算的精准度、实现财政支出责任的标准化计算与动态调整，提升对实践的指导性。加快出台新政策，夯实制度基础。

第三，加强 PPP 合同管理，提高合同的完备性，清晰列示可影响 PPP 项目财政支出责任的权责分工，将契约的严谨性和约束力体现于合同执行和管理。首先，应设专章详细规定政府和社会资本在财政支出责任方面的权利和义务，合理分担风险，加强绩效管理。其次，法制部门应加强合同审查与管理，杜绝"抽屉协议"，防止有关财政支出责任约定的暗箱操作，对因实施过程中发生的变动或因调解纠纷而签订的补充协议，也需及时上报主管项目的

法制部门进行合规性审查，实现合同的动态监管。再次，细化对不可抗力等或有事项引发的财政支出责任的分担规定，将风险分担的动态调整与 PPP 项目的中期评估和合同再谈判、PPP 财政支出责任动态监管等程序切实对接，强化对风险分担及由此产生的财政支出责任的法律约束力。最后，财政部门应加强与行业部门、行业专家的联合研究，逐步制定、完善分行业的 PPP 项目合同模板，提高合同安排的专业性、完备性和科学性。目前，财政部已出台污水处理和垃圾处理领域项目合同的示范文本，可循序渐进地开展对交通运输、市政工程等 PPP 模式运用广泛的行业合同文本的设计工作，通过 PPP 合同安排增加对政社双方的直接法律约束力。

8.2.1.2 分类管理债务属性不同的财政支出责任，统一并细化制度规定

应对标不同政府债务类型的特点，穿透 PPP 财政支出的行为实质，统一 PPP 项目财政支出责任债务属性认定标准，提高制度的可理解性，避免实操中的误判、漏判，并体现在高位阶制度文件中，成为指导各方行事的依据。应以合法依规的预算管理为主线，明确可能引发政府债务风险的不规范行为，形成严肃处理之依据：

第一，对于在本级财政可负担范围且在合同中约定的支出责任，应保证其纳入年度预算和中期财政规划进行管理。即便尚未纳入当期预算，本级财政也应综合考虑本地区的经济增长态势、债务风险水平和财政刚性支出增长趋势等情况，将其认定为政府显性直接债务，确保此部分支出责任履行到位后再结合发展规划与经济民生需求实施新项目，降低因政府不及时足额履约导致的"财政支出责任的违约"及显性或有债务风险的发生概率。

第二，对于各级政府主动或被动超出财承限额管理规定的行为，在财承限额管理规定不具备更高法律约束力之前，以相关支出是否合法合理、双方是否有能力依法履约等区别判定，而非"一刀切"地将其认定为政府隐性债务，或政府拒不承认相应的财政支出责任。同时，建议 PPP 主管部门与立法和司法部门积极磋商，提高财承限额管理规定的法律效力位阶，切实实现财政支出责任的总额控制与风险管理。

第三，加强对 PPP 项目财政支出责任所产生的政府或有债务的管理。对

于依附在未来特定事项的财政或有支出，属于政府责任范畴的，应在事前充分评估此部分支出责任，设立本级的 PPP 项目风险应对基金或在预算科目里恰当列示，预留所需的财政资源，避免在或有事项发生时因财力不足以支付而造成"财政支出责任的违约"，或引发显性或有债务风险；对于不属于政府承担的或有支出责任，须提前精准识别，防止社会资本利用合同漏洞、歧义将风险转移给政府，并要求对此或有事项负责的相关方做好防御和应对工作。

第四，对于提供违规担保、最低收益、不当回购社会资本的资本金或承担资本金损失、弱化绩效考核等不规范的财政支出行为，已造成政府隐性债务后果的，省级财政部门和监管部门应跟进整改进展，明确化债结果。对新开展的 PPP 项目，各级政府和实施机构应严禁不规范财政支出行为，既不允许漏网之鱼的存在，也要防止误伤造成的损失，降低直至消除可能存在的政府隐性债务风险。对引致政府债务风险的不规范 PPP 财政支出行为的司法判决，建议以最大程度化解债务风险、减轻项目合作方和社会公众损失为原则，根据违法违规程度和项目实际情况，给予违法违规财政支出行为合理的整改空间。

8.2.1.3 完善 PPP 财政管理相关规定，根据实践需求进行适当创新

第一，细化 PPP 项目财政支出责任跨级分担的标准和审批程序，减少上级政府的财政支出责任过度转移给下级政府承担的行为。现阶段，因县级 PPP 项目较多和县级承担了部分由上级转移的支出责任，县级政府承担了约 58% 的财政支出责任，增加了"财政支出责任的违约"和政府债务风险的发生概率，故建议明确财政支出责任跨级分担的制度规定。其一，只有当下级政府明确享有上级 PPP 项目所提供服务且下级政府有履约能力的情况下，上级政府才可考虑让下级政府分担合理范围内的支出责任。其二，对于跨级分担财政支出责任的项目，建议由省级财政部门审核分担方案、报财政部（或财政部下属的政府和社会资本合作中心）备案，定期督导财政履约情况。其三，考虑建立上级对下级的 PPP 财政支持工具。对下级政府确需通过 PPP 项目提供公共服务但无充足财政履约能力的地区，上级政府可建立 PPP 资金的纵向转移支付机制，对重大民生项目予以定向帮扶，以控制所辖地区的债务

规模及风险规模。

第二，统筹财力资源，探索建立 PPP 财政支出来源的合理体系。我国以财承限额管理规定为依据的分级管理制度有效抑制了项目的盲目推进，但因一般公共预算的支出刚性强，据此计算的各行政区的财承限额并非地方无风险的可支配财力。同时，政府性基金预算的相关支出科目与基建联系更紧密，但财金〔2019〕10 号文件封死了基金预算列支项目运营补贴支出的通道。为此，在统筹不同性质的财政资源方面，建议将全口径预算、国有存量资产等"一盘棋"式统筹协调，以系统论思想指导而分配到政府直接投资、政府采购、PPP、专项债等不同模式上，在"堵后门"的同时创新合规"开前门"方式。在统筹上下级财政资源方面，对确实无法履约的地区，建议由省级财政部门以保障公共服务供给为前提，在重新评估项目实施情况及公共服务的外部性后，通过调整或增加财政支出责任主体、建立省级财政对下级的 PPP 纵向转移支付机制、与社会资本协商适当降低合理利润率等方式，多渠道筹措应履行的财政支出责任，实现公共服务领域投入产出效益最大化的财力协调整合，更好控制政府债务风险。

第三，适当赋予各级财承管理弹性空间，优化财政支出供给侧结构性"激励—兼容"式调整。积极探索"总量控制 + 结构优化"的财承限额管理制度，按照"激励—兼容"原则提高各地项目需求、可用财力、债务风险等因素的综合匹配度，建立财承额度的"全省（市）统筹调剂"机制。经济基础好、履约能力强、债务风险水平低的地区，允许根据项目需求适当提高本级财承限额；经济基础弱、履约能力差、债务风险水平高的地区，则综合评估履约能力后进行适当压低，而非必须以各级的财承限额作为本级 PPP 项目财政支出责任的履约上限。此外，对确需发展的地区，可吸引社会资本帮扶资源，或适当延长财政困难地区的项目合作期限，降低财政中短期支付压力。

8.2.1.4 加强配套制度建设，协同防控政府债务风险

诱发政府债务风险的财政支出行为具有多样性，需协同预算、会计、产权、审计、金融等制度，形成防控债务风险的跨领域管理制度。

第一，科学定位 PPP 模式功能，合理、高效地实施项目。目前，PPP 模

式已在我国 19 个领域加以应用，但并非所有领域都适合广泛采用，定位不合理、方案不科学、不能实现物有所值的 PPP 项目只会加重财政负担，增加政府债务风险。对此，制度应作出适当引导，各级政府应警惕"PPP 财政幻觉"，加强中长期财政支出管理，不能将实施 PPP 项目作为缓解短期财政压力的手段，不能不经认真预测经营性收入而包装为可行性缺口补助项目，审慎实施政府付费项目，降低 PPP 泛化风险。

第二，在预算管理方面，可进行适度的政策规定与政策工具创新，借鉴其他国家设置"应急预算线"等做法，提升 PPP 项目中长期财政支出责任与中长期预算资源配置和财政风险管理的匹配度。在以各行政区为实施主体的财承限额管理规定的基础上，探索以行业为单位的限额管理规定，根据 PPP 的行业适用性，对具有一定市场经营基础、技术成熟度较高、市场管理方式较完善的行业，可在部门预算中预留较高的资源份额，适当鼓励、支持 PPP 项目发展。对现阶段市场条件不成熟的行业，建议适当降低 PPP 的推广力度，预留较低的财政支持资源，理性推动 PPP 模式在各行业的发展。

第三，在会计管理方面，基于"镜像互补"原则，借鉴国际会计准则等标准，完善我国 PPP 项目的资产负债管理制度，让同一个 PPP 项目的资产负债分别在政府和项目公司的会计账户上得到精准、客观、对应、一致的计量、管理与披露，减少直至消除"游离资产"的比重。此外，基于"负债"的特点，在我国的政府会计管理体系下，建议统一 PPP 项目产生的"流动负债""非流动负债"和"预计负债"的认定标准，基于不同负债种类的特点进行分类管理，除了需确认政府在当期预算中因 PPP 项目产生的实际经济资源的流出外，还要审慎评估尚未发生的、可预见的经济资源的流出规模，增强 PPP 项目会计管理的预测与跨周期管理资产负债的功能。

第四，完善 PPP 资产的产权管理体系，根据项目产权特点和管理需求，明确与各项目管理相关的产权权益和确权标准，根据各类权利的管理办法，处理好项目产权权利与收益、成本、税收等方面的关系，做好项目产权信息的收集、整理与储存工作，既要保证国有资产实现保值增值，又要积极维护各方应有的产权权益，激发主体的创新热情。探索建立 PPP 项目公司的审计制度，定期审计项目公司的经营现状、市场表现、财务、人事、风险等情况，校验社会资本提供给政府的信息的真实性，提高政府和社会资本对项目风险的预警和应对能力。

第五，应注重 PPP 资本市场的建设与发展，拓展融资渠道，完善融资监管，提供合理的支持政策，以降低融资压力，压缩不规范的 PPP 财政支出责任通过金融资本市场进行"伪装"的空间，减少项目融资风险转化为财政支出压力及政府债务风险的可能性，探索建设金融与财政合力监管 PPP 财政支出行为的机制。

8.2.2 建立非正式约束，型塑 PPP 交易规则

8.2.2.1 强化防控债务风险的共识，降低主体的违规意识

政社具有违规动机是双方开展博弈、产生不规范财政支出行为的前提，应以合规发展为制度导向，深化政府和市场对 PPP 模式的定位与功能的理解，形成债务风险防控共识。对政府而言，应探索运用 PPP 模式完善政府和市场的分工合作，深入推进"放、管、服"改革，以实现公共服务提质增效为目标，提升政府决策的长期性和全局性，实现有效市场和有为政府的结合。作为政府代理人的官员不能以政绩为由"大干快上"PPP 项目，积累中长期财政支出责任债务风险；不能通过不当交易，以牺牲公共利益为代价，与社会资本合谋发生不规范的 PPP 财政支出行为，遏制政府债务风险以"滚雪球"的方式进行代际传递和积累的趋势。对社会资本而言，既要尽力而为，也要量力而行。一方面，要利用自身在搜集市场信息、捕捉商机、具有资本和管理经验等方面的优势，积极拓展 PPP 市场，提升盈利能力，降低对财政付费的依赖度。另一方面，要兼顾项目的社会效益和经济效益，不能利用 PPP 项目牟取暴利，不能欺骗或迫使政府接受不合理的付费条件，进而带来政府隐性债务风险。

8.2.2.2 加强契约精神培养，优化营商环境

以《优化营商环境条例》（国务院令第 722 号）的法治精神和原则指导、优化 PPP 市场秩序和营商环境，加强平等、诚信、包容、创新、共赢的理念

培养，型塑市场主体的行为规范，减少机会主义行为，并重视下列问题的解决和机制的建设：

第一，建议将 PPP 合同属性定性为民事合同，维护平等互利的合作伙伴关系。个别地方政府隐瞒真实财政情况实施项目，后因财力有限导致无法及时、足额履约，是构成"财政支出责任的违约"和政府债务风险的重要原因，此问题在实践中，尤其在欠发达地区普遍存在。且因我国未明确定位 PPP 合同的法律属性，若因政府作为合同一方而受辖于行政协议，社会资本的维权之行将困难重重。为减少此种情况的发生，一方面，应要求各级政府在财政承受能力允许的情况下合理安排项目规划，基于真实的财政情况作出 PPP 决策；另一方面，遵循平等合作原则，让 PPP 合同归属于民事法管辖体系，支持建立多元化纠纷解决途径，让社会资本能够低成本、高效地维护合法权益。

第二，加强政府履约监管，增强市场的合作信心。一是在 PPP 立法中明确政府的履约责任及对不履约行为的惩戒措施。二是建立上级财政部门对下级财政部门在履约方面的监管机制，财政部门应将支出责任履约凭证上传至综合信息平台，供上级财政部门和财政部相关主管部门查验。三是在财政部或所属司局级单位，如各地的监督评价局，开设有关政府履约的监管渠道，社会资本如遇到政府无故不履约、少履约的问题，可先通过此渠道反映给省级财政部门进行内部调节。四是重点关注高风险地区的财政履约情况，警惕发生区域性政府债务风险。应重点监测债务风险评级较高的地区的财政履约、项目合规情况和新上项目的计划；为提高 2023–2026 年集中履约期的 PPP 财政管理效果，可适当放缓现阶段非必要 PPP 项目的进展，平滑 PPP 财政支出责任造成的财政压力。

第三，减少政府过度转移风险的行为，提高中长期财政支出责任管理效果。政府过度转移风险给社会资本，不利于构建良性伙伴关系，造成社会福利净损失，引发财政支出责任债务风险。因此，应立足于政府和社会资本各自的比较优势，合理分配项目风险，并详细约定到项目合同，双方依契约行事。明确政社共担 PPP 财政支出责任债务风险，根据项目实施条件的变化动态调整，加强对中长期财政支出责任债务风险的监管。

8.2.2.3　完善政府与社会资本间的激励约束，实现合作共治

第一，合理分担项目风险，降低社会资本努力程度的效用磨损。由"增强 PPP 项目合同的完备性"的博弈模型可知，项目风险分担的不合理会降低社会资本的最优努力程度和项目的最优产出水平。因此，应强化落实合理分担风险原则，完善风险量化测算方法，度量风险因素的支出责任，在合同中予以明确约定。对社会资本应承担的风险，政府应坚守底线不兜底，必要时可给予适度救助，但不能让社会资本对政府救助产生依赖；对政府应承担的风险，也不能过度转移给社会资本，或给社会资本设置苛刻的合作条件，或在合作过程中不断提升对社会资本的要求、改变合同约定的合作条件等，以增强社会资本的进入激励，提升最优努力程度。

第二，鼓励适度创新商业模式，在保证公益性的前提下增加商业吸引力。PPP 项目应平衡好公益性与商业性的关系，兼顾社会资本的盈利需求，这也是完善激励机制的关键所在。但目前相关制度设置了诸多条件，如限制社会资本的股权转让、控制项目中的商业开发内容和比例、政府给予的配套商业开发资源较少等。因此，应更好发挥市场机制的作用，鼓励社会资本积极创新商业模式，如发展区域开发型项目，运用片区综合开发、TOD 模式（Transit-Oriented Development model）、EOD 模式（Ecology-Oriented Development model）等，集合开发，肥瘦搭配，将项目的外部效应内部化，适度提升 PPP 项目的商业内容比例，重视保护社会资本在项目运作过程中开发的新技术、新产品的产权，在更好激励社会资本、创新 PPP 发展模式的同时，降低财政负担。

第三，保持 PPP 制度环境的连续稳定，提高政社互信程度。2017 年以来，政策导向从鼓励发展到在严防政府债务风险下开展大规模的项目审查和整改，PPP 市场收缩。为此应注意：一是以规范发展为导向，注重控制政策调整的边际影响，实现制度的平稳过渡，防止市场出现对 PPP 政策导向上升下滑、快速变化的猜疑。二是平衡好政府对同一地区、同一领域的各种公共服务发展模式的支持资源，减少同质发展与恶性竞争，让各种模式之所长更好运用到适合的领域。三是减少政府对项目运营的不当干预，提升契约遵从度。如 20 世纪 90 年代初修建汕头海湾大桥时，政府曾向中标社会资本承诺

车流量未达规模时不会新建大桥，但在海湾大桥建成的第二年政府便引入其他社会资本修建新的大桥，影响了海湾大桥的盈利能力，此种案例在实操中并不罕见，将直接损害政府信用。

8.2.3 强化实施机制，保障制度执行效果

8.2.3.1 建立 PPP 项目财政支出责任债务风险的全生命周期管理体系

应从事前预防、事中监测、事后化解等方面，建立 PPP 项目财政支出责任债务风险的全生命周期管理体系。

第一，加强事前预测与评估，提高风险防范意识。借鉴 PPP 财政风险评估模型（PFRAM 2.0）和线上信息管理平台，将测算财政支出责任所涉及的折现率、项目合理利润率、建设及运营成本、本级财政一般公共预算支出增长率等参数设置合理的赋值区间，降低人为操作空间，完善财政支出责任的标准预测方法，探讨风险承担、财政或有支出的定量测算步骤，提高事前预测的精准度，集中管理全国 PPP 项目的财政支出相关数据。同时，在项目前期测算阶段增设财政支出责任债务属性界定环节，进行分类管理，推动 PPP 项目财政支出责任在预算管理和债务管理程序上的衔接。

第二，构建事中动态监测机制，根据项目实际情况及时发现风险源。目前，综合信息平台已要求项目根据实施情况动态更新财政支出责任。可在此基础上，进一步要求项目分析未来支出的波动性，对引发支出波动的项目经营情况、不可抗力等或有事项，及影响财政支出责任的其他重要因素定期进行敏感性分析，评估潜在风险事项的发生概率及由此引发的财政支出责任，提前制订风险应对计划，并与中长期预算及其他可用的财政资源进行匹配，增加财政资源应对突发事件的机动性和张力。实时监测各级政府的已用财承额度和可用财承空间，强化财承限额的总量控制效果，防止发生系统性、区域性的 PPP 项目财政支出责任债务风险。

第三，优化事后债务风险合理分担机制，妥善处理风险隐患。对于已造成债务实害结果的 PPP 财政支出行为，应形成债务合理分担方案。一是明确责任主体，判断行为动机。建立本级财政部门或跨部门、跨层级的项目核查

机制，追查责任方，涉及多主体的共同行为应结合法律政策、司法实践和行为诱因，合理核定各过错方责任比例，保证惩戒措施公正合理。二是区分债务属性，以便对症下药。显性债务应由政府制订本级财力可承受的计划，依据合同的约定条件及时支付；判定隐性债务显性化的可能性，如可以显性化，应及时纳入预算进行管理，履行偿还责任；若不能显性化，应在找到合适承担主体后及时剥离出政府债务体系；直接债务应在明确由政府还是市场主体偿还后再制定应对举措；或有债务应综合其附着的事项发生的可能性，以及政府承担风险的比例，提前打好财政应对风险的支出量。三是采取配套措施，降低负面影响。在项目的政府债务发现及化解期间，项目本级政府、实施机构应会同有关部门采取配套措施，以社会福利最大化为目标，保障公共服务的持续稳定安全供给，降低债务风险造成的损失。

8.2.3.2　实现有效的政府监管，提高违规失信行为的交易费用

第一，统一监管标准，完善监管机制，加强信息互通与经验交流。由政府监管博弈模型的混合策略纳什均衡解可知，降低监管成本是实现有效监管的必然要求。但实操中，监管部门缺乏主管部门在 PPP 领域的专业知识与实操经验，容易产生监管不当问题，增加监管成本和误判风险。因此，一方面，主管部门与监管部门应统一财政支出责任债务属性认定标准，提高监管工作效率，稳定市场预期。另一方面，不合规的财政支出行为可伴随实操发展而增加复杂度和隐匿性，监管部门在审查项目资料文件时，应主动发现可能产生政府债务风险的新行为、新问题，加强与主管部门和专业机构的交流，实现项目实操情况和监管情况的信息共享，动态完善监管标准，提高监管质量，逐步实现政府监管的规模效应，降低项目参与方的违规动机，提升违规行为的交易费用，从而抑制政府债务风险。

第二，重点审查项目的绩效考核机制，实现财政支出的物有所值。按效付费是挤出财政支出"超额水分"、降低 PPP 隐性债务的重要举措。监管部门应重点审查项目的考核指标是否合理，财政付费责任与绩效结果是否完全挂钩，政府是否故意压低绩效考核分数以降低付费水平，或故意放松绩效考核标准以承担额外的支出责任等问题，强化社会资本联合体对政府负责的机制，

减少联合体成员内部的扯皮推诿。同时，督促实施机构高质量完成绩效管理，有条件的地方可探索联合考核机制，组成以实施机构牵头、财政及行业主管部门参与的考评小组，提高绩效考核的科学性和客观真实性。此外，鼓励地方分行业建立绩效考核数据库，为 PPP 项目的物有所值验证提供依据，为行业参数平均值和风险区间的科学设定积累历史数据，更好支持本地区同类项目的发展。

第三，完善违规行为的惩戒举措，维护项目参与方和社会公众的合法权益。目前，政府的监管重点在于发现违法违规问题，但在主体追责、信息公开、跟进整改进展等方面的工作有待优化。为此建议：一是完善问责制，减少将政府债务及风险进行跨届转移的行为，明确涉事方的处罚标准，要求专家及咨询机构"实名认证"项目论证方案，提高其提供违规咨询意见的成本。二是开通 PPP 项目问题审查公开窗口，对存在问题的项目，应向社会公开违规财政支出行为、新增的政府债务金额、责任主体及化解政府债务的举措等信息，提升政府监管的边际产出和威慑效应，解决好政策执行的"最后一公里"问题。三是审查问题项目的整改进展，监管机构应要求问题项目制定整改计划，跟进整改进展，确认政府债务的化解结果，将化债结果和相关整改经验汇总至省级财政部门和国家 PPP 主管部门，为完善制度和监管机制提供借鉴。

8.2.3.3 提高项目财政信息公开力度，建立主体信誉评价机制

第一，构建 PPP 项目财政支出责任相关信息的收集、分析、校验和公示系统。借鉴国际经验，从预算管理、政府资产负债管理和财政数据统计管理等方面，搭建综合性信息管理体系，利用同一个项目的资产、负债、财务信息及财政支出责任等要素之间的勾稽关系，验证数据的真实性。在此基础上，可在全国层面和地区层面分别测算现有财政支出责任对预算、政府资产贡献度与债务总额、经常性和资本性财政收支的影响，为数据分析、预测与中长期项目的规划决策提供依据。完善信息公开规定，除定期公布财承总量数据外，可借鉴一些国际做法，如国际货币基金组织提出预算和年度财务报告需说明当前或计划中的 PPP 项目的政府支出规模和合同中存在的隐性债务风险

细节等情况，防止政府掩盖真正的财政成本。

第二，加强不同数据体系的互联互通，为建立单次违规行为的跨期惩罚机制提供实施条件。要准确判断 PPP 项目参与方的主体资质和行为取向，需形成法律、财政、金融、审计等跨域信息的对接联通。对政府方而言，应将本级的财政收支、经济增长预测、政府债务余额、已用财承额度与可用财承空间等信息加以汇总。对市场主体而言，企业、机构的组织架构、财务信息、历史融资记录、审计评价、有无违法失信行为等，均是评价其履约能力的依据。目前，大部分处于"信息黑箱"状态，存在信息造假、缺失等问题，需加强信息网络建设，促使守规诚信成为参与主体的占优策略。

第三，建立主体信用评价机制，更好发挥社会监督的作用。一是构建财政部门、行业主管部门、融资机构、信用评级机构共建共享信息的生态，减少"抽屉协议"、做假账等行为。二是建立社会资本、金融机构、咨询机构等主体的"信用身份认证线上平台"，将法律查证的、审计披露的或媒体曝光的（应对真实性做出自主判断）违规引致政府债务的机构名录，按违规程度分类披露，加强社会约束。三是健全社会监督机制，在保障社会知情权的同时，鼓励有理有据的 PPP 违规举债的举报行为，借助公众、媒体的力量，让 PPP 的泛化、异化行为无处遁形。

8.2.3.4 构建客观第三方治理体系，强化制度的自我实施

第一，建立客观第三方治理体系，加强与政府治理的分工合作。我国多所高校已设立 PPP 研究中心，取得积极的研究成果，但整体而言，全国性的行业自律协会或非官方管理组织并未成立，民间与官方的合作治理并未成型。应充分借鉴美国、日本等在 PPP 治理方面的做法，分层次、分类别地构建客观第三方治理体系。可借鉴我国已成立的行业协会的组织架构和职能设置，引导建立中国 PPP 行业协会等自律组织，配合政府推进实践调研、政策研究、融资发展、培训宣传等工作，制定行业自律管理规范，适度设置地方分支机构，便于及时掌握地方实践动态，拓宽信息交流渠道。同时，政府应对机构的成立加以引导，形成职能错位、数量适度的组织体系，避免数量过多、职能重叠造成的社会资源浪费，与政府监管形成互补，降低制度的整体

运行成本。

第二，构建违规失信行为的可置信威胁，内化为行业行为准则。由客观第三方建立、在信息成为共享资源的情况下形成的对违规失信行为的跨期惩罚机制，将单次博弈中以"背信违规"为占优策略的局面，转变为重复博弈中以"诚信守规"为占优策略的局面，符合我国 PPP 市场规模大、交易主体多的特征和优化营商环境的政策倡导，是可供参考的可置信威胁。客观第三方治理组织可以此为借鉴，探讨借助市场力量惩罚违规失信交易行为的做法，完善 PPP 行业的行为准则，与正式规则形成互补，为行业的规范发展与行稳致远奠定基础。

第三，发展多元化职能，形成 PPP 社会治理格局。在 PPP 模式下，政府的"有所不为"应与市场的"有所为"及时对接，实现公共服务供给与治理的完整拼接。客观第三方组织可各施所长，在提供智力支持、进行宣传培训、推动跨国交流合作、构建大数据管理平台、加强社会监督等方面进行尝试，让市场主体既是 PPP 的参与方，更是行业治理方与改革推动方。

8.2.3.5 加强机构能力建设和人才培养，提升专业化管理水平

第一，完善防控 PPP 财政支出责任债务风险的组织管理架构，实现跨部门联合防控。在微观层面上，应以项目为单位做好全生命周期财政支出责任的动态管理和分析，禁止不规范的 PPP 财政支出行为，合理、高效使用财政支持资源，在行为层面和总量层面控制不发生潜在的政府债务风险。在中观层面上，财政部门应加强与行业部门的信息沟通，了解项目变化带来的财政支出行为方式和支出责任的变化，实现 PPP 主管部门、预算管理部门、政府债务管理部门、国有资产管理部门和政府资产负债管理部门在 PPP 财政支出责任方面的信息共享与联动管理，提高各部门政策的协调性、连贯性与互补性，为 PPP 模式在行业和地区的布局提供依据，降低局部和结构化风险隐患。在宏观层面上，在提高对 PPP 财政支出责任中长期影响预测精准度的基础上，将其纳入国民经济发展规划和宏观经济分析的考虑因素，形成 PPP 中长期发展规划，提高 PPP 发展与财政管理要求的匹配度。

第二，加强地方政府能力建设，提高 PPP 财政管理的专业性。我国赋

予地方政府在 PPP 发展方面较为充足的自主权，这也对地方政府的管理能力提出更高要求。因此，亟需加强地方政府，尤其是基层政府的 PPP 专业管理能力，中央和省级财政部门应定期组织专业培训，加强对重点、难点问题的研究和讲解，建立了解基层政府实施 PPP 情况的信息渠道，作为政策研究和制定的依据。对急需运用 PPP 发展公共服务而又缺少能力、资金和渠道的地区，上级主管部门可输出人才和资源予以帮助。此外，可发挥市场力量，如引导社会资本支持贫困地区 PPP 项目的发展，鼓励金融机构提供优惠贷款政策，引导咨询机构免费或低价提供咨询、培训服务，形成政府与市场合力发展 PPP 事业的局面。

第三，注重专业人才培养，提升 PPP 从业人员职业素养。为满足不同行业、不同地区 PPP 项目的发展需要，需建立专业能力强、职业素养高、富有创新意识的人才队伍。政府管理部门、高等院校、社会资本及咨询机构等各主体可从产学研一体化出发，加强 PPP 理论与实践的结合。首先，应培养从业人员的合规诚信意识，保持从业道德和底线，降低违规动机和发生政府债务风险的可能；其次，应不断更新知识体系，增强应变能力，专业而有效地解决项目实施过程中的问题；最后，应加强国际交流，积极学习国外经验，丰富国内从业人员的知识体系，为我国 PPP 事业的发展更好地提供智力支持。

完善 PPP 项目财政支出责任债务风险防控制度是回应各方对 PPP 模式引发政府债务风险的质疑、实现 PPP 可持续发展的关键。为更好完成"市场主体更加充满活力""基本公共服务均等化水平明显提高"及"防范化解重大风险体制机制不断健全"的"十四五规划"目标，建议将建立健全 PPP 项目财政支出责任债务风险防控制度作为推进 PPP 模式高质量发展的突破口，建立正式规则、非正式约束和实施机制之间互为补充、互为支撑的制度格局，实现 PPP 项目财政支出责任债务风险的合理、有序、科学的防控与治理，为 PPP 模式的行稳致远提供助力。

参考文献

［1］陈玶，李丹 . PPP 政策变迁与政策学习模式：1980 至 2015 年 PPP 中央政策文本分析 [J]. 中国行政管理，2017（02）：102-107.

［2］蔡东方 . PPP 对财政预算约束作用的检验——基于 PPI 数据库的实证分析 [J]. 企业经济，2019，38（04）：132-142.

［3］陈红，黄晓玮，郭丹 . 政府与社会资本合作（PPP）：寻租博弈及监管对策 [J]. 财政研究，2014（10）：21-24.

［4］陈明艺，王璐璐 . PPP 项目中社会资本财政依赖性的博弈分析 [J]. 建筑经济，2018，39（02）：77-82.

［5］陈世金，刘浩 . PPP 模式决策的影响因素分析——基于发展中国家的经验 [J]. 统计与信息论坛，2016，31（05）：70-76.

［6］崔志娟，朱佳信 . 基于 PPP 项目的政府隐性负债形成与确认 [J]. 财会月刊，2019（15）：71-77.

［7］财政部，发展改革委，司法部，人民银行，银监会，证监会 . 关于进一步规范地方政府举债融资行为的通知（财预〔2017〕50 号）[EB/OL]. http：//yss. mof.gov.cn/zhuantilanmu/dfzgl/zcfg/201705/t20170503_2592801.htm，2017-05-03.

［8］财政部 . 财政部关于印发《地方政府存量债务纳入预算管理清理甄别办法》的通知（财预〔2014〕351 号）[EB/OL]. http：//www.mof.gov.cn/gkml/caizhengwengao/wg2014/wg201411/201504/t20150427_1223636.htm，2014-10-23.

［9］财政部 . 政府会计准则——基本准则（财政部令第 78 号）[EB/OL]. http：//www.gov.cn/gongbao/2016-01/18/content_5033892.htm，2015-10-23.

［10］财政部 . 关于印发《政府和社会资本合作项目财政承受能力论证指引》的通

知（财金〔2015〕21 号）[EB/OL]. http：//jrs.mof.gov.cn/zhengcefabu/201504/t20150414_1216615.htm，2015-04-07.

［11］财政部. 关于规范政府和社会资本合作（PPP）综合信息平台运行的通知（财金〔2015〕166 号）[EB/OL]. http：//jrs.mof.gov.cn/ppp/zcfbppp/201512/t20151228_1634970.html，2015-12-18.

［12］财政部. 关于推进政府和社会资本合作规范发展的实施意见（财金〔2019〕10 号）[EB/OL]. http：//www.gov.cn/xinwen/2019-03-10/content_5372559.htm，2019-03-07.

［13］财政部. 财政部会计司有关负责人就印发《政府会计准则第 10 号——政府和社会资本合作项目合同》答记者问 [EB/OL]. http：//www.gov.cn/zhengce/2019-12-24/content_5463631.htm，2019-12-24.

［14］财政部. 关于印发《政府和社会资本合作（PPP）项目绩效管理操作指引》的通知（财金〔2020〕13 号）[EB/OL]. http：//www.gov.cn/zhengce/zhengceku/2020-03-31/content_5497463.htm，2020-03-16.

［15］财政部. 关于 2020 年中央和地方预算执行情况与 2021 年中央和地方预算草案的报告（摘要）[EB/OL]. http：//www.mof.gov.cn/zhengwuxinxi/caizhengxinwen/202103/t20210306_3666607.htm，2021-03-06.

［16］财政部金融司. 筑牢 PPP 项目财政承受能力 10% 限额的"红线"——PPP 项目财政承受能力汇总分析报告 [N]. 中国财经报，2018，5（10）：005.

［17］财政部政府和社会资本合作中心. 全国 PPP 综合信息平台管理库项目 2021 年三季度报 [EB/OL]. https://www.cpppc.org/jb/1001093.jhtml，2021-10-29.

［18］曹珊.《预算法实施条例》对 PPP 的影响 [EB/OL]. http：//www.cpppc.org/PPPsj/999396.jhtml，2020-09-08.

［19］[美] 道格拉斯·C.诺思. 制度、制度变迁与经济绩效 [M]. 杭行，译. 上海：格致出版社，2014：3-56.

［20］邓淑莲，刘潋滟. 财政透明度对地方政府债务风险的影响研究——基于政府间博弈视角 [J]. 财经研究，2019，45（12）：4-17.

［21］刁伟涛. 纵向博弈、横向竞争与地方政府举债融资及其治理 [J]. 当代经济科

参考文献 ●

学，2017，39（05）：87-94；127.

[22]方桦，徐庆阳.政府审计视角下的 PPP 项目政府债务风险管理研究 [J]. 财会月刊，2019（11）：110-117.

[23]方俊智，李忻蔚.我国 PPP 政策与文献互动演化规律的计量分析 [J]. 情报杂志，2019，38（10）：161-167.

[24]冯俏彬，贾康.权益—伦理型公共产品：关于扩展的公共产品定义及其阐释 [J]. 经济学动态，2010（07）：34-42.

[25]国务院办公厅.国务院办公厅转发财政部发展改革委人民银行关于在公共服务领域推广政府和社会资本合作模式指导意见的通知（国办发〔2015〕42号）[EB/OL]. http://www.gov.cn/zhengce/content/2015-05/22/content_9797.htm，2015-05-19.

[26]国务院国有资产监督管理委员会.关于印发《中央企业全面风险管理指引》的通知（国资发改革 [2006]108 号）[EB/OL]. http://www.sasac.gov.cn/n2588035/n2588320/n2588335/c4258529/content.html，2006-06-06.

[27]郭敏，宋寒凝.地方政府债务构成规模及风险测算研究 [J]. 经济与管理评论，2020，36（01）：73-86.

[28]龚强，王俊，贾坤.财政分权视角下的地方政府债务研究：一个综述 [J]. 经济研究，2011，46（07）：144-156.

[29]龚强，张一林，雷丽衡.政府与社会资本合作（PPP）：不完全合约视角下的公共品负担理论 [J]. 经济研究，2019，54（04）：133-148.

[30]郭玉清，薛琪琪，姜磊.地方政府债务治理的演进逻辑与转型路径——兼论中国地方政府债务融资之谜 [J]. 经济社会体质比较，2020（01）：34-43.

[31][美]哈维·罗森.财政学（第四版）[M]. 郭庆旺，赵志耘，译.北京：中国人民大学出版社，2000：59.

[32]黄彩云，蒋绮雯. PPP 项目财政承诺支出预算管理研究 [J]. 时代金融，2019（17）：13-14.

[33]胡胜，陈小林，蔡报纯.地方政府债务风险的博弈论分析及优化治理研究 [J]. 中国软科学，2017（08）：82-90.

［34］胡玄能，徐慧强. 我国 PPP 模式异化及其隐性债务风险研究 [J]. 国际商务财会，2019（07）：19-22.

［35］江苏省财政厅. 关于进一步加强政府和社会资本合作（PPP）项目财政承受能力动态管理的意见（苏财金 [2021]9 号）[EB/OL]. http：//czt.jiangsu.gov.cn/art/2021/1/22/art_7973_9652202.html，2021-01-22.

［36］焦宝聪，陈兰平. 博弈论 [M]. 北京：首都师范大学出版社，2013：18-22.

［37］贾康. 化解隐性债务风险要开前门关后门修围墙 [N]. 中国证券报，2014，10（13）：A10.

［38］贾康. PPP：制度供给创新及其正面效应 [N]. 光明日报，2015，5（27）：015.

［39］贾康. 第一位是制度的供给 [N]. 四川日报，2016，5（22）：02.

［40］贾康，刘薇，张立承，石英华，孙洁. 我国地方政府债务风险和对策 [J]. 经济研究参考，2010（14）：2-28.

［41］贾康，冯俏彬. 从替代走向合作：论公共产品提供中政府、市场、志愿部门之间的新型关系 [J]. 财贸经济，2012（08）：28-35.

［42］贾康，苏京春，梁季，刘薇. 全面深化财税体制改革之路：分税制的攻坚克难 [M]. 北京：人民出版社，2015：98-122.

［43］贾康，吴昺兵. PPP 财政支出责任债务属性问题研究——基于政府主体风险合理分担视角 [J]. 财贸经济，2020，41（09）：5-20.

［44］焦小平. PPP 改革任重道远——在北京大学 2019 年"全球 PPP50 人"论坛第二届年会上的主旨演讲 [EB/OL]. https：//www.cpppc.org/bjdx/439.jhtml，2019-11-12.

［45］吉富星. 我国 PPP 模式的政府性债务与预算机制研究 [J]. 税务与经济，2015（04）：6-11.

［46］吉富星. 地方政府隐性债务的实质、规模与风险研究 [J]. 财政研究，2018（11）：62-70.

［47］姜子叶，胡育蓉. 财政分权、预算软约束与地方政府债务 [J]. 金融研究，2016（02）：198-206.

［48］柯洪，王美华，杜亚灵. 政策工具视角下 PPP 政策文本分析——基于 2014-

2017 年 PPP 国家政策 [J]. 情报杂志，2018，37（11）：81-88.

[49]刘承韪 . 美国公私合作关系（PPP）的法治状况及其启示 [J]. 国家行政学院学报，2018（04）：140-146；152.

[50]李丹，王郅强 . PPP 隐性债务风险的生成：理论、经验与启示 [J]. 行政论坛，2019，26（04）：101-107.

[51]刘方 . 防范地方政府隐性债务背景下 PPP 健康发展研究 [J]. 当代经济管理，2019，41（09）：29-35.

[52]刘骅，吴丹 . 地方政府债务的演化博弈与系统仿真 [J]. 数学的实践与认识，2019，49（18）：32-39.

[53]刘穷志，张莉莎 . 财政承受能力规制与 PPP 财政支出责任变化研究 [J]. 财贸经济，2020，41（07）：5-20.

[54]刘双柳，徐顺青，陈鹏，高军，逯元堂 . 完善 PPP 项目财政承受能力论证编制的思考 [J]. 财会研究，2018（09）：11-14.

[55]吕途，林欢 . 中国政府与社会资本合作的政策效果分析 [J]. 福建论坛（人文社会科学版），2020（04）：153-161.

[56]梁秀峰，张飞涟，颜红艳 . 基于演化博弈的 PPP 项目绩效支付机制仿真与优化 [J]. 中国管理科学，2020，28（04）：153-163.

[57]罗煜，王芳，陈熙 . 制度质量和国际金融机构如何影响 PPP 项目的成效——基于"一带一路"46 国经验数据的研究 [J]. 金融研究，2017（04）：61-77.

[58]李正图 . 新制度经济学委托代理理论视野的拓展 [J]. 经济理论与经济管理，2020（06）：21-38.

[59][美] 罗纳德·H. 科斯 . 社会成本问题 [A]. 见：罗纳德·H. 科斯等著 . 财产权利与制度变迁——产权学派和新制度学派译文集 [C]. 刘守英，等，译 . 上海：格致出版社，2014：3-43.

[60]毛捷，吕冰洋，马光荣 . 转移支付与政府扩张：基于"价格效应"的研究 [J]. 管理世界，2015（07）：29-41；187.

[61]毛捷，徐伟军 . 中国地方政府债务问题研究的现实基础——制度变迁、统计方法与重要事实 [J]. 财政研究，2019（01）：3-23.

[62]毛捷，曹婧 . 中国地方政府债务问题研究的文献综述 [J]. 公共财政研究，2019（01）：75-90.

[63]马金华，杨娟，梁睿聪 . 博弈视角下的地方政府债务管理研究 [J]. 经济与管理评论，2012，28（01）：128-132.

[64]马万里 . 中国地方政府隐性债务扩张的行为逻辑——兼论规范地方政府举债行为的路径转换与对策建议 [J]. 财政研究，2019（08）：60-71；128.

[65][瑞典] 奈特·维克塞尔 . 正义税收的新原则 [A]. 见：理查德·A. 马斯格雷夫，艾伦·T. 皮考克主编 . 财政理论史上的经典文献 [C]. 刘守刚，王晓丹，译 . 上海：上海财经大学出版社，2015：108-159.

[66][美] 奥利弗·E. 威廉姆森 . 企业的治理结构理论：从选择到契约 [A]. 见：奥利弗·E. 威廉姆森著 . 契约、治理与交易成本经济学 [C]. 陈耿宣，译 . 北京：中国人民大学出版社，2020：78-112.

[67]欧纯智，贾康 . 构建 PPP 伙伴关系的政府与社会资本委托——代理博弈的制度约束 [J]. 经济与管理研究，2020，41（03）：95-105.

[68][日] 青木昌彦 . 比较制度分析 [M]. 上海：远东出版社，2001：1-80.

[69]任祥运，孟令锦，王东建 . PPP 项目财承论证的一般公共预算支出预测分析 [J]. 中国商论，2017（35）：165-166.

[70]审计署 . 全国政府性债务审计结果 [EB/OL]. http：//www.gov.cn/gzdt/2013- 12/30/content_2557187.htm，2013-12-30.

[71]四川省财政厅 . 四川省政府与社会资本合作（PPP）项目财政承受能力论证办法（川财金〔2017〕91 号）[EB/OL]. http：//czt.sc.gov.cn/scczt/c102389/ 2018/1/2/749c98e6f5104fd0860a1a8553a88161.shtml，2018-01-02.

[72]沈俊鑫，李钦，刘喜男 . 基于演化博弈的 PPP 融资利益协调机制研究 [J]. 中国集体经济，2020（15）：102-105.

[73]沈雨婷，金洪飞 . 中国地方政府债务风险预警体系研究——基于层次分析法与熵值法分析 [J]. 当代财经，2019（06）：34-46.

[74]申相臣 . 高度重视和防范地方财政风险 [J]. 中国财政，2000（04）：26-27.

[75]谭艳艳，邹梦琪，张悦悦 . PPP 项目中的政府债务风险识别研究 [J]. 财政研

究，2019（10）：47-57.

［76］王天义，杨斌. 澳大利亚政府和社会资本合作（PPP）研究 [M]. 北京：清华大学出版社，2018：33-49.

［77］王天义，杨斌. 加拿大政府和社会资本合作（PPP）研究 [M]. 北京：清华大学出版社，2018：132-136.

［78］王天义，杨斌. 日本政府和社会资本合作（PPP）研究 [M]. 北京：清华大学出版社，2018：10-119.

［79］王鹏，王松江，万晔. PPP 项目社会资本退出行为与政府补贴策略演化博弈研究 [J]. 项目管理技术，2020，18（03）：6-14.

［80］王涛，高珂，李丽珍. 基于财政可持续性视角的地方政府隐性债务治理研究 [J]. 当代经济管理，2019，41（12）：63-75.

［81］王玺，夏强. 政府与社会资本合作（PPP）财政承诺管理研究——以青岛地铁 X 号线 PPP 项目为例 [J]. 财政研究，2016（09）：64-75；29.

［82］王晓彦，胡婷婷，胡德宝. PPP 项目利益与风险分担研究——基于 PPP 项目利益主体不同利益诉求的分析 [J]. 价格理论与实践，2019（08）：96-99.

［83］吴矞兵. 国有法人资本在政府和社会资本合作（PPP）项目中的风险管理研究 [D]. 北京：中国财政科学研究院，2017.

［84］王先甲，袁睢秋，林镇周，赵金华，秦颖. 考虑公平偏好的双重信息不对称下 PPP 项目激励机制研究 [J/OL]. 中国管理科学，1-12[2020-11-09]. https：//doi.org/10.16381/j.cnki.issn1003-207x.2019.0429，2019-12-12.

［85］[美] 约翰·R. 康芒斯. 制度经济学 [M]. 于树生，译. 北京：华夏出版社，2014：5.

［86］袁诚，陆晓天，杨骁. 地方自有财力对交通设施类 PPP 项目实施的影响 [J]. 财政研究，2017（06）：26-50.

［87］杨丽花，王喆. 私人资本参与 PPP 项目的影响因素分析——基于亚投行背景下的经验分析 [J]. 亚太经济，2018（01）：53-61；146.

［88］杨修博. 基于前景理论的 PPP 项目政企决策行为的演化博弈分析 [J]. 财政科学，2020（02）：32-44.

[89]最高人民法院民事审判第二庭编著.《最高人民法院关于印发〈全国法院民商事审判工作会议纪要〉的通知》（法〔2019〕254 号）[EB/OL]. http：//www.law-lib.com//law/law_view1.asp?id=668318，2019-11-08.

[90]中华人民共和国最高人民法院 . 最高人民法院关于审理行政协议案件若干问题的规定（法释〔2019〕17 号）[EB/OL]. http：//www.npc.gov.cn/npc/c30834/201912/04879660c0bb466f86cb2001a9a1c950.shtml，2019-11-27.

[91]中华人民共和国最高人民法院 . 中国二十二冶集团有限公司、安徽省阜南县人民政府再审审查与审判监督行政裁定书 [EB/OL]. https://www.qcc.com/wenshuDetail/12f85da084a759744050432ea4e24c12.html，2020-11-05.

[92][美] 詹姆斯·M. 布坎南 . 公共产品的需求与供给 [M]. 马珺，译 . 上海：上海人民出版社，2017：1-172.

[93][美] 詹姆斯·M. 布坎南 . 民主财政论：财政制度与个体选择 [M]. 刘凤芹，陆文玥，译 . 北京：中国人民大学出版社，2020：97-109.

[94][美] 詹姆斯·M. 布坎南，理查德·A. 马斯格雷夫 . 公共财政与公共选择：两种截然不同的国家观 [M]. 北京：中国财政经济出版社，2000：118.

[95][美] 冯·诺伊曼，摩根斯坦 . 博弈论与经济行为 [M]. 王建华，顾玮琳，译 . 北京：北京大学出版社，2018：12-21.

[96]张维迎 . 博弈论与信息经济学 [M]. 上海：格致出版社，2004：31，256-262.

[97]赵成峰 . 我国 PPP 发展历程和法规政策基本取向 [J]. 宏观经济管理，2017（10）：32-35；48.

[98]张春艳，田景仁 . 我国地方政府性债务供求静态博弈探析 [J]. 财会通讯，2018（13）：45-48.

[99]郑华 . 预算软约束视角下地方政府过度负债偏好的制度成因分析 [J]. 财政研究，2011（01）：48-51.

[100]周锦棠，陶凯，于海洋，蔡琼 . 推动 PPP 项目财政承受能力论证动态调整的建议 [J]. 中国财政，2018（18）：41-43.

[101]周黎安 . 中国地方官员的晋升锦标赛模式研究 [J]. 经济研究，2007（07）：36-50.

[102]张牧扬，卢小琴，汪峰．地方财政能够承受起 PPP 项目财政支出责任吗？——基于 2010-2018 年 PPP 项目的分析 [J].财政研究，2019（08）：49-59.

[103]赵全厚．地方政府隐性债务浅析 [J].财政科学，2018（05）：44-47；54.

[104]张水波，郑晓丹．经济发展和 PPP 制度对发展中国家基础设施 PPP 项目的影响 [J].软科学，2015，29（07）：25-29.

[105]张五常．交易费用的范式 [J].社会科学战线，1999（01）：1-9.

[106]张五常．定义与量度的困难——交易费用的争议之三 [J].IT 经理世界，2003（18）：102.

[107]张西勇．政府与社会资本合作（PPP）模式透明度研究 [J].理论导刊，2018（05）：4-11.

[108]张轶，周吉．风险管理理论综述 [J].科技视界，2014（17）：241.

[109]周兰萍．修订后的《预算法实施条例》对 PPP 项目管理和实施的影响和建议 [EB/OL].http：//www.cpppc.org/PPPsj/999396.jhtml，2020-09-08.

[110]周亦宁，刘继才．考虑上级政府参与的 PPP 项目监管策略研究 [J/OL].中国管理科学，1-16[2020-11-09].https：//doi.org/10.16381/j.cnki.issn1003-207x.2020.0801，2020-10-16.

[111]Arrow K J. The organization of economic activity：Issues pertinent to the choice of market versus non-market allocation[A]. In：Joint Economic Committee，The Analysis and Evaluation of Public Expenditure：The PPB System[C]. Washington：Government Printing Office，1969（01）：59-73.

[112]Bhabani S N. Reconceptualising public private partnerships（PPPs）in global public policy[J]. World Journal of Entrepreneurship，Management and Sustainable Development，2019，15（3）：259-266.

[113]Brixi H P. Contingent Government Liabilities：A Hidden Risk for Fiscal Stability[R]. Washington：World Bank，1998.

[114]Brixi H P. Avoiding fiscal crisis accounting for contingent liabilities to manage fiscal risk[J]. World economics，2012，13（01）：27-53.

［115］Brinkerhoff D W, Brinkerhoff J M. Public‐private partnerships: Perspectives on purposes, publicness, and good governance[J]. Public Administration and Development, 2011 (31): 2–14.

［116］Chen C, Man C. Are good governance principles institutionalised with policy transfer?An examination of public–private partnerships policy promotion in China[J]. Australian Journal of Social Issues, 2020 (01): 1–20.

［117］Cheng Z, Ke Y, Yang Z, Cai J, Wang H. Diversification or convergence: An international comparison of PPP policy and management between the UK, India, and China[J]. Engineering, Construction and Architectural Management, 2020, 27 (6): 1315–1335.

［118］Coase R H. The Nature of the Firm[J]. Economica, 1937, 4 (16): 386–405.

［119］Charles Y J, Liu J. Valuing governmental support in infrastructure projects as real option using Monte Carlo simulation[J]. Construction Management and Economics, 2006 (24): 545–554.

［120］Furubotn E, Rudolf R. The New Institutional Economics: An Assessment[A]. In: Furubotn E and Richter R, eds., The New Institutional Economics[C]. College Station, TX: Texas A&M University Press, 1991 (01): 1–32.

［121］Greif A. Historical and Comparative Institutional Analysis[J]. American Economic Review, 1998 (05): 80–84.

［122］Grubisic Seba M, Jurlina Alibegovic D, Slijepcevic S. Combating fiscal constraints for PPP development[J]. Managerial Finance, 2014, 40 (11): 1112–1130.

［123］Harsanyi J C. Games with Incomplete Information Played by "Bayesian" Players[J]. Management Science, 1968, 14 (05): 320–334.

［124］Ho S P. Government policy on PPP financial issues: bid compensation and financial renegotiation[M]. Hoboken: John Wiley & Sons, Ltd, 2009: 1–51.

［125］Hume D. A Treatise on Human Nature[M]. New York: Oxford University of Chicago Press, 1739: 539.

［126］Hammami M, Ruhashyankiko J F, Yehoue E B. Determinants of public–private partnerships in infrastructure[J]. Social Science Electronic Publishing, 2006, 06（99）: 1−39.

[127]Hoppe E I, Schmitz P W. Public versus private ownership: Quantity contracts and the allocation of investment tasks[J]. Journal of Public Economics, 2010, 94（03）: 258−268.

[128]Hurwicz L. Institutions as Families of Game Forms[J]. Japanese Economic Review, 1996（47）: 13−132.

[129]International Monetary Fund. Reference Note on Fiscal Risks and Public−Private Partnerships[R]. Washington: International Monetary Fund, 2020.

[130]Jiang Y, Wang Q. PPPs policy entity network change and policy learning in mainland China[J]. Complexity, 2020: 1−14.

[131]Kasri R A, Wibowo F A. Determinants of Public −private partnerships in infrastructure provision: evidence from Muslim developing countries[J]. Journal of Economic Cooperation & Development, 2015, 36（02）: 1−34.

[132]Krugman P. What happened to Asia[J]. Global Competition and Integration, Research Monographs in Japan−U.S. Business & Economics, 1999（04）: 315−327.

[133]Kuhn H W, Tucker A W. Contributions to the Theory of Games. Volume II[J]. Journal of the Royal Statistical Society, 1954, 117（01）: 103−104.

[134]Lance E D, Douglass C N. Institutional Change and American Economic Growth[J]. Journal of Economic History, 1970, 30（1）: 131−149.

[135]Leibenstein H. Allocative Efficiency VS. "X−Efficiency"［J]. The American Economic Review, 1966, 56（03）: 392−415.

[136]Li J, Song F, Zhao C. Financial compensation strategy of PPP project based on game theory and intelligent optimization[J]. Journal of Intelligent & Fuzzy Systems, 2018, 35（3）: 2697−2702.

[137]Musgrave R A. The theory of public finance: A study in public economy[M]. New York: McGraw−Hill Press, 1959: 32−40.

［138］Maskin E, Tirole J. Public private partnerships and government spending limits[J]. International Journal of Industrial Organization, 2008, 26（02）: 412-420.

［139］Nash J F. Equilibrium Points in N-Person Games[J]. Proceedings of the National Academy of Sciences, 1950, 36（01）: 48-49.

［140］Ouenniche J, Boukouras A, Rajabi M. An ordinal game theory approach to the analysis and selection of partners in public-private partnership projects[J]. Journal of Optimization Theory and Applications, 2016, 169（01）: 314-343.

［141］Pickhardt M. Fifty years after Samuelson's "The Pure Theory of Public Expenditure": What are we Left With?[J]. Journal of the History of Economic Thought, 2006, 28（04）: 439-460.

［142］Reside R E, Mendoza A M. Determinants of outcomes of public-private partnerships（PPP）in infrastructure in Asia[R]. Diliman Quezon: Up School of Economics Discussion Papers, 2010.

［143］Sfakianakis E, Mindel van D L. Fiscal effects and public risk in public-private partnerships[J]. Built Environment Project and Asset Management, 2013, 3（02）: 181-198.

［144］Shendy R, Martin H, Mousley P. An operational framework for managing fiscal commitments from public-private partnerships: The case of Ghana[R]. Washington: World Bank, 2013.

［145］Ross S A. The economic theory of agency: The principal's problem[J]. American Economic Review, 1973, 63（02）: 134-139.

［146］Smith A. An Inquiry into the Nature and Causes of the Wealth of Nations[M]. New York: The Modern Library, 1776: 651.

［147］Swianiewicz P. Local government borrowing: risks and rewards[M]. Budapest: Open Society Institute, 2004: 5-7.

［148］Samuelson P A. The pure theory of public expenditure[J]. Review of Economics and Statistics, 1959, 36（04）: 387-389.

［149］Schotter A. The Economic Theory of Social Institutions[J]. Southern Economic

Journal, 2000, 48（04）: 24-35.

［150］UNCITRAL. UNCITRAL Legislative Guide on Public-Private Partnerships[R].
New York: United Nations, 2020.

［151］Vo D H. The economics of fiscal decentralization[J]. Journal of Economic Surveys,
2010（24）: 657-679.

［152］Williamson O E. The economic institutions of capitalism[M]. New York: The
Free Press, 1985: 2-6.

［153］Wildasin D E. Externalities and Bailouts: Hard and Soft Budget Constraints in
Intergovernmental Fiscal Relations[R]. Washington: World Bank, 1997.

［154］World Bank Group. Benchmarking Infrastructure Development 2018[R].
Washington: World Bank, 2018.

［155］World Bank Group. PPP fiscal risk assessment model PFRAM 2.0[R].
Washington: World Bank, 2019.

［156］World Bank Group. Benchmarking Infrastructure Development 2020[R].
Washington: World Bank, 2020.

［157］Wallis J J, North D C. Measuring the transaction sector in the American
economy: 1870-1970[A]. In: Engerman S L&Gallman R E（eds.）, Long-
Term Factors in American Economic Gorwth[C]. Chicago: University of Chicago
Press, 1986: 95-16.

［158］Yixin Q, Akram U, Khan M K, Lin S, Akram Z. Controlling investment-
allocation uncertainty in public-private partnerships[J]. Human Systems
Management, 2017, 36（03）: 173-180.

［159］Zhang B, Zhang L, Wu J, Wang S. Factors affecting local governments'
Public - Private partnership adoption in urban China[J]. Sustainability, 2019, 11
（23）: 1-14.

［160］Zhu X, Zhang Y. Analysis and application of calculation formula of feasibility gap
subsidy for expressway PPP projects[J]. Gonglu Jiaotong Keji = Journal of Highway
and Transportation Research and Development, 2018（02）: 41-51.